Andreas Solymosi
Ulrich Grude

Grundkurs Algorithmen und Datenstrukturen

Anreas Solymosi
Ulrich Grude

Grundkurs Algorithmen und Datenstrukturen

Eine Einführung in die praktische Informatik mit Java

2., überarbeitete und erweiterte Auflage

vieweg

Die Deutsche Bibliothek – CIP-Einheitsaufnahme
Ein Titeldatensatz für diese Publikation ist bei
Der Deutschen Bibliothek erhältlich.

1. Auflage August 2000
2., überarbeitete und erweiterte Auflage August 2001

Der Verlag Vieweg ist ein Unternehmen der Fachverlagsgruppe BertelsmannSpringer.
www.vieweg.de
vieweg@bertelsmann.de

Konzeption und Layout des Umschlags: Ulrike Weigel, www.CorporateDesignGroup.de
Druck- und buchbinderische Verarbeitung: Lengericher Handelsdruckerei, Lengerich
Gedruckt auf säurefreiem Papier
Printed in Germany

ISBN 3-528-15743-7

Vorwort zur 2. Auflage

Autoren und Verlag haben offenbar richtig erkannt, dass Java an Schulen und Hochschulen zunehmend als Unterrichtssprache eingesetzt wird und dass moderne, praxisorientierte Lehrbücher zum Thema „Algorithmen und Datenstrukturen“ Mangelware sind. Dies zeigt sich auch im Erfolg der 1. Auflage. Die zugesandten Kommentare, Bemerkungen und Korrekturhinweise scheinen ebenfalls zu bestätigen: Immer mehr Lehrer und Hochschullehrer setzen das Buch in ihren Lehrveranstaltungen ein; neben seiner „klassischen“ Auswahl von Themen werden die Algorithmen verständlich erläutert, ohne einen höheren Anspruch auf mathematisch orientierte Beweisführung.

In der 2. Auflage wurden die dankend entgegengenommenen Korrekturhinweise eingearbeitet sowie die Druckqualität verbessert. Auch der Online-Service wurde aktualisiert, um die im Buch vorgestellten Programme von der angegebenen Internet-Adresse

`http://www.tfh-berlin.de/~oo-plug/Ad`

einfach laden und ausführen zu können.

Inhaltsverzeichnis

Inhaltsverzeichnis V

Einleitung X

Danksagungen XII

1. Begriffsbildung 1

1.1. Algorithmus 1
1.2. Komplexität 4
1.3. Verbrauch und Komplexität 5

2. Gleichwertige Lösungen 8

2.1. Maximale Teilsumme 8
2.1.1. Summen und Teilsummen 8
2.1.2. Aufgabenstellung 9
2.1.3. Intuitive Lösung 9
2.1.4. Zeitkomplexität der Lösung 10
2.1.5. Zeit für Raum 12
2.1.6. Teile und herrsche 14
2.1.7. Die optimale Lösung 17
2.1.8. Messergebnisse 18
2.1.9. Gleichwertigkeit von Algorithmen 20
2.2. Komplexitätsformel 21
2.3. Datenstrukturen 22
2.3.1. Reihungen 23
2.3.2. Verkettete Listen 24
2.3.3. Gleichwertigkeit von Datenstrukturen 27

3. Rekursion und Wiederholung 30

3.1. Rekursive Algorithmen 30
3.1.1. Fakultät 30
3.1.2. Die Fibonacci-Zahlen 31
3.1.3. Die Ackermann-Funktion 34
3.1.4. Die mathematische Induktion 34
3.1.5. Permutationen 37
3.2. Abarbeitung von Datenstrukturen 38
3.2.1. Iterative Abarbeitung von rekursiven Datenstrukturen 38
3.2.2. Rekursive Abarbeitung von rekursiven Datenstrukturen 39
3.2.3. Rekursive Abarbeitung von Reihungen 40
3.3. Rekursive Kurven 42
3.3.1. Schneeflockenkurve 43

3.3.2. Die Pfeilspitzenkurve 45
3.3.3. Die Hilbert-Kurve 47
3.3.4. Ersetzen der Rekursion durch Wiederholung 50
3.4. Zurückverfolgung 52
3.4.1. Labyrinth 53
3.4.2. Der Weg des Springers 53
3.4.3. Die acht Damen 56
3.5. Spracherkennung 60
3.5.1. Sprachen und Grammatiken 60
3.5.2. Reguläre Ausdrücke 61
3.5.3. Reguläre Grammatiken 63
3.5.4. R-Grammatiken 64
3.5.5. Endliche Automaten 66
3.5.6. Kellerautomaten 69
3.5.7. Endlichkeit und Unendlichkeit 71

4. Suchen **72**

4.1. Textsuche 72
4.2. Suchen in Sammlungen 76
4.3. Suchen in einer Reihung 77
4.3.1. Suchen in einer unsortierten Reihung 77
4.3.2. Lineares Suchen in einer sortierten Reihung 79
4.3.3. Binäres Suchen 80
4.4. Hash-Tabellen 81
4.5. Suchen in einer verketteten Liste 86
4.5.1. Lineares Suchen in einer unsortierten Liste 87
4.5.2. Lineares Suchen in einer sortierten Liste 87
4.6. Zeitkomplexitäten beim Suchen 88

5. Sortierverfahren **91**

5.1. Die Problemstellung 91
5.1.1. Präzisierung des Problems und Grundbegriffe 92
5.1.2. Zeitbedarf und Zeitkomplexität 94
5.2. Quadratische Sortierverfahren 95
5.2.1. Sortieren durch Vertauschen benachbarter Elemente 95
5.2.2. Sortieren durch Einfügen 97
5.2.3. Sortieren durch Auswählen 99
5.3. Unterquadratische Verfahren 100
5.4. Rekursive Verfahren 102
5.5. Logarithmische Verfahren 105
5.5.1. Halde 105
5.5.2. Die Haldenbedingung 106
5.5.3. Senken 107

5.5.4. Zwei Phasen des Heap Sorts 108
5.5.5. Sortieren auf der Halde 108
5.6. Externe Sortierverfahren 111
5.6.1. Mischen 111
5.6.2. Sortierkanal 113
5.6.3. Mischkanal 114
5.6.4. Fibonacci-Mischen 115

6. Baumstrukturen 118

6.1. Binärbaum 118
6.1.1. Definition 118
6.1.2. Suchen im sortierten Binärbaum 121
6.1.3. Darstellung von Binärbäumen 122
6.2. Sortieren mit Binärbäumen 124
6.2.1. Binärbaum als Halde 124
6.2.2. Senken im Binärbaum 125
6.2.3. Baumsort 127
6.2.4. Durchwandern eines Binärbaums 129
6.3. Operationen für Binärbäume 132
6.3.1. Binärbaum aus Knoten 132
6.3.2. Eintragen in einen sortierten Binärbaum 132
6.3.3. Löschen in Binärbäumen 134
6.4. Ausgeglichene Bäume 137
6.4.1. Eintragen in ausgeglichene Bäume 138
6.4.2. Löschen in ausgeglichenen Bäumen 142
6.5. 2-3-4-Bäume 144
6.5.1. Definition 144
6.5.2. Spalten 145
6.5.3. Einfügen 147
6.6. Rot-Schwarz-Bäume 149
6.7. B-Bäume 155

7. Klassen von Algorithmen 158

7.1. Was ist ein algorithmisches Problem? 158
7.2. Theoretische Lösbarkeit von Problemen 163
7.2.1. Definitionen 163
7.2.2. Beispiele 164
7.2.3. Das Halteproblem 167
7.2.4. Das Kachelproblem 168
7.2.5. Das Paligrammproblem 170
7.2.6. Gleichwertigkeit von Grammatiken 172
7.3. Praktische Lösbarkeit von Problemen 173
7.3.1. Das zweite Kachelproblem 174

7.3.2. Das Rucksackproblem 175
7.3.3. Das Aufteilungsproblem 175
7.3.4. Das Problem des Handelsreisenden 176
7.3.5. Hamiltonsche Wege durch einen Graphen 176
7.3.6. Das Erfüllbarkeitsproblem 177
7.4. Die Klassen $\mathfrak{P}$ und $\mathfrak{NP}$ 178
7.5. Ist $\mathfrak{P} = \mathfrak{NP}$? 180
7.6. Übersicht über Problemklassen 181
Literaturverzeichnis 182
Empfehlungen 183
Programmverzeichnis 185
Abbildungs- und Tabellenverzeichnis 187
Sachwortverzeichnis 190

Einleitung

Das Fach „Algorithmen und Datenstrukturen" deckt „klassische Themen" der Ausbildung von Informatikern ab. Es gibt viele Lehrbücher, die klassische Algorithmen (wie Sortierverfahren usw.) und klassische Datenstrukturen (wie Reihungen[1], verkettete Listen, Bäume usw.) mehr oder weniger verständlich vorstellen. Die meisten – insbesondere die besten – von ihnen wurden vor einiger Zeit geschrieben, deswegen verwenden sie typischerweise auch eine „klassische" Programmiersprache (wie Algol, Pascal, C o.ä.).

Java gehört dieser Reihe der Sprachen nicht an. Sie ist aber diejenige Programmiersprache, deren Wachstumsrate an Popularität wahrscheinlich alle anderen übertrifft. Dies hat im Wesentlichen zwei Gründe:

- die Plattformunabhängigkeit, die ihre Verwendung im Internet ermöglicht
- die Objektorientierung, die moderne Programmentwicklungstechniken und -paradigmen unterstützt.

Java wird sogar zunehmend als erste Unterrichtssprache verwendet, auch in den Informatikstudiengängen an der *Technischen Fachhochschule Berlin*. So gibt es immer mehr Studenten, die noch keine andere Programmiersprache beherrschen. Um ihnen *Algorithmen und Datenstrukturen* unterrichten zu können, wurde dieses Lehrbuch entwickelt.

Es wendet sich an folgende Zielgruppen:

- Studenten von Informatikstudiengängen
- Schüler mit Leistungskurs Informatik
- Auszubildende in IT-Berufen mit Schwerpunkt Software
- Programmierer und
- Interessierte an anspruchsvollen Algorithmen

Es ist geeignet sowohl als Lehrmaterial für Vorlesungen und Kurse wie auch fürs Selbststudium.

Der Leser sollte möglichst die folgenden Voraussetzungen erfüllen:

- Erfahrung im Erstellen einfacherer Programme
- Kenntnisse der Programmiersprache Java
    - insbesondere die Behandlung von Reihungen[1] und Datenstrukturen, die durch Referenzen (Zeiger) miteinander verkettet sind
    - nicht aber die Standardbibliotheken (nur rudimentär)

[1] Felder, arrays

- und nicht die fortschrittlichen Mechanismen wie Polymorphie, Ausnahmebehandlung, abstrakte Klassen u.ä.

Zum Erlernen der Sprache Java wird zum Beispiel folgendes Lehrbuch empfohlen:

> *Solymosi, Schmiedecke:* Programmieren mit Java
> Vieweg Verlag 2001, ISBN 3-528-25697-4 (3. Auflage)

Die meisten guten Bücher[1] zum Thema *Algorithmen und Datenstrukturen* haben einen hohen akademischen Anspruch. Es gibt nur einige, die als Lehrbücher (z.B. als Begleitliteratur für Hochschulvorlesungen) geeignet sind. Die Mehrzahl von diesen ist jedoch für Universitätsstudiengänge entstanden. Für Fachhochschulen, wo dem theoretischen Ansatz die Praxisrelevanz vorangestellt wird, sind sie oft zu anspruchsvoll. Die Informatikstudenten an Fachhochschulen sind weniger an mathematischen Beweisen als an verständlich formulierten Algorithmen interessiert.

Insbesondere wurde auf die *Lesbarkeit* der Programme in den meisten – hauptsächlich älteren – Lehrbüchern kein Gewicht gesetzt. In der Zwischenzeit[2] wissen wir aber: Im Allgemeinen ist das Lesen von Programmen deutlich schwerer als das Schreiben. Bei der Entwicklung der Beispielprogramme dieses Lehrbuchs wurde auf die Lesbarkeit Acht gegeben:

- Wahl der Bezeichner
- angemessene Kommentare
- inhärente[3] Strukturierung
- konsequentes Druckbild (Einrückung, Klammerung, Schriftarten)

Hierdurch soll der Leser schneller den Sinn, den Ablauf und das Prinzip der Algorithmen erfassen können. Auch Studenten sollen sich daran gewöhnen, Programme mit hohem Lesbarkeitsgrad zu schreiben.

Beim Verfassen dieses Lehrbuchs wurden des Weiteren folgende Ziele verfolgt.

1. Einige wichtige und bekannte Algorithmen (z.B. die Algorithmen *Quicksort* und *Heapsort* zum Sortieren von Reihungen, der *Knuth-Morris-Pratt-Algorithmus* zum Suchen einer Zeichenkette in einem Text, *Baumdurchläufe* usw.) werden vorgestellt.

[1] s. Literaturverzeichnis und Empfehlungen auf Seite 104
[2] durch die Entwicklung des *Software Engineering*
[3] sich aus dem Wesen der Aufgabe ergebende

2. Der Leser soll dabei Erfahrungen sammeln, wie man Algorithmen schreiben und lesen und wie man den dynamischen Ablauf eines Algorithmus darstellen kann.

Einen Algorithmus kann man z.B. in natürlicher Sprache, in „Pseudocode", als Ablaufdiagramm („Kästchen mit Pfeilen dazwischen"), als Struktogramm („geschachtelte Kästchen"), als Java-Programm, als Assembler-Programm usw. darstellen.

3. Die Studenten von Lehrveranstaltungen dieses Fachs sollen auch üben, genau und verständlich über Algorithmen zu sprechen und zu schreiben. Sie sollen einige wichtige Fachbegriffe (z.B. *Algorithmus*, *B-Baum*, *Halde* usw.) kennen lernen und in ihr aktives Vokabular aufnehmen. Insbesondere sollen sie sich auch mit der Komplexität von Algorithmen befassen und ein Verständnis für die Algorithmen-Klassen $\mathfrak{P}$ und $\mathfrak{NP}$ gewinnen.

4. Sie sollen theoretisch und praktisch etwas über das Verhältnis von (abstrakten) Algorithmen und (konkreter) Programmierung erfahren.

Vertrautheit mit abstrakten Algorithmen ist eine notwendige, aber keineswegs hinreichende Voraussetzung für „gute Programmierung im Alltag".

Die in diesem Buch abgedruckten Beispielprogramme stehen im Internet unter der folgenden Adresse zur Verfügung:

`http://www.tfh-berlin.de/~oo-plug/Ad`

Fragen, Verbesserungsvorschläge und Kritik können an die folgenden Adressen gesendet werden:

`solymosi@tfh-berlin.de` oder `grude@tfh-berlin.de`

Danksagungen

Ich danke den Studenten (auch von anderen Hochschulen), die durch aufmerksames Lesen des Buches einige Fehler und Unklarheiten entdeckt und uns Hinweise gegeben haben. Außerdem gebührt meiner Frau Dr. I. Solymosi und unseren vier Kindern Dank, die die Belastungen der Arbeit an so einem Buch ertragen und mitgetragen haben. Und nicht zuletzt danke ich Gott, meinem Schöpfer und liebendem Vater, der mich nicht nur mit Fähigkeiten für meinen Beruf ausgestattet, sondern durch sein persönliches Opfer auch erlöst hat.

A. S.

1. Begriffsbildung

In diesem Kapitel wollen wir einige grundlegende Begriffe wie „Algorithmus“ und „Komplexität“, wenn auch nicht exakt definieren, wohl aber ein Grundverständnis für sie erarbeiten.

1.1. Algorithmus

Wollte man den Begriff „Algorithmus“ präzise definieren, so müsste man seine Bedeutung willkürlich einschränken. Deshalb soll dieser Begriff hier nicht *definiert*, sondern nur *erläutert* werden. Als „weicher“ Begriff mit großem Bedeutungsumfang wird er uns besonders nützlich sein.

Als Ausgangspunkt dieser Erläuterungen seien ein paar typische (und besonders berühmte) Beispiele für Algorithmen genannt:

- der Algorithmus von Euklid zur Berechnung des größten gemeinsamen Teilers (ggT) zweier positiver ganzer Zahlen.
- der Algorithmus „Quicksort“ zum Sortieren von Reihungen
- der Knuth-Morris-Pratt-Algorithmus zum Suchen einer (kürzeren) Zeichenkette in einem (längeren) Text
- traversieren eines Baums
- das Finden des hamiltonschen Weges in einem Graph

Algorithmen sind sehr *abstrakte* Gebilde. Man kann einen (abstrakten) Algorithmus auf verschiedene Weise und mehr oder weniger *konkret darstellen*.

Zum Beispiel beschreibt *Euklid*[1] seinen Algorithmus im 7. Buch seiner „Elemente“ so:

> „Es seien AB, CD, die beyden gegebnen Zahlen, so dass die grössere, AB, von der kleinern, CD, nicht genau gemessen werde. Nimm immer die kleinere von der größern weg, bis ein Rest kommt, welcher die nächstvorgehende Zahl genau mißt. Dieser Rest ist das gröste gemeinschaftliche Maaß der beyden gegebenen Zahlen.“[2]

Mit der „*Zahl* AB“ ist die *Strecke* zwischen den Punkten A und B gemeint und „Die Zahl EF *misst* eine Zahl GH (genau)“ bedeutet: „Die (Länge der) Strecke GH ist ein *ganzzahlig Vielfaches* der (Länge der) Strecke EF“.[3]

---

[1] 3. Jahrhundert v. Chr.
[2] aus dem Griechischen übersetzt von J. F. Lorenz, s. [Eu] im Literaturverzeichnis
[3] Das Zitat ist unvollständig. Wer sich für die vollständige Darstellung des Algorithmus interessiert, sollte sie bei Euklid nachlesen (ca. 2 Seiten, inklusive Korrektheitsbeweis).

Die folgende Java-Funktion ggtIterativ ist auch eine Darstellung des euklidischen Algorithmus. Sie enthält als wesentlichen Bestandteil eine while-Schleife:

```
int ggtIterativ(int ersteZahl, int zweiteZahl) {
  // requires¹ ersteZahl > 0 && zweiteZahl > 0; ensures return > 0
  while (ersteZahl != zweiteZahl)
    if (ersteZahl > zweiteZahl)
      ersteZahl -= zweiteZahl; // ²
    else
      zweiteZahl -= ersteZahl;
  return ersteZahl;
}
```

Auch die folgende Java-Funktion ggtRekursiv stellt den euklidischen Algorithmus dar:

```
int ggtRekursiv(int ersteZahl, int zweiteZahl) {
  // requires ersteZahl > 0 && zweiteZahl > 0; ensures return > 0
  if (ersteZahl > zweiteZahl)
    return ggtRekursiv(ersteZahl - zweiteZahl, zweiteZahl);
  else if (ersteZahl < zweiteZahl)
    return ggtRekursiv(ersteZahl, zweiteZahl - ersteZahl);
  else // ersteZahl == zweiteZahl
    return ersteZahl;
}
```

Wir haben hier also drei *Darstellungen* des Algorithmus von Euklid. Die (ins Deutsche übersetzte) Darstellung von Euklid selbst (s. Seite 1) ist ziemlich abstrakt, d.h. sie lässt noch viele Einzelheiten offen. Die beiden Java-Funktionen sind ungefähr gleich konkret und beide konkreter als die Beschreibung von Euklid. Der *Algorithmus* selbst ist das Abstrakte, welches allen drei Darstellungen gemeinsam ist.

Die Vorstellung, dass es einerseits *abstrakte Algorithmen* gibt und andererseits mehr oder weniger *konkrete Darstellungen* von Algorithmen, ist sehr praktisch und in vielen Zusammenhängen nützlich. Diese Vorstellung bringt aber

[1] Die aus der Sprache Eiffel (s. [Mey]) entliehenen reservierten Wörter requires und ensures sind *Zusicherungen* (in Java nur als Kommentar): Die Methode funktioniert nur dann erwartungsgemäß, wenn der Boolsche Ausdruck nach requires vor der Ausführung der Methode den Wert true liefert. Sie garantiert die Erfüllung der ensures-Bedingung nach der Ausführung.

[2] In Java werden Variablenparameter per Wert („by value") übergeben, d.h. im Methodenrumpf werden sie wie lokale Variablen behandelt: Sie können verändert werden, wenn sie nicht als final vereinbart worden sind.

auch gewisse Probleme mit sich[1]. Eines dieser Probleme soll hier anhand eines Beispiels skizziert werden.

Die folgende Java-Funktion berechnet ebenfalls den größten gemeinsamen Teiler von zwei natürlichen Zahlen:

```
int ggt1(int ersteZahl, int zweiteZahl) {
  // requires ersteZahl > 0 && zweiteZahl > 0; ensures return > 0
  for (int i = ersteZahl > zweiteZahl ? ersteZahl : zweiteZahl; i>0; i--)
    if ((ersteZahl % i == 0) && (zweiteZahl % i == 0))
      return i;
  return 0; // wenn requires nicht erfüllt
}
```

Hier wird aber nirgends „die kleinere von der größeren [Zahl] weg[genommen]" wie bei Euklid, also ist ggt1 offensichtlich keine Darstellung des euklidischen Algorithmus, sondern eine Darstellung eines anderen Algorithmus zur Berechnung des größten gemeinsamen Teilers.

Es ist aber fraglich, welchen Algorithmus wohl die folgende Java-Funktion darstellt:

```
int ggt2(int ersteZahl, int zweiteZahl) { // Zusicherungen ähnlich
  while (ersteZahl != 0 && zweiteZahl != 0)
    if (ersteZahl > zweiteZahl)
      ersteZahl = ersteZahl % zweiteZahl;
    else
      zweiteZahl = zweiteZahl % ersteZahl;
  return ersteZahl + zweiteZahl;
}
```

Diese Funktion ggt2 hat Ähnlichkeit mit der Funktion ggtIterativ. Deshalb kann man ggt2 für eine Darstellung des euklidischen Algorithmus halten. Andererseits wird auch in der Funktion ggt2 nirgends „die kleinere von der größeren [Zahl] weg[genommen]" wie bei Euklid. Deshalb kann man auch bestreiten, dass die Java-Funktion ggt2 eine Darstellung des euklidischen Algorithmus ist und sie für eine Darstellung eines anderen Algorithmus halten.

Wer dieser letzteren Meinung ist, sollte die folgende Java-Funktion untersuchen:

```
int ggt3(int ersteZahl, int zweiteZahl) { // Zusicherungen ähnlich
  while (ersteZahl != zweiteZahl)
    if (ersteZahl > zweiteZahl)
```

[1] Sie sind nicht speziell auf Algorithmen bezogen, sondern in allgemeinerer Form; das Verhältnis zwischen *abstrakt* und *konkret* wurde unter anderen schon von den griechischen Philosophen *Platon* und *Aristoteles* diskutiert.

```
      while (ersteZahl > zweiteZahl)
        ersteZahl -= zweiteZahl;
    else
      while (zweiteZahl > ersteZahl)
        zweiteZahl -= ersteZahl;
  return ersteZahl;
}
```

Diese Funktion ggt3 ist nicht besonders elegant, aber auch sie berechnet den größten gemeinsamen Teiler und nimmt dazu „die kleinere von der größeren [Zahl] weg", wie Euklid. Also ist die Java-Funktion ggt3 eine Darstellung des euklidischen Algorithmus. Andererseits hat die Funktion ggt3 sehr große Ähnlichkeit[1] mit der Funktion ggt2, die (zumindest nach Ansicht einiger) keine Darstellung des euklidischen Algorithmus ist.

Hier wird (hoffentlich) deutlich: Indem man eine Darstellung eines Algorithmus (z.B. eine Darstellung des Algorithmus von Euklid) in kleinen Schritten verändert, kann man es beliebig schwer machen zu entscheiden, ob die veränderte Darstellung noch den selben Algorithmus oder schon einen anderen Algorithmus darstellt. Der Begriff „Algorithmus von Euklid" hat also keine scharfen Grenzen und lässt sich ohne Willkür auch kaum präzise fassen. Aber auch als „weicher" Begriff wird er für uns brauchbar und nützlich sein. In Zweifelsfällen muss man versuchen, sich möglichst friedlich zu einigen, ob eine bestimmte konkrete Darstellung den einen oder einen anderen Algorithmus darstellt.

Die Vorstellung, dass es verschieden konkrete Darstellungen von abstrakten Algorithmen gibt, ist besonders dann wichtig und nützlich, wenn man verschiedene Algorithmen zur Lösung des selben Problems (z.B. verschiedene Sortieralgorithmen) miteinander *vergleichen* will. Algorithmen sind so abstrakt, dass ihr Vergleich meist nicht ganz einfach ist. Keinesfalls sollte man sich dabei so konkrete Ergebnisse erhoffen wie „dieser Algorithmus ist schneller als jener" oder „dieser Algorithmus braucht weniger Speicherplatz als jener" oder einfach „dieser Algorithmus ist besser als jener".

1.2. Komplexität

Um (abstrakte) Algorithmen miteinander zu vergleichen, hat man den Begriff der *Komplexität eines Algorithmus* entwickelt. Sie beschreibt, wie ein Algorithmus mit den zur Verfügung stehenden *Betriebsmitteln* (*resources*), insbesondere mit *Zeit* (Laufzeit) und *Raum* (Speicherplatz) wirtschaftet. Dementsprechend unterscheiden wir zwischen *Zeit-* und *Speicherkomplexität*: Die *Speicherkomplexität* eines Algorithmus sagt etwas über den Spei-

[1] Der %-Operator ist jeweils durch eine entsprechende Schleife ersetzt.

cherbedarf der Programme aus, die den Algorithmus konkret darstellen. Entsprechend sagt die *Zeitkomplexität* eines Algorithmus etwas über die Laufzeit derselben Programme aus. Die Komplexität eines Algorithmus wird in Abhängigkeit von der *Menge* oder *Größe* der von ihm bearbeiteten Daten ausgedrückt.

Aber diese Aussagen muss man in jedem Anwendungsfall kritisch prüfen und „in die Praxis" übersetzen. Abstrakte Algorithmen und konkrete Programme sind eben verschiedene Dinge.

1.3. Verbrauch und Komplexität

Um ein genaues Verständnis von der Zeitkomplexität zu gewinnen, betrachten wir die folgende Java-Prozedur:

```
void proz0(int n) { // requires n >= 0
  proz1();
  proz1();
  for (int index1 = 1; index1 <= n; index1++) {
      proz2();
      proz2();
      proz2();
      for (int index2 = 1; index2 <= n; index2++) {
        proz3();
        proz3();
      };
  };
};
```

Wenn diese Prozedur `proz0` ausgeführt wird, dann werden die Prozeduren `proz1`, `proz2` und `proz3` aufgerufen. Wir können also zunächst drei Arten von Schritten unterscheiden:

```
proz1(); // ist ein Schritt der 1. Art
proz2(); // ist ein Schritt der 2. Art
proz3(); // ist ein Schritt der 3. Art
```

Wie oft wird jeder dieser Schritte ausgeführt, wenn man `proz0` einmal ausführen lässt? Die Antwort hängt offensichtlich vom Wert für den Parameter `n` ab, den man dabei an `proz0` übergibt:

- es werden 2 Schritte der 1. Art ausgeführt und
- es werden $3n$ Schritte der 2. Art ausgeführt und
- es werden $2n^2$ Schritte der 3. Art ausgeführt.

Wir gehen hier davon aus, dass die Ausführung dieser Schritte die meiste Zeit beanspruchen wird, und dass man die Verwaltung der Schleifen (Erzeugen der Indices `index1` und `index2`, Initialisieren, Erhöhen und Prüfen dieser Indices usw.) dagegen vernachlässigen kann. Wenn wir wüssten, wie lange *eine* Ausführung der verschiedenen Schritte dauert, dann könnten wir ausrechnen, wie lange *eine Ausführung von* `proz0` dauert. Natürlich wären diese Ausführungszeiten abhängig vom Parameter `n`.

Verschiedene Rechner brauchen im Allgemeinen verschieden lange, um einen der Schritte auszuführen. Durch Messungen könnten wir z.B. zu folgender Tabelle gelangen:

	1. Art	2. Art	3. Art
Rechner *R1*	3 sec	5 sec	4 sec
Rechner *R2*	5 sec	3 sec	7 sec

Tabelle 1.1 Zeitverbrauch für einen Schritt

Aus dieser Tabelle könnten wir ausrechnen, wie lange der Rechner *R1* bzw. der Rechner *R2* braucht, um das Programm `proz0` auszuführen (in Abhängigkeit von `n`). Aber was wüssten wir dann über den ***abstrakten Algorithmus***, der durch `proz0` realisiert wird? Und wie lange wird ein neuer Rechner *R3* brauchen, um `proz0` auszuführen?

Nehmen wir der Einfachheit halber einmal an, dass die Schritte der verschiedenen Arten ungefähr gleich viel Zeit brauchen. Dann könnten wir sagen:

- eine Ausführung von `proz0` besteht aus $2n^2 + 3n + 2$ Schritten; oder
- der (genaue) Zeitverbrauch von `proz0` ist $2n^2 + 3n + 2$.

Diese Aussage gilt nicht nur für einen konkreten Rechner. Sie ist sinnvoll für alle Rechner, die für die verschiedenen Schritte etwa gleich lang brauchen (und bei denen man den Aufwand für die Schleifenverwaltung vernachlässigen kann).

Wir können aber noch eine abstraktere und allgemein gültige Aussage ableiten: Je größer der Parameter `n` wird, desto wichtiger werden die Schritte der 3. Art und desto unwichtiger werden die Schritte der 2. und 1. Art. Denn die Anzahl der Schritte der 3. Art wächst „viel schneller" als die Anzahl der anderen Schritte, wie die folgende Tabelle verdeutlichen soll:

`n`	`1`	`10`	`100`	`1000`
Anzahl Schritte der 1. Art	2	2	2	2
Anzahl Schritte der 2. Art	3	30	300	3000
Anzahl Schritte der 3. Art	2	200	20000	2000000

Tabelle 1.2: Anzahl der Schritte

Selbst wenn ein Schritt der 1. oder 2. Art „viel länger" dauert, als ein Schritt der 3. Art, kann man für genügend große `n` die Schritte der 1. und 2. Art vernachlässigen.

Angenommen, ein Schritt der 1. oder 2. Art dauert zehnmal so lange wie ein Schritt der 3. Art und n ist gleich 1000. Ein wie großer Prozentsatz der Laufzeit wird dann für Schritte der 3. Art verbraucht?

Man sagt, die Zeitkomplexität von prozO ist *von der Größenordnung* n^2. Dies wird mit $O(n^2)$ ausgedrückt. Wenn der genaue Zeitverbrauch von prozO ein *Polynom* in n ist, dann gibt man in den Klammern hinter dem O nur die höchste Potenz von n an, ohne irgendwelche Faktoren. Die Angaben $O(3n^2)$ oder $O(½n^2+25)$ sind unsinnig. Stattdessen sollte man $O(n^2)$ schreiben.

Angenommen, ein Rechner braucht für die Ausführung von prozO mit einem bestimmten Wert n genau z Sekunden. Wie lange braucht er dann, wenn wir n verdoppeln? Aus der Zeitkomplexität $O(n^2)$ folgt: Die Ausführungszeit wird vermutlich um den Faktor $(2n)^2/n^2 = 4$ wachsen, der Rechner wird also (ungefähr) $4z$ Sekunden brauchen.

Allgemein gilt: Wenn wir die Problemgröße n um den Faktor a vergrößern, dann wird sich die Laufzeit um den Faktor $(an)^2/n^2 = a^2$ vergrößern.

Diese Aussage gilt nur „für genügend große n", aber sie gilt *für alle Rechner*. Deshalb ist die Größenordnung der Zeitkomplexität $O(n^2)$ nicht nur eine Eigenschaft der konkreten Java-Prozedur prozO, sondern auch eine Eigenschaft des abstrakten Algorithmus, der durch prozO dargestellt wird.

2. Gleichwertige Lösungen

Für die Lösung jeder lösbaren Aufgabe gibt es eine unendliche Anzahl von (abstrakten und konkreten) Algorithmen. Das folgende Problem illustriert, dass eine Aufgabe einfacher oder kompliziert, aber auch „schlechter" oder „besser" gelöst werden kann.

2.1. Maximale Teilsumme

Wir haben den Kurs einer 1000-Euro-Aktie der Firma „*MikroSofties*" verfolgt und wissen von jedem der letzten zehn Tage, wie viele Euro eine solche Aktie an diesem Tag an Wert gewonnen bzw. verloren hat, z.B. so:

Tag	1	2	3	4	5	6	7	8	9	10
Gewinn/Verlust	+5	-8	+3	+3	-5	+7	-2	-7	+3	+5

Tabelle 2.1: Veränderung des Aktienwerts

Insgesamt hat eine Aktie in den zehn Tagen ihren Wert um +4 Euro verändert (weil + 5 - 8 + 3 + 3 - 5 + 7 - 2 - 7 + 3 + 5 = +4 ist). Hätte man solche Aktien unmittelbar vor dem 3. Tag gekauft und unmittelbar nach dem 4. Tag verkauft, so hätte man pro Aktie 6 Euro Gewinn gemacht.

Aufgabe 2.1: Wie viel Gewinn pro Aktie hätte man (innerhalb der zehn Tage) *maximal* machen können?

Lösung: 8 Euro. Dazu hätte man vor dem 3. Tag kaufen und nach dem 6. Tag verkaufen oder aber vor dem 9. Tag kaufen und nach dem 10. Tag verkaufen sollen.

Wenn wir den Kurs einer Aktie nicht nur 10 Tage, sondern z.B. 365 Tage lang verfolgt haben, dann kann es ziemlich mühevoll sein, einen günstigsten Kauf- und Verkaufstermin zu finden.

2.1.1. Summen und Teilsummen

Eine endliche *Folge* von ganzen Zahlen hat auch eine endliche *Summe*.

Beispielsweise hat die Folge (+5, -8, +3, +3, -5, +7, -2, -7, +3, +5) die Summe +4.

Als Definition können wir festhalten: Eine *Teilfolge* einer Folge besteht aus einem zusammenhängenden Teil der Folge. Jede Folge hat zwei extreme Teilfolgen: die leere Teilfolge () und die gesamte Folge (die auch als „unechte Teilfolge" bezeichnet wird).

Als ein weiteres Beispiel betrachten wir die Folge = (+5, -8, +3, +3, -5, +7, -2, -7, +3, +5), die unter anderen folgende Teilfolgen besitzt:

```
teilfolge1 = (+5, -8, +3, +3) // echte Teilfolge mit vier Elementen
teilfolge2 = (+3, -5, +7, -2, -7) // echte Teilfolge mit fünf Elementen
teilfolge3 = (+5) // echte Teilfolge mit einem Element
teilfolge4 = () // echte Teilfolge mit null Elementen
teilfolge5 = (+5, -8, +3, +3, -5, +7, -2, -7, +3, +5)
  // unechte Teilfolge mit allen Elementen
```

`teilfolge3` kommt sogar mehrmals als Teilfolge in der obigen Folge vor.

Ist `folge` eine Folge und `teilfolge` eine Teilfolge von `folge`, so heißt die Summe von `teilfolge` auch *Teilsumme von* `folge`.

Die Folgen `teilfolge1`, `teilfolge2`, `teilfolge3`, `teilfolge4` und `teilfolge5` haben beispielsweise die Summen +3, -4, +5, 0 und +4. Also sind die Zahlen +3, -4, +5, 0 und +4 *Teilsummen* der obigen Folge. Die Teilsumme +4 kann man auch als „unechte Teilsumme der Folge" bezeichnen, da es sich dabei um die Summe der Folge handelt.

2.1.2. Aufgabenstellung

Sei `folge` eine endliche Folge von ganzen Zahlen (in Form einer Reihung) gegeben. Im folgenden Abschnitt untersuchen wir, wie man die maximale Teilsumme von `folge` berechnen kann.

2.1.3. Intuitive Lösung

Man erzeugt der Reihe nach alle Teilfolgen der gegebenen Folge, berechnet von jeder Teilfolge die Summe und liefert die größte Summe als Ergebnis, etwa so:

```java
int maxTeilsumme3 (final int[] folge) {
  int maxSumme = Integer.MIN_VALUE;
  for (int von = 0; von < folge.length; von++)
    for (int bis = von; bis < folge.length; bis++) { // Summe bilden
      int summe = 0;
      for (int i = von; i <= bis; i++)
        summe += folge[i];
        maxSumme = Math.max(summe, maxSumme); // Summe überprüfen, ob größer
    };
  return maxSumme;
}
```

Wir verwenden für Referenzparameter das reservierte Wort `final` im Sinne von `const`[1], wie es in C++ bekannt ist: Damit wollen wir *andeuten*, dass das Parameter*objekt* nicht verändert wird; `final` in Java sichert nur die Unveränderbarkeit der Parameter*referenz* innerhalb des Methodenrumpfs. Parameter anderer Typen (z.B. `int`) werden typischerweise im Methodenrumpf nicht verändert, daher lassen wir dort `final` weg.

2.1.4. Zeitkomplexität der Lösung

Um etwas über die Schnelligkeit der Funktion `maxTeilsumme3` herauszufinden, könnten wir sie in einer bestimmten *Umgebung* laufen lassen und dabei Zeitmessungen vornehmen. Eine solche Umgebung kann z.B. aus einem Studenten bestehen, der Java-Programme mit Papier und Bleistift ausführen kann. Auf einem Rechner können wir eine Umgebung finden, zu der folgende „Dinge" gehören:

- ein Java-*Compiler*, der den Programmtext von `maxTeilsumme3` in Bytecode umwandelt
- der Java-*Interpreter*, der den Bytecode ausführt
- das *Betriebssystem*, unter dem der Interpreter abläuft
- die *Hardware*, auf der der Interpreter und das Betriebssystem ausgeführt werden.

Solche Zeitmessungen können uns sehr konkrete Erkenntnisse über die Schnelligkeit der Funktion in einer konkreten Umgebung liefern. Andererseits haben sie den Nachteil, nur für diese eine Umgebung[2] zu gelten. Konkrete Zeitmessungen sagen also direkt nur etwas über die *Kombination* unserer Funktion `maxTeilsumme3` mit einer Umgebung aus. Über unsere Funktion `maxTeilsumme3` (und den abstrakten Algorithmus, den sie darstellt) sagen sie direkt nichts aus.

Wir interessieren uns hier aber in erster Linie nicht für Umgebungen, sondern für Eigenschaften der Funktion `maxTeilsumme3`. Umgebungen haben die unangenehme Eigenschaft, sehr zahlreich und sehr vergänglich zu sein. Heute schon gibt es unübersehbar viele verschiedene Hardwarechips, Betriebssysteme und Compiler. Und in ein paar Jahren wird es sicherlich noch mehr und ganz andere Hardwarechips, Betriebssysteme und Compiler geben. Unser Ziel soll es deshalb sein, etwas über „die Schnelligkeit der Funktion `maxTeilsumme3`" herauszufinden, was möglichst *unabhängig von konkreten Umgebungen* ist und auch noch *in ein paar Jahren gilt*.

---

[1] `const` ist ein reserviertes Wort in Java, wird aber von den derzeitigen Compilern nicht ausgewertet

[2] z.B. PC mit einem 500 MHz Pentium III-Prozessor unter MS-Windows NT Version 4.0 und dem jdk-Compiler, Version 2.1 (bei der 2. Auflage schon veraltet)

Wie lange die Funktion `maxTeilsumme3` braucht, um die maximale Teilsumme einer Folge zu berechnen, wird (vermutlich auch in den Umgebungen, die uns in ein paar Jahren zur Verfügung stehen) von der *Länge* der Folge abhängen. Aber *wie* hängt der Zeitbedarf der Funktion `maxTeilsumme3` von der Länge ihres Parameters ab? Oder: Wie verändert sich der Zeitbedarf von `maxTeilsumme3`, wenn wir die Länge von `folge` verdoppeln, verdreifachen, vervierfachen ... usw. ? Untersuchen wir dazu die folgenden Fragen:

Aufgabe 2.2: Wie oft wird der Vergleich `maxSumme < summe` in der Funktion `maxTeilsumme3` aufgerufen, wenn die Reihung `folge` genau n Elemente umfasst?

Aufgabe 2.3: Wie oft wird die Addition `summe += folge[i]` ausgeführt (wenn `folge.length` gleich n ist)?

Lösung: Der Vergleich wird auf die Summe jeder echten Teilfolge von `folge` genau einmal angewendet. Wie viele echte Teilfolgen hat eine Folge der Länge n? es ist offensichtlich, dass eine Folge der Länge n

- 1 Teilfolge der Länge n-0 und
- 2 Teilfolgen der Länge n-1 und
- 3 Teilfolgen der Länge n-2 und
- ...
- n-2 Teilfolgen der Länge 3 und
- n-1 Teilfolgen der Länge 2 und
- n-0 Teilfolgen der Länge 1.

hat. Für die Anzahl der echten Teilfolgen einer Folge der Länge n gilt also:

$$1+2+3+\ldots+(n-2)+(n-1)+n=\sum_{i=1}^{n} i=\frac{n}{2}(n+1)=\frac{1}{2}(n^2+n)$$

Diese Formel besagt, wie oft der Vergleich `maxSumme < summe` ausgeführt wird.

Jedes Element von jeder Teilfolge wird genau einmal auf die Summe addiert. Für die Anzahl der Additionen gilt also:

$$\sum_{i=1}^{n} i(n+1-i)=\sum_{i=1}^{n} in+i-i^2=\sum_{i=1}^{n} in+\sum_{i=1}^{n} i-\sum_{i=1}^{n} i^2=$$

$$=n\frac{1}{2}(n^2+n)+\frac{1}{2}(n^2+n)-\frac{n}{6}(n+1)(2n+1)=\frac{1}{6}n^3+\frac{1}{2}n^2\frac{1}{3}n$$

Wir sehen: Die Anzahl der Vergleiche wächst im Wesentlichen mit n^2. Die Anzahl der Summierungen wächst im Wesentlichen mit n^3. Wenn n genügend groß ist, werden die Additionen „den größten Teil der Laufzeit von `maxTeilsum-`

`me3`“ verbrauchen, selbst wenn *ein* Vergleich ein *Vielfaches* der Zeit einer Addition kosten würde.

Das Ergebnis unserer Untersuchung: Der Zeitbedarf der Funktion `maxTeilsumme3` wird für große n vermutlich mit der dritten Potenz von n (der Länge des Parameters `folge`) wachsen. Das heißt z.B.: Wenn wir n verdoppeln (d.h. ver-2-fachen), dann steigt der Zeitbedarf auf das 8-fache (weil $2^3=8$ ist). Diese „abstrakte Erkenntnis“ ist unabhängig davon, ob wir die Funktion `maxTeilsumme3` auf einem PC oder einem Supercomputer laufen lassen. Und sie wird wahrscheinlich noch ein paar Jahre gültig bleiben.

Etwas informell kann die Komplexität am Programmtext erkannt werden: Die dreifach geschachtelte Schleife[1] deutet auf eine kubische Komplexität hin.

Aufgabe 2.4: Ist es möglich, dass man in Zukunft eine Umgebung (Compiler, Betriebssystem, Hardwarechip) entwickelt, in der die Funktion `maxTeilsumme3` ausgeführt werden kann und in der ihr Zeitbedarf *nicht* mit der dritten Potenz von n wächst? Wie könnte man das erreichen? Oder ist es unmöglich, das zu erreichen?

Aufgabe 2.5: Wie viel Speicherplatz benötigt die Funktion `maxTeilsumme3`? Versuchen Sie, diese Frage „nicht zu konkret“ zu beantworten.

2.1.5. Zeit für Raum

Wenn genügend Speicher zur Verfügung steht, kann die Zeitkomplexität auf $O(n^2)$ reduziert werden, indem die Teilsummen in einer $n \times n$-Matrix gespeichert werden.

Sie können für die Berechnung anderer Teilsummen gebraucht werden und ihre erneute Berechnung bleibt auf diese Weise erspart: Für die Berechnung der Teilsumme vom Index `i` bis zum Index `j` brauchen wir nur eine Addition, wenn die Teilsumme vom Index `i` bis zum Index `j-1` aus der Matrix geholt werden kann. Im Gegensatz dazu hat die intuitive Lösung aus dem vorigen Kapitel `j-i` Additionen gebraucht.

Zu diesem Zweck wird in einer doppelt geschachtelten Schleife jede Teilsumme (vom Index `i` bis zum Index `j`) errechnet und im (i, j)-ten Element der Matrix gespeichert. In einer zweiten geschachtelten Schleife wird nun das Maximum aller Summen ermittelt.

Diese Vorgehensweise kann folgendermaßen als Java-Funktion formuliert werden:

[1] mit den Laufvariablen `von`, `bis` und `i`

```
int maxTeilsumme2(final int[] folge) {
  int[][] s = new int [folge.length] [folge.length];
  // Tabelle für Teilsummen: für i ≥ j gilt
  // s[i][j] == Teilsumme i bis j == folge[i]+folge[i+1]+...+folge[j]
  for (int i = 0; i < folge.length; i++)
    for (int j = 0; j < folge.length; j++)
      s[i][j] = 0;
  int max = Integer.MIN_VALUE;
  s[0][0] = folge[0]; // Teilsumme 0 bis 0
  for (int bis = 1; bis < folge.length; bis++)
    s[0][bis] = s [0][bis - 1] + folge[bis];
  // Teilsummen 0 bis 1, ..., 0 bis n-1
  // auf die vorherige Teilsumme wird das nächste Element addiert
  for (int von = 1; von < folge.length; von++)
    for (int bis = von; bis < folge.length; bis++)
      s[von][bis] = s[von - 1][bis] - folge[von - 1];
  // Teilsumme fängt um ein Element nach rechts an: um dieses Element kleiner
  // Tabelle s wurde gefüllt; jetzt kann das maximale Element gesucht werden:
  for (int von = 0; von < folge.length; von++)
    for (int bis = 0; bis < folge.length; bis++)
      max = Math.max(max, s[von][bis]); // Summe überprüfen, ob größer
  if (folge.length == 0)
    return 0; // die Summe der leeren Teilfolge ist 0
  else
    return max;
}
```

In dieser Lösung haben wir Laufzeit gespart, indem wir Speicherplatz geopfert haben: Aus den nur doppelt geschachtelten Schleifen[1] ist es ersichtlich, dass dieser Algorithmus eine Zeitkomplexität von nur $O(n^2)$ hat. Dafür muss hier die Tabelle `s` erzeugt werden, deren Größe mit n auch quadratisch wächst: Die Speicherkomplexität ist also – im Gegensatz zu `maxTeilsumme3` – jetzt $O(n^2)$.

Diese Überlegung gilt allerdings nur für hinreichend große n. Für eine kleine n (z.B. für $n = 3$) kann es durchaus vorkommen, dass die Funktion `maxTeilsumme3` schneller ist, besonders, wenn wir sie auch noch übersetzen müssen: Ihr Programmtext ist viel kürzer und einfacher.

Dies gilt allgemein für Komplexitätsbetrachtungen: Eine „bessere Komplexität" ergibt eine „bessere Laufzeit" oder einen „besseren Speicherplatzbedarf" nur bei hinreichend großer Daten(menge). Für kleine Daten(menge) kann ein „schlechterer" Algorithmus durchaus geeigneter sein.

[1] mit den Laufvariablen `von` und `bis`

2.1.6. Teile und herrsche

Wir wollen jetzt einen „noch schnelleren Algorithmus“ konstruieren, mit dem man die größte Teilsumme einer Zahlenfolge berechnen kann. Dabei wollen wir einer Strategie folgen, die sich bei der Lösung vieler Probleme bewährt hat. Diese Strategie wird häufig *Teile-und-herrsche-Strategie* genannt und ist als politisch-militärische Strategie mindestens seit *Machiavelli*[1] (wahrscheinlich aber schon viel länger) bekannt.

Auf ein algorithmisches Problem angewendet, legt diese Strategie folgende Vorgehensweise nahe:

1. Man nimmt das gesamte Problem (z.B. Berechnung der maximalen Teilsumme von `folge`) und teilt es in mehrere Teilprobleme ein. Besonders häufig teilt man das Gesamtproblem in *zwei etwa gleich große* Teilprobleme ein.
2. Man löst die Teilprobleme.
3. Aus der Lösung der Teilprobleme errechnet man eine Lösung für das Gesamtproblem.

Besonders interessant ist diese Strategie, wenn man sie *rekursiv* anwenden kann, d.h. wenn man die Teilprobleme nach der gleichen Strategie in noch kleinere Teil-Teilprobleme aufteilen kann, und diese Teil-Teilprobleme in noch kleinere Teil-Teil-Teilprobleme usw., bis man nur noch „atomare Problemchen" hat, die man „direkt“ (d.h. ohne weitere Teilung) lösen kann.

Wie können wir das Problem „Berechne die maximale Teilsumme von `folge`“ in zwei ungefähr gleich große Teilprobleme zerlegen? Offenbar genügt es nicht, `folge` in zwei ungefähr gleich große Hälften `linkeHaelfte` und `rechteHaelfte` zu teilen, von jeder Hälfte die maximale Teilsumme zu berechnen und die größere dieser beiden Teilsummen als Gesamtergebnis zu nehmen. Denn die maximale Teilsumme von `folge` könnte die Summe einer Folge sein, die teilweise in `linkeHaelfte` und teilweise in `rechteHaelfte` liegt.

Beispiel: Sei `folge` = (-1, -1, -1, +1, +1, +1, +1, -1, -1, -1). Die maximale Teilsumme ist offenbar +4, und die zugehörige Teilfolge (+1, +1, +1, +1) liegt

- teilweise in `linkeHaelfte` = (-1, -1, -1, +1, +1) und
- teilweise in `rechteHaelfte` = (+1, +1, -1, -1, -1) von `folge`.

Einige zusätzliche Begriffe werden die Konstruktion eines funktionierenden Algorithmus erleichtern.

Definition: Wir haben eine Folge `folge` und betrachten alle Teilfolgen, die irgendwo in `folge` anfangen und bis zum rechten Rand von `folge` reichen. Eine solche Teilfolge von `folge` nennen wir eine *rechte Randfolge* von `folge`. Jede

---

[1] italienischer Historiker, 1469-1527

rechte Randfolge hat eine Summe. Jetzt betrachten wir die Summen aller rechten Randfolgen von `folge`. Die größte dieser Summen heißt auch *rechtes Randmaximum* von `folge`. *Linke Randfolge* und *linkes Randmaximum* werden analog definiert.

Aufgabe 2.6: Berechnen Sie von folgenden Folgen jeweils die maximale Teilsumme sowie das rechte und das linke Randmaximum:

- `folge1` = (-3, +5, -20, +4, +8, -4, -9, -2, +3, +2)
- `folge2` = (+3, -2, +5, -20, +3, +3)
- `folge3` = (-20, +5, +3)
- `folge4` = (+1, +1, +1)
- `folge5` = (-1, -1, -1)
- `folge6` = (+27)
- `folge7` = (-27)
- `folge8` = ()

Algorithmus zur Berechnung der maximalen Teilsumme einer Folge `folge` nach der Teile-und-herrsche-Strategie:

1. Wenn `folge` nur aus einer Zahl `zahl` besteht, dann nimm das Maximum von `zahl` und `0`.
2. Wenn `folge` aus zwei oder mehr Zahlen besteht dann:

2.1. Teile `folge` in zwei etwa gleich große Hälften `linkeHaelfte` und `rechteHaelfte`.

2.2. Berechne die maximale Teilsumme `maxLinks` und das rechte Randmaximum `rechtesRandMax` von `linkeHaelfte`.

2.3. Berechne die maximale Teilsumme `maxRechts` und das linke Randmaximum `linkesRandMax` von `rechteHaelfte`.

2.4. Das Maximum der drei Zahlen `maxLinks`, `maxRechts` und `rechtesRandMax + linkesRandMax` ist die maximale Teilsumme von `folge`.

Im folgenden Programm formulieren wir die überladene Java-Funktion `maxTeilsummeRekursiv`. Die Version mit einem Parameter vom Typ `int[]` stellt die Lösung der Aufgabe dar:

```
private int rechtesRandMax(final int[] folge, int links, int rechts) {
  // requires 0 <= links <= rechts < folge.length
  // berechnet rechtes Randmaximum in folge zwischen links und rechts
  int bisherMax = Integer.MIN_VALUE;
  int bisherSum = 0;
  for (int i = rechts; i >= links; i--) {
    bisherSum += folge[i];
    bisherMax = Math.max(bisherMax, bisherSum);
  };
  return bisherMax;
}
```

```
private int linkesRandMax(final int[] folge, int links, int rechts) {
  // requires 0 <= links <= rechts < folge.length
  // berechnet linkes Randmaximum in folge zwischen links und rechts
  int bisherMax = Integer.MIN_VALUE;
  int bisherSum = 0;
  for (int i = links; i <= rechts; i++) {
    bisherSum += folge[i];
    bisherMax = Math.max(bisherMax, bisherSum);
  };
  return bisherMax;
}
private int maxTeilsummeRekursiv(final int[]folge, int links, int rechts) {
  // requires 0 <= links <= rechts < folge.length
  // berechnet maximale Teilsumme in folge zwischen links und rechts
  if (links == rechts) // nur ein Element
    return Math.max(0, folge[links]);
  else {
    final int mitte = (rechts + links)/2;
    final int maxLinks = maxTeilsummeRekursiv(folge, links, mitte);
    final int maxRechts = maxTeilsummeRekursiv(folge, mitte+1, rechts);
    final int rechtesMax = rechtesRandMax(folge, links, mitte);
      // linke Hälfte
    final int linkesMax = linkesRandMax(folge, mitte+1, rechts);
      // rechte Hälfte
    return Math.max(maxRechts, Math.max(maxLinks, rechtesMax + linkesMax));
  }
}
public int maxTeilsummeRekursiv(final int[] folge) {
  // berechnet maximale Teilsumme von folge
  return maxTeilsummeRekursiv(folge, 0, folge.length-1);
}
```

Aufgabe 2.7: Wie oft[1] kann man eine Folge der Länge 2, der Länge 4, der Länge 8, ... der Länge 1024 in zwei gleiche Hälften teilen?

Aufgabe 2.8: Wie oft kann man eine Folge der Länge 37, der Länge 578 oder der Länge 1234 in zwei ungefähr[2] gleich große Hälften teilen?

Aufgabe 2.9: Wenn man die Funktion `maxTeilsummeRekursiv` mit einer Folge der Länge `n` als Parameter aufruft, wie oft ruft sie sich dann rekursiv auf?

[1] in wie vielen Schritten: Eine Folge der Länge 8 wird im 1. Schritt in zwei Folgen der Länge 4, im 2. Schritt in vier Folgen der Länge 2 und im 3. Schritt in acht Folgen der Länge 1 geteilt.

[2] wenn es nicht genau „aufgeht“: Eine Folge der Länge 37 kann in eine Folge der Länge 18 und eine Folge der Länge 19 aufgeteilt werden, die „ungefähr“ gleich lang sind.

Aufgabe 2.10: „Wie viele Befehle" werden bei jedem Aufruf von maxTeilsummeRekursiv ausgeführt, wenn man die rekursiven Aufrufe von maxTeilsummeRekursiv *nicht* mitzählt?

Aufgabe 2.11: Begründen Sie, dass der Zeitbedarf der Funktion maxTeilsummeRekursiv proportional zu *n log n* wächst.

Aufgabe 2.12: Diskutieren Sie die „Geschwindigkeiten" der Funktionen maxTeilsumme3, maxTeilsumme2 und maxTeilsummeRekursiv relativ zueinander. Ist maxTeilsummeRekursiv immer schneller als maxTeilsumme3? Welche Rolle spielen die Umgebungen (Compiler, Hardware usw.), in denen die Funktionen ablaufen?

2.1.7. Die optimale Lösung

Die Funktion maxTeilsumme3 hat eine Zeitkomplexität von $O(n^3)$, maxTeilsumme2 hat eine Zeitkomplexität von $O(n^2)$, maxTeilsummeRekursiv hat eine Zeitkomplexität von $O(n \log n)$. Damit ist maxTeilsummeRekursiv (als abstrakter Algorithmus) „viel schneller" als maxTeilsumme3. Häufig ist es so, dass die Teile-und-herrsche-Strategie zu einem „schnellsten" Algorithmus führt. Für das Problem der maximalen Teilsumme einer Folge ist das nicht der Fall. Es gibt einen noch schnelleren Algorithmus als maxTeilsummeRekursiv.

Auch für die Funktion maxTeilsummeRekursiv gilt: Sie „fasst jedes Element der Folge folge mehrmals an". Das tut sie, wenn sie die (rechten und linken) Randmaxima der beiden Hälften, und dann der Hälften der Hälften usw. der Folge folge berechnet. Es ist aber möglich, die maximale Teilsumme von folge zu berechnen, indem man jedes Element von folge nur genau einmal „anfasst".

Algorithmus zur Berechnung der maximalen Teilsumme von folge, bei dem jedes Element nur einmal angefasst wird:

Wir gehen elementweise von links nach rechts durch folge. Bei jedem Schritt berechnen wir für die schon „untersuchte" linke Teilfolge von folge (sie beginnt am Anfang von folge und endet bei dem Element, welches wir gerade untersuchen):

1. die maximale Teilsumme dieser linken Teilfolge und
2. das rechte Randmaximum dieser linken Teilfolge.

```
int maxTeilsumme1(final int[] folge) {
  int bisherMax = 0;
  int randMax = 0;
  for (int i = 0; i < folge.length; i++) {
    randMax = Math.max(0, randMax + folge[i]);
    bisherMax = Math.max(bisherMax, randMax);
  };
```

```
    return bisherMax;
}
```

Aufgabe 2.13: Wie verändert sich der Zeitbedarf der Funktion maxTeilsumme1 wenn wir die Länge von folge verdoppeln? Welche Zeitkomplexität hat die Funktion maxTeilsumme1 also?

Aufgabe 2.14: Halten Sie es für möglich, dass man in Zukunft einen Algorithmus maxTeilsumme0 findet, der das selbe Problem löst wie maxTeilsumme1, aber eine noch bessere Zeitkomplexität besitzt? Wenn ja: Wie könnte maxTeilsumme0 funktionieren? Wenn nein: warum nicht?

Warnung: Für das hier behandelte Problem der maximalen Teilsumme einer Folge und die vier Lösungen maxTeilsumme3, maxTeilsumme2, maxTeilsummeRekursiv und maxTeilsumme1 gilt: maxTeilsumme1 hat eine bessere Zeitkomplexität, besteht aus weniger Zeilen Java-Text und ist wohl nicht schwerer zu verstehen als die anderen Lösungen. Die Funktion maxTeilsumme1 vereint also alle Vorzüge auf sich. Das ist *untypisch*. Für viele bekannte Probleme gilt: Je besser die Lösung, desto umfangreicher und schwerer verständlich ist sie. Aber der Wunschtraum eines jeden Algorithmenbauers ist es, für ein bekanntes Problem einen Lösungsalgorithmus zu finden, der schneller ist, weniger Speicher braucht, sich kürzer darstellen lässt und leichter verständlich ist als alle bisher bekannten Lösungen.

2.1.8. Messergebnisse

Die Java-Funktionen maxTeilsumme3, maxTeilsumme2, maxTeilsummeRekursiv und maxTeilsumme1 wurden in ein geeignetes Testprogramm eingebaut, mit dem jdk-Compiler der Version 2.1 in Bytecode umgewandelt und auf einem PC mit einem 500 MHz Pentium III Prozessor unter Windows NT 4.0 mit dem Java-Interpreter laufen gelassen. Das Testprogramm rief die Funktionen mit Folgen verschiedener Länge n auf und stoppte die Zeit, die die Funktionen brauchten. Die Messergebnisse wurden in der folgenden Tabelle erfasst:

n	maxTeilsumme3	maxTeilsumme2	maxTeilsumme-Rekursiv	maxTeilsumme1
100	609	102	11	5
200	4773	208	22	6
300	15955	925	33	6
400	37656	1781	50	0
500	73348	2603	61	0
600	126543	3842	77	0
700			88	6
800			99	5
900			115	5
1000	586303		126	5

2000	264	16
3000	412	22
4000	560	33
5000	703	38
6000	857	50
7000	1010	55
8000	1159	61

Tabelle 2.2: Zeitverbrauch in hundertstel Sekunden

Aufgabe 2.15: Wie passen diese Messergebnisse zu den theoretischen Zeitkomplexitäten?

Aufgabe 2.16: Nehmen wir an, dass die Prozedur `blubs` einen konstanten Zeitbedarf hat (d.h. jeder Aufruf von `blubs` benötigt für seine Ausführung gleich viel Zeit, z.B. 37 Millisekunden). Geben Sie für jede der folgenden Prozeduren `proz1`, `proz2`, ... `proz9` an:

1. wie sich ihr Zeitbedarf verändert, wenn man den Parameter `n` verdoppelt und
2. welche Zeitkomplexität die Prozedur hat, z.B. $O(n)$ oder $O(n^2)$ oder $O(n^3)$ oder $O(n \log n)$ usw.

```
void proz1(int n) { // requires n > 0
  for (int i = 1; i <= n; i++)
    blubs();
}
void proz2(int n) { // requires n > 0
  for (int i = 1; i <= n; i++)
    for (int j = 1; j <= n; j++)
      blubs();
}
void proz3(int n) { // requires n > 0
  for (int i = 1; i <= n; i++)
    blubs();
  for (int i = 1; i <= n; i++)
    blubs();
}
void proz4(int n) { // requires n > 0
  for (int i = 1; i <= 100; i++)
    for (int j = 1; j <= n; j++)
      for (int k = 1; k <= 100; k++)
        blubs();
}
void proz5(int n) { // requires n > 0
  for (int i = 1; i <= n; i++)
    for (int j = 1; j <= i; j++)
```

```
        blubs();
}
void proz6(int n) { // requires n > 0
  for (int i = 1; i <= n/2; i++)
    for (int j = 1; j <= n/4; j++)
      for (int k = 1; k <= n/8; k++)
        blubs();
}
void proz7(int n) { // requires n > 0
  for (int i = 1; i <= n * n; i++)
    for (int j = 1; j <= n * n * n; j++)
      blubs();
}
void proz8(int n) { // requires n > 0
  blubs();
  if (n > 1)
    proz8(n-1);
}
void proz9(int n) { // requires n > 0
  blubs();
  if (n > 1) {
    proz9(n-1);
    proz9(n-1);
  }
}
```

2.1.9. Gleichwertigkeit von Algorithmen

Die Algorithmen, die durch die Funktionen `maxTeilsumme3`, `maxTeilsumme2`, `maxTeilsummeRekursiv` und `maxTeilsumme1` dargestellt werden, sind *gleichwertig*.

Dies bedeutet, dass sie für jede Eingabe (für jede Folge) dieselbe Ausgabe (dasselbe Ergebnis, d.h. dieselbe Zahl als maximale Teilsumme) produzieren. Diese Aussage ist jedoch etwas gewagt, zumal sie zu beweisen ist nicht ganz einfach. Es gibt zwar Anstrengungen, die Gleichwertigkeit von Algorithmen mathematisch zu sichern; in der Praxis wird sie jedoch meistens durch *Tests* nachgewiesen.

Ein Test kann die Korrektheit eines Programms nicht *beweisen*, sie höchstens einleuchtend – d.h. wahrscheinlich – machen[1]. So kann man auch die Gleichwertigkeit dieser Funktionen einsehen. Hierzu müssen *Testfälle* konstruiert werden. Ein Testfall für eine Funktion besteht aus einem aktuellen

[1] Es ist seit Dijkstra bekannt: Test ist nicht geeignet, die Abwesenheit von Fehlern in einem Programm zu beweisen, nur um Fehler zu finden.

Parameter und aus dem erwarteten Ergebnis. Im Falle der maximalen Teilsumme ist zum Beispiel

`folge` = (-1, -1, -1, +1, +1, +1, +1, -1, -1, -1), Ergebnis = +4

ein Testfall. Es gibt typischerweise unendlich viele Testfälle[1], deswegen können wir nicht alle durchprobieren und so die Korrektheit eines Programms beweisen. Mit einem geschickt zusammengestellten Satz von Testfällen kann sie aber einsichtig gemacht werden. Hierbei spielt neben einigen Strategien[2] – wie Äquivalenzklassenbildung, Betrachtung von Grenzfällen usw. – auch die gute Intuition des Programmierers eine wichtige Rolle.

Ähnlich wie die Korrektheit eines Programms kann die Gleichwertigkeit von Algorithmen nur einleuchtend gemacht werden, indem ein Satz von Testfällen mit ihnen bearbeitet wird. Wenn sie alle das gleiche Ergebnis produzieren, gehen wir davon aus, dass sie gleichwertig sind.

Bemerkung: Die Gleichwertigkeit (*Äquivalenz*) von zwei *beliebigen* Algorithmen – in welcher Form auch immer sie vorliegen – zu beweisen ist ein *unlösbares Problem*. Dies bedeutet, dass es z.B. kein Java-Programm geben kann, das den Quellcode von zwei Java-Funktionen einliest und feststellt, ob sie zwei gleichwertige Algorithmen darstellen oder nicht. Wir werden uns im Kapitel 7.2. (ab Seite 163) mit unlösbaren Problemen auseinandersetzen.

2.2. Komplexitätsformel

Nach diesen konkreten Beispielen können wir nun die Formeln für Komplexität etwas präziser interpretieren.

Unter *konstanter Komplexität* verstehen wir, dass der Zeit- oder Speicherverbrauch des Algorithmus von der Menge (oder Größe) der Daten nicht abhängig ist. Sie wird mit der Formel $O(1)$ oder $O(n^0)$ bezeichnet[3]. Die *lineare Komplexität* $O(n)$ oder $O(n^1)$ bedeutet, dass der Verbrauch von Betriebsmitteln mit der Menge (oder Größe) der Eingabedaten proportional wächst: Doppelt so viele (oder große) Daten zu bearbeiten kostet doppelt so viel Zeit (oder Speicherplatz), dreimal oder zehnmal so viele Daten zu bearbeiten ist dreimal oder zehnmal so teuer. Die *quadratische Komplexität* $O(n^2)$ heißt dementsprechend, dass doppelt, dreimal oder zehnmal so viele Daten einen vier-, neun- oder hundertfachen Verbrauch an Betriebsmitteln verursachen.

Die *logarithmische Komplexität* wird durch die Formel $O(\log n)$ ausgedrückt, wobei die Basis des Logarithmus meistens 2 beträgt: Eine vierfache Daten-

[1] s. *Unendlichkeitsbedingung* im Kapitel 7.1. (auf Seite 104)
[2] s. alle gängigen Lehrbücher für *Software Engineering*
[3] *O* steht für *Ordnung* oder *Größenordnung*

menge verursacht doppelten Verbrauch, eine acht- oder 1024-fache Menge einen drei- oder zehnfachen Verbrauch. Man sagt, sie sei „besser" als die lineare, „schlechter" als konstante. Diese Qualifikation gilt allerdings typischerweise nur für große Datenmengen. Manchmal wird die Komplexität $O(n \log n)$ auch *logarithmisch* genannt: Sie ist „besser" als die quadratische, „schlechter" als lineare.

Man spricht von *polynomialer Komplexität*, wenn es eine Zahl $k > 0$ gibt, dass die Komplexität „besser" ist als $O(n^k)$. Manche Algorithmen sind „schlechter" als polynomial: Ihre Komplexität kann dann *exponenziell* sein: $O(2^n)$. Hier bedeutet eine doppelte, drei- oder zehnfache Datenmenge eine 4-, 8- oder 1024-fache Bearbeitungszeit (bzw. einen solchen Speicherverbrauch). Die Basis 2 kann hierbei durch eine andere Zahl ersetzt werden.

Die Formel $O(n^3)$ drückt etwa Folgendes aus: Es gibt eine mathematisch formulierbare Funktion $f(n)$, die in Abhängigkeit der (Menge oder Größe der) Eingabedaten den genauen Verbrauch an Betriebsmitteln beschreibt, und in der n in der dritten Potenz (und nicht an einer höheren) vorkommt. Mathematisch ausgedrückt bedeutet dies Folgendes[1]:

$$\lim_{n \to \infty} \frac{f(n)}{n^3} = c$$

Die Komplexität $O(2^n)$ besagt, dass die Funktion $f(n)$ die Variable n im Exponent enthält. Sie könnte z.B. $f(n) = 31 \cdot 10^n + n^{25} + 22{,}5 \cdot n \log n + 370$ sein. Sie ist typischerweise schwer zu finden, man interessiert sich nur für ihr am schnellsten wachsendes Glied.

2.3. Datenstrukturen

Im Kapitel 2.1. (ab Seite 8) haben wird gesehen, dass es zur Lösung einer bestimmten Aufgabe gleichwertige Algorithmen mit unterschiedlichen Qualitätsmerkmalen geben kann. Ähnliches kann auch über Datenstrukturen gesagt werden.

Mit Hilfe von Datenstrukturen können *Behälterklassen*[2] erstellt werden, deren Objekte mehrere Werte eines Datentyps aufnehmen können. Typischerweise stellen diese Klassen auch Zugriffmethoden zur Verfügung, damit dem Benutzer der unkontrollierte Zugriff auf die Datenstruktur verwehrt bleibt.

Es gibt zwei typische Techniken für die Implementierung solcher Behälterklassen: diese als *Reihungen* oder als *verkettete Listen* zu programmieren. In

---

[1] c ist eine Konstante

[2] auf Englisch: *container classes*; nach der Terminologie von [SolSch] *Multibehälter*;

[SolSch] und in anderen Lehrbüchern für Programmiersprachen werden diese Techniken ausführlich behandelt. Uns interessiert an dieser Stelle nur die Gleichwertigkeit bzw. die Unterschiedlichkeit der beiden Datenstrukturen, d.h. wie weit wir mit ihrer Hilfe gleichwertige Algorithmen programmieren können.

Wir werden jetzt nur zwei typische Operationen für diese Datenstrukturen untersuchen: das Eintragen und das Löschen eines Elements.

2.3.1. Reihungen

Die Länge eines Reihungsobjekts wird bei seiner Erzeugung (durch `new`) festgelegt und kann nicht mehr verändert werden. Dieser Umstand bedeutet, dass eine Reihung immer eine konstante Anzahl von Elementen enthält. Wenn einige von diesen irrelevant („Müll") sind, muss dies neben der Datenstruktur gesondert vermerkt werden.

So kann zum Beispiel ein *Stapel*[1] (ein *LIFO*[2]-Behälter) eine Reihung enthalten, in der die gestapelten Elemente gespeichert werden, sowie einen Index, in dem vermerkt wird, wie viele Elemente in den Stapel eingetragen wurden. Das Eintragen eines Elements aus dem Stapel bewirkt die Inkrementierung dieses Indexwerts (im folgenden Beispiel `spitze`); seine Dekrementierung bedeutet das Löschen des zuletzt eingetragenen Elements:

```
public class Stapel {
  private Object [] inhalt;
    // statt Object beliebige Klasse oder Datentyp (z.B. char) möglich³
  private int spitze; // Werte von 0 bis inhalt.length-1
  public Stapel(int groesse) { // maximale Größe
    inhalt = new Object[groesse];
    spitze = -1; // Anfangswert: Stapel ist leer
  }
  public void eintragen(final Object element) throws VollAusnahme {
    if (spitze < inhalt.length-1) {
      spitze ++; // nächster freier Platz
      inhalt[spitze] = element;
    } else
      throw new VollAusnahme();
  }
  public void entfernen() throws LeerAusnahme {
    if (spitze > -1)
      spitze --; // Platz des letzten eingetragenen Elements freigeben
```

[1] auf Englisch: *stack*; auch *Keller* genannt
[2] Abkürzung für *last in first out*
[3] Leider besitzt Java (noch) keine Generizität (wie z.B. `template` in C++).

```
    else
      throw new LeerAusnahme();
  }
}
```

Weitere Methoden wie z.B. eine, um das Spitzenelement des Stapels zu lesen, sind ähnlich denkbar.

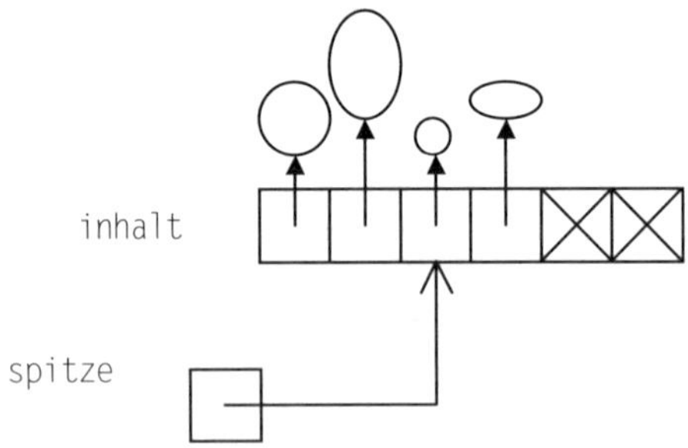

Abbildung 2.3: LIFO als Reihung mit drei Elementen

Die Komplexität dieser Algorithmen untersuchen wir im Kapitel 4.6. auf Seite 88 zusammen mit den Suchalgorithmen.

2.3.2. Verkettete Listen

Nicht nur Algorithmen, sondern auch Datenstrukturen können rekursiv sein: Auf die Definition einer Datenstruktur (einer Klasse) darf in derselben Definition – in Form einer Referenz – Bezug genommen werden[1]. Ein klassisches Beispiel hierfür ist die *verkettete Liste*. In diesem Kapitel werden wir die *vorwärts* und die *rückwärts* verkettete Liste untersuchen. Weitere verkettete Datenstrukturen, z.B. die *doppelt* verkettete Liste kann man ähnlich – wenn auch komplizierter – programmieren.

Eine Liste wird mit Hilfe von *Kettenelementen* implementiert. Ein Kettenelement wird typischerweise als eine (innere) Klasse `Knoten` vereinbart, die einen gespeicherten Wert sowie eine (oder evtl. mehrere) Referenz(en) enthält:

```
private class Knoten {
  Object wert; // statt Object beliebige Klasse oder Datentyp möglich
  Knoten verbindung; // Rekursion
  Knoten(final Object wert, final Knoten verbindung) {
    this.wert = wert;
    this.verbindung = verbindung;
```

[1] in manchen anderen Programmiersprachen (wie Pascal) erst nach einer `forward`-Vereinbarung

```
  }
}
```

Über eine Referenz vom Typ `Knoten` kann die verkettete Liste erreicht werden. Wir nennen sie *Anker:*

```
Knoten anker = null;
// Anfügen eines neuen Knotens:
anker = new Knoten(element, anker); // neuer Knoten; der Alte wird verkettet
  ...
anker = anker.verbindung; // löschen des letzten Knotens der Liste
```

Der Anker adressiert das zuletzt erzeugte Kettenelement. Von hier kann man das davor erzeugte Element erreichen: `verbindung` referiert das zurückliegende Kettenelement. Alle Elemente können auf diese Weise bis zum ersten (ältesten) erreicht werden. Diese Technik heißt *Rückwärtsverkettung* und die Datenstruktur wird *rückwärts verkettete Liste* genannt.

Zur obigen Implementierung des Stapels in einer Reihung ist die Technik der rückwärts verketteten Liste eine Alternative. Sie hat den Vorteil, dass die maximale Anzahl der Elemente nicht festgelegt werden muss:

```
private Knoten anker;
public Stapel() {
  anker = null;
}
public void eintragen(final Object element) throws VollAusnahme {
  try {
    anker = new Knoten(element, anker);
  } catch (OutOfMemoryError exception) {
      throw new VollAusnahme();
  }
}
public void entfernen() throws LeerAusnahme {
  try {
    anker = anker.verbindung; // das letzte eingetragene Element ausketten
  } catch (NullPointerException exception) {
    throw new LeerAusnahme();
  }
}
```

Die hier verwendete `try-catch`-Alternative zur `if-else`-Technik (wie beim Stapel im vorigen Kapitel 2.3.1. auf Seite 23) für die Behandlung von Ausnahmensituationen wurde in [SolSch] ausführlich erläutert.

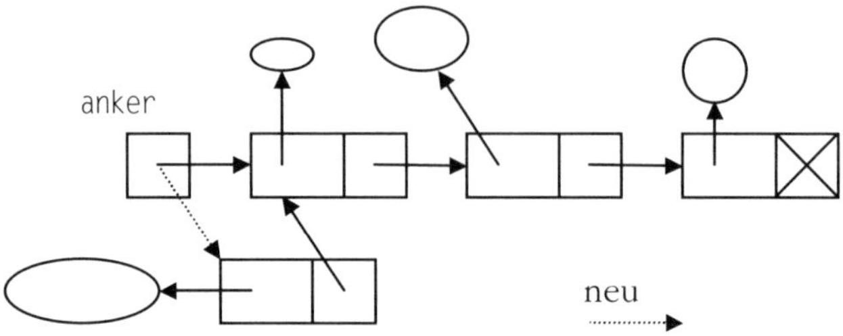

Abbildung 2.4: Eintragen in eine rückwärts verkettete Liste

Vorwärts verkettete Listen sind geeignet, um *FIFO*[1]-Behälter (Warteschlangen) oder Listen mit freiem Zugriff zu programmieren. Beim Eintragen in eine solche Liste wird ein neues Knotenobjekt erzeugt, dessen `verbindung`-Komponente das vorherige Knotenobjekt referiert:

```
public void eintragen(final Object element) {
  Knoten neu = new Knoten(element, null);
  if (aelteste != null) { // Liste nicht leer
    juengste.verbindung = neu; // neuer jüngster Knoten wird eingefügt
    juengste = neu;
  } else { // Liste noch leer
    juengste = aelteste = neu;
  }
}
```

Hierbei sind `aelteste` und `juengste` jeweils die Anker der Liste, die den ältesten bzw. jüngsten Knoten referieren; sie werden für eine leere Liste mit `null` vorbesetzt. Der letzte Knoten der Liste wird mit einer `null` in ihrer `verbindung`-Komponente gekennzeichnet.

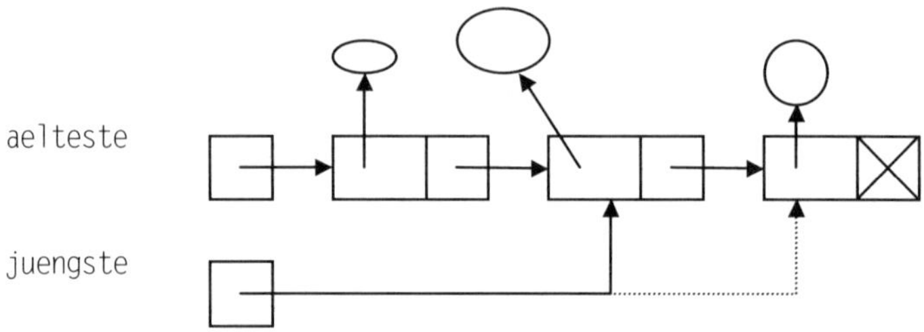

Abbildung 2.5: Eintragen in eine vorwärts verkettete Liste

Das Löschen des ältesten Elements vom Ende der vorwärts verketteten Liste ist einfach:

[1] Abkürzung für *first in first out*

```
public void loeschen() throws LeerAusnahme { // löscht das älteste Element
  if (aelteste != null)
    aelteste = aelteste.verbindung; // ältestes Element wird ausgehängt
  else // Liste leer
    throw new LeerAusnahme();
}
```

Um ein beliebiges Element (aus der Mitte) der verketteten Liste zu löschen, muss eine Referenz an das *vorangehende* Element vorhanden sein (dieses kann z.B. durch Suchen[1] gefunden werden):

```
public void loeschen(final Knoten vorgaenger) throws LeerAusnahme {
    // löscht das nachfolgende Element
  if (vorgaenger != null)
    vorgaenger.verbindung = vorgaenger.verbindung.verbindung;
  else // kein Element zum Löschen
    throw new LeerAusnahme();
}
```

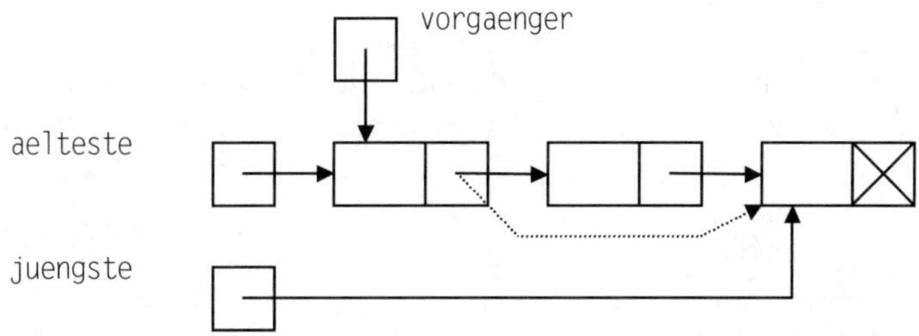

Abbildung 2.6: Löschen eines Elements aus der verketteten Liste

Im Kapitel 3.2. (auf Seite 38) werden wir auch komplexere Operationen an verketteten Listen untersuchen.

Aufgabe 2.17: Programmieren Sie das Eintragen in eine vorwärts verkettete Liste auf eine bestimmte (durch eine Knotenreferenz angegebene) Stelle. Überlegen Sie sich, welcher Knoten angegeben werden muss.

2.3.3. Gleichwertigkeit von Datenstrukturen

Mit den beiden vorgestellten Programmiertechniken können gleichwertige Klassen erstellt werden. Wir verstehen darunter Folgendes:

Nehmen wir an, zwei Klassen, die die beiden unterschiedlichen Techniken für die Datenstruktur verwenden, implementieren dieselbe Schnittstelle:

[1] s. Kapitel 4.2. (ab Seite 76)

```
public interface Stapel {
  public void entleeren(); // ensures istLeer();
  public void eintragen(Object element) throws VollAusnahme;
    // requires !istVoll(); ensures !istLeer() & lesen() == element
  public Object lesen() throws LeerAusnahme; // const¹
    // requires !istLeer() // liefert das zuletzt eingetragene Element
  public void entfernen() throws LeerAusnahme;
    // requires !istLeer(); ensures !istVoll();
    // entfernt das zuletzt eingetragene Element
  public boolean istLeer(); // const
  public boolean istVoll(); // const
  public void kopieren(final Stapel quelle); // ensures istGleich(quelle);
  public boolean istGleich(final Stapel stapel); // const
}

public class StapelReihung implements Stapel { ... }

public class StapelListe implements Stapel { ... }
```

Für die Schnittstelle können – ähnlich wie für Funktionen im Kapitel 2.1.9. (auf Seite 20) – *Testfälle* erstellt werden. Ein Testfall für eine Schnittstelle besteht jedoch nicht aus *einem* (parametrisierten) Aufruf, sondern aus einer *Folge* von Methodenaufrufen und den dazugehörigen aktuellen Parametern:

```
public void testfall1(Stapel stapel) {
  ...
  stapel.eintragen(element1);
  stapel.eintragen(element2);
  ergebnis1 = stapel.istLeer();
  ergebnis2 = stapel.lesen();
  ...
}
```

Ein Testfall enthält also Methodenaufrufe, die ihr Zielobjekt verändern[2], und Methodenaufrufe, die es unverändert lassen, jedoch Information über seinen Zustand liefern[3]. Diese Information muss ausgewertet (im obigen vereinfachten Beispiel den Variablen `ergebnis1` und `ergebnis2` zugewiesen) und mit dem erwarteten Verhalten der Klasse verglichen werden.

Die beiden Klassen `StapelReihung` und `StapelListe` sind gleichwertig, wenn sie für *jeden* Testfall gleiche Ergebnisse liefern:

[1] Das Kommentar **const** wird verwendet, um anzudeuten, dass die Methode das Zielobjekt unverändert lässt.

[2] nach der Terminologie von [SolSch] *Mutatoren*

[3] nach der Terminologie von [SolSch] *Informatoren*: Funktionsmethoden, die in der Schnittstelle mit **const** gekennzeichnet wurden

```
Stapel stapel = new StapelReihung(GROESSE);
testfall1(stapel);
stapel = new StapelListe();
testfall1(stapel);
```

Die Testfälle können innerhalb eines *Stapeltesttreibers* programmiert werden. Es ist selbstverständlich nicht möglich, alle Testfälle zu erfassen, daher kann die Gleichwertigkeit von Klassen – ähnlich wie von Algorithmen – auch nicht bewiesen werden. Eine ausreichende Anzahl von Testfällen macht jedoch die Gleichwertigkeit plausibel.

Bei einer korrekten Implementierung der beiden Klassen erhalten wir die gleichen Ergebnisse: Sie werden von den Aufrufen der Funktionsmethoden geliefert. Diese werden im Testtreiber miteinander verglichen und die Vergleichsergebnisse werden sinnvollerweise dokumentiert (z.B. in eine Datei ausgegeben).

Eine Alternative zum Stapeltesttreiber ist der *Dialogtesttreiber;* er enthält nicht die Testfälle, bietet nur einen Rahmen, sie im Dialog zu definieren und die einzelnen Aufrufe auszuführen. Sein Vorteil ist die Flexibilität, d.h. neue Testfälle können einfach – ohne Programmierung und Neuübersetzung des Testtreibers – angewendet werden. Sein Nachteil ist, dass bei der Veränderung (z.B. nach Fehlerkorrektur) einer der Klassen alle Testfälle neu eingegeben werden müssen.

Die Vorteile der beiden Testtreiberarten vereinigt der *Universaltesttreiber*, der die Testfälle in einem Dialog erfasst und sie in einer Datei speichert. Von hier aus können sie jederzeit abgerufen und wiederholt ausgeführt werden. So ein Universaltesttreiber kann aus der Schnittstelle *generiert* werden[1].

Wenn die beiden oben vorgestellten Stapel-Klassen mit Hilfe von geeigneten Testtreibern miteinander verglichen werden, kann ein kleiner Unterschied zwischen ihnen übersehen werden: Die Reihungsimplementierung wirft die Ausnahme `VollAusnahme` aus, wenn es versucht wird, `GROESSE+1` Objekte[2] einzutragen; die Listenimplementierung wird auch das `GROESSE+1`-te Element aufnehmen, wenn die *Halde*[3] des Interpreters groß genug ist. Selbstverständlich ist es möglich, die Listenimplementierung künstlich einzuschränken, um volle Gleichwertigkeit zu erreichen; dadurch würde jedoch ihr wesentlicher Vorteil verloren gehen.

Weitere alternative Implementierungen sind denkbar. Ihre Gleichwertigkeit muss jedoch auf ähnliche Weise getestet werden.

---

[1] s. [SolT]

[2] `GROESSE` ist der aktuelle Konstruktorparameter

[3] auf Englisch: *heap*; der Speicherbereich, wo die erzeugten Objekte abgelegt werden

3. Rekursion und Wiederholung

Im Kapitel 1.1. (ab Seite 1) haben wir den Algorithmus von Euklid sowohl iterativ wie auch rekursiv formuliert. Die Alternative ist typisch: Viele Aufgaben haben eine rekursive und eine iterative Lösung. In diesem Kapitel beschäftigen wir uns mit der Frage, wie weit die beiden Techniken austauschbar sind.

3.1. Rekursive Algorithmen

Prinzipiell gilt: Alle Aufgaben, die mit einer Iteration[1] lösbar sind, sind auch ohne Schleife durch Rekursion lösbar. Es gibt sogar Programmiersprachen[2], die keine Schleifen kennen, sondern die Wiederholung durch Rekursion ausgedrückt werden muss.

Auch Rekursionen kann man meistens[3] mit Hilfe von Iteration simulieren[4]. Oft sind die rekursiven Lösungen einfacher zu verstehen, verbrauchen aber für die Abarbeitung der Rekursion mehr Speicherplatz.

3.1.1. Fakultät

Als erstes Beispiel für rekursive Algorithmen betrachten wir die bekannte Funktion *Fakultät*. Die mathematische Bezeichnung der Fakultät ist $n!$. Sie wird als das Produkt der ersten n natürlichen Zahlen durch die Formel

$$n! = 1 \cdot 2 \cdot 3 \cdot \ldots \cdot (n-1) \cdot n$$

definiert. Die *Wertetabelle* der Funktion *Fakultät* ist:

n	1	2	3	4	5	6	7	8	9	...
$n!$	1	1	6	24	120	720	5040	40320	362880	...

Tabelle 3.1: Wertetabelle der Fakultät

Diese Definition ermöglicht eine Berechnung mit Hilfe einer Schleife:

```
int fakultaetIterativ(int n) { // requires n > 0
  int ergebnis = 1;
  for (int i = 1; i <= n; i++)
    ergebnis *= i;
```

---

[1] Die Begriffe *Iteration*, *Wiederholung* und *Schleife* sind Synonyme; sie können miteinander ausgetauscht werden.

[2] z.B. *Prolog* oder *Logo*

[3] es hängt von der exakten Definition der Rekursion ab, s. Kapitel 3.5. (auf Seite 60)

[4] s. z.B. [Niev]

```
  return ergebnis;
}
```

Die rekursive Berechnung ist auf Grund der Formel

$$n! = 1 \cdot 2 \cdot 3 \cdot \ldots \cdot (n\text{-}1) \cdot n = (n\text{-}1)! \cdot n$$

möglich: `fakultaetRekursiv(n) == n * fakultaetRekursiv(n-1)` für `n ≥ 2`:

```
int fakultaetRekursiv(int n) { // requires n > 0
  if (n <= 1)
    return 1;
  else
    return n * fakultaetRekursiv(n-1);
  // return n <= 1 ? 1 : n * fakultaetRekursiv(n-1);
}
```

Der Nachteil der rekursiven Lösung gegenüber dem iterativen Programm ist der zusätzliche Verbrauch von Speicher: Die rekursiven Aufrufe werden auf dem Stapel (stack) abgelegt[1]. Die Größe des nötigen Speichers ist also proportional zum Parameter. Die *Speicherkomplexität* dieses Algorithmus ist dementsprechend linear. Die Speicherkomplexität der iterativen Lösung ist konstant, d.h. sie hängt nicht vom Parameter ab.

3.1.2. Die Fibonacci-Zahlen

Rekursionen können oft durch Wiederholungen ersetzt werden. Manchmal ist die rekursive Lösung zwar einfach zu verstehen, zur Laufzeit jedoch unwirtschaftlich.

In diesem Fall lohnt es sich, die kompliziertere Lösung mit der Schleife zu benutzen. Ein schönes Beispiel hierfür sind die *Fibonacci-Zahlen*. Sie werden durch die folgende rekursive Formel definiert:

$$f_0 = 0$$
$$f_1 = 1$$
$$f_n = f_{n-1} + f_{n-2} \text{ für } n \geq 2$$

Jede Fibonacci-Zahl ist also die Summe der beiden vorangehenden. Die ersten vierzehn Fibonacci-Zahlen sind:

n	0	1	2	3	4	5	6	7	8	9	10	11	12	13	...
f_n	0	1	1	2	3	5	8	13	21	34	55	89	144	233	...

Tabelle 3.2: Wertetabelle der Fibonacci-Zahlen

[1] gute Compiler können hier allerdings optimieren

Die folgende Funktion berechnet die Fibonacci-Zahlen nach der obigen Formel:

```
int fibonacciRekursiv(int n) { // requires n > 0
  if (n <= 0)
    return 0;
  else if (n == 1)
    return 1;
  else
    return fibonacciRekursiv(n-1) + fibonacciRekursiv(n-2);
}
```

Wenn diese Funktion mit verschiedenen Parameterwerten aufgerufen wird, wächst die Rechenzeit für Parameterwerte zwischen 20 und 30 auffallend stark. Der Grund hierfür ist, dass viele Zwischenergebnisse mehrfach berechnet werden:

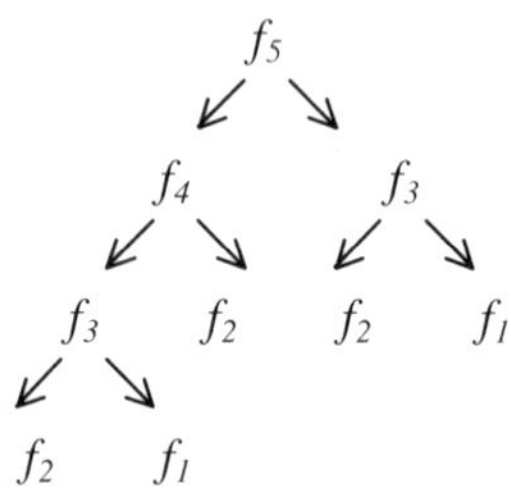

Abbildung 3.3: Berechnung von f_5

Bei der Berechnung von f_5 werden f_4 und f_3 berechnet; bei der Berechnung von f_4 wird f_3 wieder berechnet. Es ist nicht schwer zu beweisen, dass dieser Algorithmus die *exponenzielle Zeitkomplexität* $O(2^n)$ hat. Um sie zu reduzieren, können die schon berechneten Fibonacci-Werte in einem *Gedächtnis* gespeichert werden. In der folgenden Klasse wird hierfür die `int`-Reihung `ged` mit `0` vorbesetzt; der Eintrag `0` kennzeichnet, dass die Fibonacci-Zahl für diesen Index noch nicht errechnet worden ist. Nach der (rekursiven) Berechnung wird sie hier gespeichert, um einer wiederholten Berechnung vorzubeugen:

```
class FibonacciMitGedaechtnis {
  private int max;
  private long ged[]; // Gedächtnis
  public FibonacciMitGedaechtnis(int max) {
    this.max = max;
    ged = new long[max];
    for (int i = 0; i < ged.length; i++)
      ged[i] = 0; // vorbesetzen
```

```
  }
  public long fibonacci(int n) {
      // requires 0 <= n < max == ged.length
    if (ged[n] != 0) // schon errechnet
      return ged[n];
    else if (n < 2) { // 0 oder 1
      ged[n] = n;
      return ged[n];
    }
    else
      ged[n] = fibonacci(n-1) + fibonacci(n-2);
    return ged[n];
  }
}
```

Auch die folgende iterative Lösung ist effizienter als `fibonacciRekursiv`, das Programm ist jedoch weniger verständlich. Hier werden die Fibonacci-Zahlen von unten nach oben in einer Zählschleife berechnet und die Zwischenergebnisse in lokalen Variablen gespeichert:

```
int fibonacciIterativ(int n) { // requires n >= 0
  if (n > 0) {
    int aktuelle = 1, temp = 1, vorherige = 0;
    for (int i = 1; i < n; i++) {
      temp = aktuelle;
      aktuelle = aktuelle + vorherige;
      vorherige = temp;
    }
    return aktuelle;
  }
  else
    return 0;
}
```

Die Zeitkomplexität von diesem Algorithmus ist linear, d.h. proportional zu `n`. Eine mathematische Kuriosität ist, dass der irrational aussehende Bruch

$$f_n = \frac{\left(\frac{1+\sqrt{5}}{2}\right)^n - \left(\frac{1-\sqrt{5}}{2}\right)^n}{\sqrt{5}}$$

einen Ganzzahlwert, und zwar die *n*-te Fibonacci-Zahl ergibt. Die Fibonacci-Zahlen spielen in Naturbeobachtungen bei der Verteilung von Eigenschaften (z.B. bei der Anordnung von Blättern auf Pflanzen) eine wichtige Rolle. Sie werden auch verwendet, um die Strategie des Mischens[1] einer größeren Anzahl von vorsortierten Sequenzen zu optimieren.

3.1.3. Die Ackermann-Funktion

| Rekursion ist geeignet, Funktionen zu definieren, die sehr schnell wachsen.

Die Werte der *Ackermann-Funktion*[2] (mit zwei Argumenten n und m) werden durch die folgenden Formeln definiert:

$$a_m^0 = m+1 \qquad a_0^n = a_1^{n-1} \qquad a_m^n = a_{a_{m-1}^n}^{n-1}$$

Diese Funktion ist ein Beispiel für eine Rekursion, die nicht (oder zumindest nicht direkt) durch Iteration ersetzt werden kann. Ihre interessante Eigenschaft ist, dass sie stärker wächst als jede *primitiv-rekursive Funktion*: Der Wert von `ackermann(4, 2)` kann mit 19729 Dezimalziffern beschrieben werden. Der Wert von `ackermann(4, 4)` ist größer als $10^{10^{19000}}$. Um die Größe dieser Zahl vorzustellen, kann beachtet werden, dass – nach einigen Abschätzungen – die Anzahl der Elementarteilchen im bekannten Universum etwa bei 10^{70} liegt.

Die folgende Java-Methode implementiert die Ackermann-Funktion:

```
int ackermann(int n, int m) {
  if (n == 0)
    return m + 1;
  else if (m == 0)
    return ackermann(n - 1, 1);
  else
    return ackermann(n - 1, ackermann(n, m - 1));
}
```

Aufgabe 3.1: Erstellen Sie eine Funktion, die die Werte der Ackermann-Funktion (zumindest für kleine Parameter) mit Hilfe eines Gedächtnisses liefert. Überwachen Sie die Laufzeit des Funktionsaufrufs mit Hilfe der Methode `getTime` der Klasse `java.util.Date`. Ermitteln Sie auch die Anzahl der rekursiven Aufrufe und stellen Sie eine Tabelle für verschiedene Parameterkombinationen zusammen.

3.1.4. Die mathematische Induktion

Ein weiteres Beispiel für rekursive Algorithmen ist die Lösung des altbekannten Problems mit dem Namen *Türme von Hanoi:* Eine gegebene Anzahl von gestapelten Ringen unterschiedlicher Größe muss von einer Stange auf eine

---

[1] s. Kapitel 5.6.1. (auf Seite 104)
[2] benannt nach dem Mathematiker *F. W. Ackermann*, 1896 - 1962

andere mit Hilfe einer Dritten übertragen werden. Dabei darf ein größerer Ring nie auf einen kleineren gelegt werden:

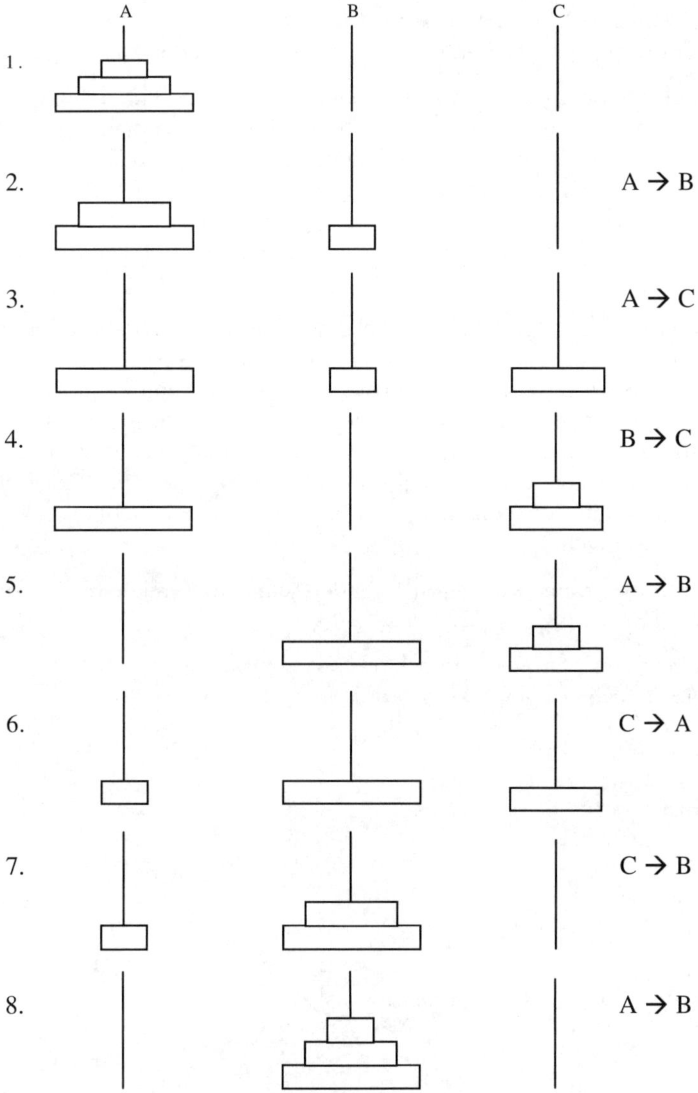

Abbildung 3.4: Türme von Hanoi

Ein Versuch, die Aufgabe mit mehreren Scheiben zu lösen, dürfte die Komplexität der Problematik deutlich machen. Rekursion ist hier geeignet, einen verständlichen Algorithmus zu formulieren.

Die Idee für die rekursive Lösung ist das Prinzip der *mathematischen Induktion.* Um einen gegebenen Satz für eine beliebige natürliche Zahl n zu beweisen, führt man zwei Schritte durch: Man entwickelt

1. einen (trivialen) Beweis für $n = 1$ (oder $n = 0$)
2. einen Beweis für $n+1$ unter der Annahme, dass der Satz für n gilt.

Im Falle der Türme von Hanoi verwenden wir dieses Prinzip folgendermaßen. Wir nennen den (trivialen) Algorithmus für die Übertragung der kleinsten Scheibe von einer Stange auf eine andere A_1. Die zwei kleinsten Scheiben werden mit dem Algorithmus A_2 übertragen usw. Wenn wir nun die n (kleinsten, oberen) Scheiben von einer Stange zur anderen mit einem Algorithmus A_n übertragen können, dann können wir $n+1$ Scheiben folgendermaßen übertragen:

Zuerst übertragen wir die oberen n Scheiben mit dem Algorithmus A_n von der ersten Stange auf die zweite, dann übertragen wir die $n+1$-te (größte) Scheibe von der ersten auf die dritte Stange (die keine Scheibe enthält) mit dem trivialen Algorithmus A_1, und dann verwenden wir wieder den Algorithmus A_n, um die oberen n Scheiben von der zweiten auf die dritte Stange zu übertragen. Als Ergebnis erhalten wir den Algorithmus A_{n+1}. Auf dieselbe Weise erhalten wir den Algorithmus A_{n+2} usw. So können wir eine beliebige Anzahl von Scheiben übertragen.

Diese Beweisführung wird im Folgenden einfachen rekursiven Programm implementiert:

```
private void hanoi(int n, String a, String b, String c) {
    // überträgt n Scheiben von a nach b mit Hilfe von c
  if (n > 0) {
    hanoi(n-1, a, c, b);
    System.out.println("Übertragung von " + a + " auf " + b);
    hanoi(n-1, c, b, a);
  }
}
public void hanoi(int n) {
  hanoi(n, "A", "C", "B");
}
```

Der Aufruf `hanoi(3);` bewirkt dann die Ausgabe:

```
Übertragung von A auf B
Übertragung von A auf C
Übertragung von B auf C
Übertragung von A auf B
Übertragung von C auf A
Übertragung von C auf B
Übertragung von A auf B
```

Dies entspricht genau der Vorgehensweise auf der Abbildung 3.4.

Neben dieser einfachen rekursiven Lösung gibt es auch einen komplexen iterativen Algorithmus. Die Zeitkomplexität beider Algorithmen ist jedoch $O(2^n)$, der Vorteil des iterativen Algorithmus liegt nur in seiner konstanten *Speicherkomplexität* (gegenüber der logarithmischen Speicherkomplexität des obigen Programms).

3.1.5. Permutationen

> Unter *Permutationen* verstehen wir alle (unterschiedlichen) Anordnungen der Elemente einer Menge; z.B. alle Permutationen von `ABC` sind `ABC ACB BAC BCA CAB CBA`.

Die Anzahl der *Permutationen* aus n Elementen ist $n!$. Dies ist durch die folgende *mathematische Induktion* einleuchtend. Nehmen wir an, wir haben alle Permutationen aus n-1 Elementen errechnet. Daraus erzeugen wir die Permutationen aus n Elementen, indem wir die Permutationen aus n-1 Elementen n-mal kopieren. Das n-te Element wird nun in der ersten Kopie vor das erste Element geschoben, in der zweiten vor das zweite usw.; in der n-1-sten Kopie vor das n-1-ste (also das letzte) Element, schließlich in der n-ten Kopie nach dem letzten Element.

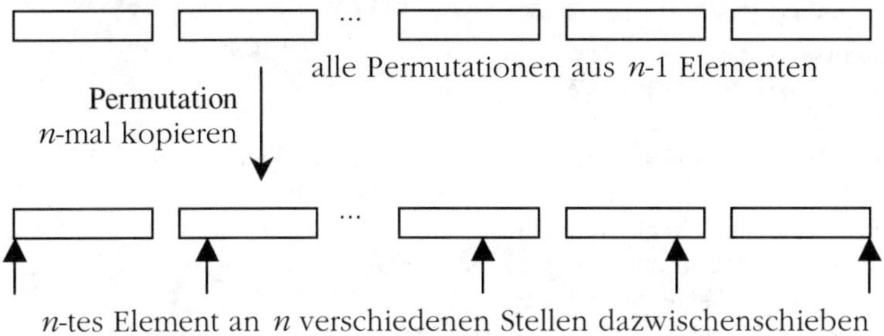

Abbildung 3.5: Permutationen

Wenn die Anzahl der Permutationen aus n-1 Elementen p_{n-1} war, dann erhalten wir auf diese Weise np_{n-1} verschiedene Permutationen. Für $n = 1$ ist diese Anzahl 1. Wenn $p_{n-1} = (n-1)!$, dann $p_n = np_{n-1} = n(n-1)! = n!$.

Aufgabe 3.2: Entwickeln Sie eine Funktion `permutationen` für die rekursive Berechnung von Permutationen. In der Funktion sollen Sie eine zweidimensionale Reihung lokal anlegen, die die Permutationen aus n-1 Elementen enthält. Sie sollen diese in das Ergebnis (ebenfalls eine lokale zweidimensionale Reihung der Größe $n! \cdot n$,) n-mal kopieren und das letzte Element an die 1-

ste, 2-te, ... *n*-te Stelle einschieben. Eine geschickte Manipulation der Reihungsindizes ist hier der Schlüssel für eine elegante Lösung.

3.2. Abarbeitung von Datenstrukturen

Im Kapitel 2.3.2. (auf Seite 24) haben wir die elementaren Operationen (eintragen, löschen) von Datenstrukturen (einer Reihung oder einer verketteten Liste) untersucht: Sie betrafen immer nur *ein* Element. Angenommen, wir wollen *alle* Elemente einer solchen Datenstruktur bearbeiten (z.B. um 1 erhöhen, halbieren oder aufsummieren). Dazu müssen wir durch die ganze Datenstruktur wandern und alle Elemente anfassen (lesen oder verändern). Wir nennen dies *Abarbeitung* einer Datenstruktur.

3.2.1. Iterative Abarbeitung von rekursiven Datenstrukturen

Eine verkettete Liste wird typischerweise mit einer `while`-Schleife[1] abgearbeitet. Beispielsweise wird der *Vergleich* zweier Listen (wie die Abbildung 2.5 auf Seite 26 sie darstellt) oder das *Kopieren* einer Liste wie folgt programmiert:

```
public boolean istGleich(final Liste liste) {
  Knoten knoten1 = this.aelteste, knoten2 = liste.aelteste;
  while (knoten1 != null && knoten2 != null) { // Listen nicht zu Ende
    if (knoten1.wert != knoten2.wert) // Listen ungleich
      return false;
    knoten1 = knoten1.verbindung;
    knoten2 = knoten2.verbindung;
  }
  return knoten1 == null && knoten2 == null; // beide Listen zu Ende?
}
public void kopieren(final Liste quelle) {
  juengste = aelteste = null; // Liste entleeren
  Knoten knoten = quelle.aelteste;
  while (knoten != null) { // jeden Knoten-wert von quelle eintragen
    eintragen(knoten.wert);
    knoten = knoten.verbindung;
  }
}
```

Die Methode `kopieren` überträgt also den Inhalt des Parameterobjekts `quelle` in das Zielobjekt; der alte Inhalt geht dabei verloren. Alternativ ist es möglich, denselben Algorithmus in einer Funktionsmethode zu formulieren:

```
public Liste kopieren() {
  Liste ergebnis = new Liste();
```

[1] bedingungsgesteuerte Schleife

```
    ...
    return ergebnis;
}
```

3.2.2. Rekursive Abarbeitung von rekursiven Datenstrukturen

Die rekursive Definition der Knoten-Klasse auf der Seite 24 führt zur Idee, solche Methoden eleganter rekursiv zu programmieren. Hierzu werden zwei private Funktionen vereinbart, die jeweils ein Knotenpaar vergleichen bzw. einen Knoten kopieren:

```
public boolean istGleich(final Liste liste) {
  return istGleich(aelteste, liste.aelteste); // rekursvier Knotenvergleich
}
private boolean istGleich(final Knoten erster, final Knoten zweiter) {
  if (erster == null || zweiter == null) // eine der Listen zu Ende
    return erster == null && zweiter == null; // ob auch die andere?
  else
    return erster.wert == zweiter.wert && // Vergleich der Werte
      istGleich(erster.verbindung, zweiter.verbindung); // Restlisten
  }

public void kopieren(final Liste quelle) {
  aelteste = kopie(quelle.aelteste); // Knoten rekursiv kopieren
}
private Knoten kopie(final Knoten quelle) {
  if (quelle == null)
    return null; // Kennzeichnung des letzten Knotens
  else // Liste zu Ende
    return new Knoten(quelle.wert, kopie(quelle.verbindung));
    // den Wert in den neuen Knoten kopieren, den Rest rekursiv kopi eren
}
```

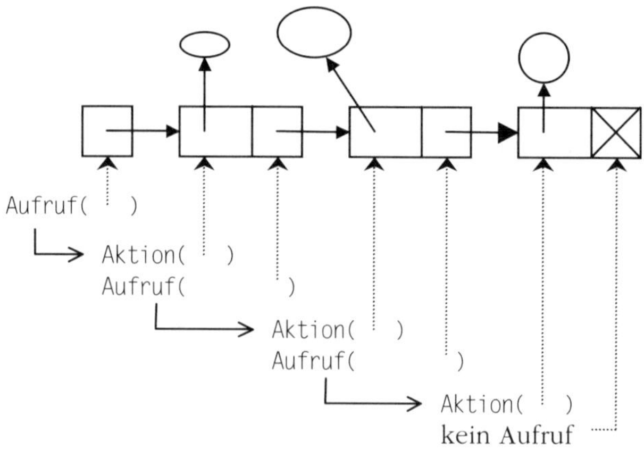

Abbildung 3.6: Rekursive Abarbeitung einer Liste

3.2.3. Rekursive Abarbeitung von Reihungen

Wie wir im Kapitel 2.3. (auf Seite 22) gesehen haben, bieten *Reihungen* zu verketteten Listen eine Alternative. Sie werden typischerweise mit *Zählschleifen*[1] abgearbeitet, da die Länge einer Reihung – im Gegensatz zur verketteten Liste – feststeht.

```
public class Reihung {
  private Object[] inhalt; // alternativ beliebige Klasse oder Datentyp
  public Reihung(int laenge) {
    inhalt = new Object[laenge];
  }
  public boolean istGleich(final Reihung reihung) {
    if (reihung.inhalt.length != inhalt.length) // Längen ungleich
      return false;
    for (int index = 0; index < inhalt.length; index++)
      if (inhalt[index] != reihung.inhalt[index]) // Werte ungleich
        return false;
    return true; // alle Werte gleich
  }

  public void kopieren(final Reihung quelle) {
    inhalt = new Object[quelle.inhalt.length];
    for (int index = 0; index < inhalt.length; index++)
      inhalt[index] = quelle.inhalt[index]; // Wert kopieren
```

[1] Schleifen, deren Durchlaufzahl beim Eintritt in die Schleife bekannt ist; in einigen Programmiersprachen wie Pascal (nicht in Java): `for`-Schleifen

```
  }
  ... // weitere Operationen für Schreiben und Lesen von Werten in der Reihung
}
```

Obwohl Reihungen – im Gegensatz zu verketteten Listen – nicht rekursiv definiert werden, ist es doch möglich – und manchmal auch sinnvoll –, Operationen, die die ganze Reihung bearbeiten (wie z.B. die Vergleich- und Kopieroperationen) rekursiv zu vereinbaren:

```
public boolean istGleich(final Reihung reihung) {
  return inhalt.length == reihung.inhalt.length && istGleich(reihung, 0); //1
}
private boolean istGleich(final Reihung reihung, int index) {
    // ist Inhalt von reihung ab index gleich?
  if (index < inhalt.length && index < reihung.inhalt.length)
    return inhalt[index] == reihung.inhalt[index] && // gleich?
      istGleich(reihung, index+1); // rekursiv: Rest gleich?
  else
    return true; // alle Elemente gleich
}

public void kopieren(final Reihung quelle) {
  inhalt = new Object[quelle.inhalt.length];
  kopieren(quelle, 0); // alle Werte kopieren
}
private void kopieren(final Reihung quelle, int index) {
  if (index < inhalt.length) {
    inhalt[index] = quelle.inhalt[index]; // Wert kopieren
    kopieren(quelle, index+1); // rekursiv: Rest kopieren
  }
}
```

Durch dieses Programm und auf der Abbildung 3.7: wird illustriert, wie eine Schleife durch eine geeignet strukturierte Rekursion ersetzt werden kann.

Aufgabe 3.3: Ein *Iterator* läuft über alle Elemente einer Liste oder Reihung und führt an jedem Element eine bestimmte Operation aus. Diese kann gegebenenfalls eine Bedingung überprüfen, der das Element genügen muss, z.B. um verändert zu werden. Beispielsweise könnte die Operation heißen, jede ungerade Zahl in einer Liste inkrementieren. Sie muss dann in der Elementklasse[2] programmiert werden, wie etwa:

---

[1] && ist die sog. *kurzgeschlossene Konjunktion*, d.h. der rechte Operand wird nur berechnet, wenn die Auswertung des linken Operanden **true** ergibt

[2] in den obigen Beispielen Object

```
public void operation() {
  if (wert % 2 == 1) // wert ist die Komponente der Elementklasse
    wert++;
```

Iteratore werden oft mit Hilfe einer Schleife programmiert:

```
public void iterator() {
  for (int index = 0; index < inhalt.length; index++)
    inhalt[index].operation(); // operation für jedes Element aufrufen
}
```

Programmieren Sie den `iterator` für eine Reihung auch rekursiv. Programmieren Sie ihn für eine verkettete Liste sowohl rekursiv wie auch iterativ.

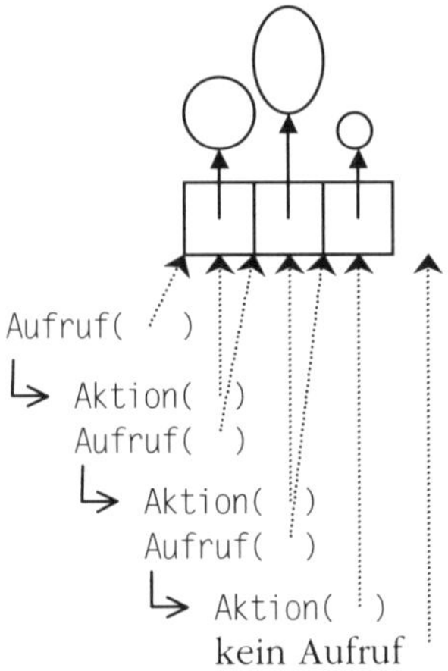

Abbildung 3.7: Rekursive Abarbeitung einer Reihung

3.3. Rekursive Kurven

Das Wesen der Rekursion – insbesondere die *Selbstähnlichkeit* – kann mit Hilfe von *Monsterkurven* demonstriert werden; sie sind eindimensionale geometrische Gebilde unendlicher Länge, die eine Fläche abdecken:

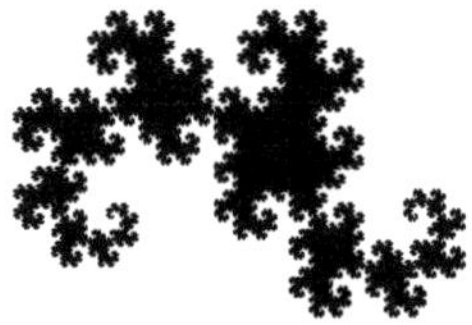

Abbildung 3.8: Monsterkurve

Monsterkurven werden nach einem regelmäßigen Muster schrittweise verfeinert. Sie erinnern an Formen, die mit Hilfe von *Fraktalen* erstellt werden können. Die Rekursion ist geeignet, die unendlich lange Monsterkurve mit endlich langen Kurven anzunähern. Solche Annäherungen einer Monsterkurve nennen wir *rekursive Kurven.*

Für das Zeichnen von rekursiven Kurven verwenden wir die Technik der *Schildkrötengrafik*[1], die durch einfache Methodenaufrufe zu steuern ist. Sie basiert auf der Vorstellung, dass auf der Zeichenfläche eine Schildkröte in die vorgegebene Richtung wandert und ihre Spur hinterlässt. In den folgenden Beispielen gehen wir davon aus, dass eine Klasse mit der folgenden Spezifikation zur Verfügung steht, die die Bewegung der Schildkröte z.B. im Fenster eines Java-Applets darstellt:

```
class Schildkroete {
  strecke(int laenge); // Schildkröte zeichnet eine Strecke gegebener laenge
  richtung(int grad); // Schildkröte wechselt Richtung um den gegebenen Grad
    // grad > 0 nach links, grad < 0 nach rechts, jeweils modulo 360
}
```

Die Schildkröte bewegt sich dabei im Fenster der Größe 1×1: Ihre x- und y-Koordinaten sind also double-Werte zwischen 0 und 1, mit dem Nullpunkt links unten.

3.3.1. Schneeflockenkurve

Eine der einfachsten und schönsten rekursiv definierbaren Kurven ist die *Schneeflockenkurve.*

Die ersten drei Verfeinerungen haben folgende Gestalt:

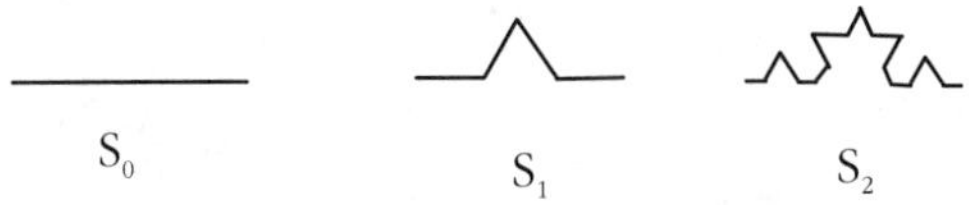

Abbildung 3.9: Initiator und Generator der Schneeflockenkurve

Wie aus der Darstellung ersichtlich ist, entsteht jede Stufe aus der vorangehenden dadurch, dass alle gerade Strecken dreigeteilt werden und der mittlere Teil durch die zwei Seiten eines gleichseitigen Dreiecks ersetzt wird.

Wir nennen die anfängliche Strecke der Länge 1 *Initiator* der Schneeflockenkurve. In jeder Stufe werden die Strecken gedrittelt, der *Seitenteiler* ist hier also 3. Der *Generator* ist die Figur, durch die der Initiator in jeder Stufe ersetzt wird. Bei der Schneeflockenkurve haben die zwei Seiten eines Dreiecks die Rolle des Generators, und nur der mittlere Initiator wird ersetzt.

[1] auf Englisch: *turtle graphics*

Die folgende einfache Prozedur veranlasst eine Schildkröte (d.h. ein Objekt der Klasse Schildkroete), die Kurve S_0 zu zeichnen:

```
public void schneeflocke0(double seitenlaenge) { // zeichnet 0-te Stufe
  k.strecke(seitenlaenge); // k referiert ein Schildkroete-Objekt
}
```

Die Prozedur schneeflocke1, die die Kurve S_1 zeichnet, ruft schneeflocke0 dreimal mit durch den Seitenteiler dividierte Seitenlänge auf. Dazwischen wendet die Schildkröte um 60 Grad nach links bzw. 120 Grad nach rechts:

```
private final static int seitenteiler = 3;
public void schneeflocke1(double seitenlaenge) { // zeichnet 1-ste Stufe
  schneeflocke0(seitenlaenge/seitenteiler);
  k.richtung(60); // 60 Grad nach links
  schneeflocke0(seitenlaenge/seitenteiler);
  k.richtung(-120); // 120 Grad nach rechts
  schneeflocke0(seitenlaenge/seitenteiler);
  k.richtung(60); // 60 Grad nach links
  schneeflocke0(seitenlaenge/seitenteiler);
}
```

In der nächsten Stufe werden wieder Mittelstücke durch Dreiecke ersetzt:

```
public void schneeflocke2(double seitenlaenge) { // zeichnet 2-te Stufe
  schneeflocke1(seitenlaenge/seitenteiler);
  k.richtung(60); // 60 Grad nach links
  schneeflocke1(seitenlaenge/seitenteiler);
  k.richtung(-120); // 120 Grad nach rechts
  schneeflocke1(seitenlaenge/seitenteiler);
  k.richtung(60); // 60 Grad nach links
  schneeflocke1(seitenlaenge/seitenteiler);
}
```

Diese Prozedur ist der Prozedur schneeflocke1 sehr ähnlich, außer dass sie eine andere Stufennummer hat. Hieraus ergibt sich die allgemeine rekursive Form:

```
public void schneeflocke(int stufe, double seitenlaenge) {
  // zeichnet Schneeflockenkurve der angegebenen Stufe
  if (stufe == 0) // Rekursion abbrechen
    k.strecke(seitenlaenge); // Initiator: zeichnet Linie
  else { // viermal rekursiver Aufruf
    stufe--; seitenlaenge /= seitenteiler;
    schneeflocke(stufe, seitenlaenge);
    k.richtung(60); // 60 Grad nach links
    schneeflocke(stufe, seitenlaenge);
    k.richtung(-120); // 120 Grad nach rechts
    schneeflocke(stufe, seitenlaenge);
    k.richtung(60); // 60 Grad nach links
```

```
    schneeflocke(stufe, seitenlaenge);
  }
}
```

Am einfachsten ist es, diese Prozedur in einem Applet aufzurufen:

```
public class Schneeflocke extends java.applet.Applet {
  private int stufe = 6; // kann z.B. über Buttons gesetzt werden
  private Schildkroete k;
  public void paint(java.awt.Graphics grafik) {
    k = new Schildkroete(grafik, getHeight()-1, getWidth()-1);
    schneeflocke(stufe, 1.0);
  }
}
```

Die Ausführung des Applets mit unterschiedlichen stufe-Werten zeichnet Annäherungen der Schneeflockenkurve:

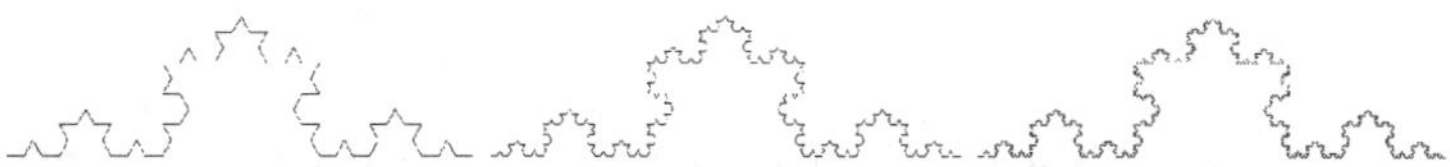

Abbildung 3.10: Drei Annäherungen der Schneeflockenkurve

Aufgabe 3.4: Programmieren Sie die Schneeflockenkurve mit einem gleichseitigen Dreieck als Initiator. Der Generator setzt auf jeder Seite des Dreiecks an.

3.3.2. Die Pfeilspitzenkurve

Eine weitere interessante Kurve ist die *Pfeilspitzenkurve*[1].

Ihr Generator der ist eine hausdachförmige Figur:

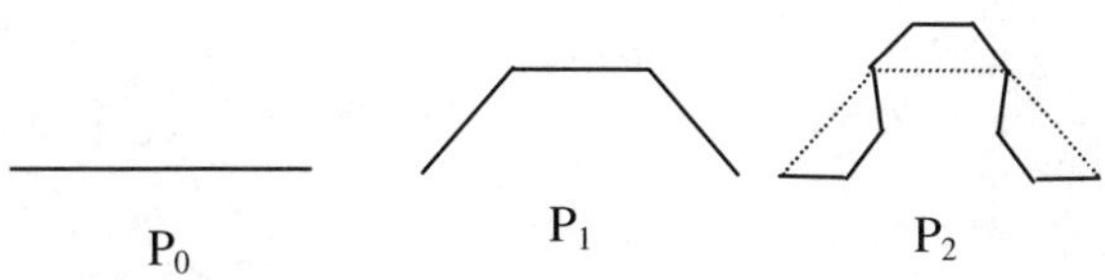

Abbildung 3.11: Initiator und Generator der Pfeilspitzenkurve

Der Initiator ist nach wie vor die Einheitsstrecke:

```
public void pfeilspitze0(double laenge) {
  // zeichnet Pfeilspitzenkurve 0-ter Stufe
  k.strecke(laenge);
}
```

[1] Manche nennen sie *Sierpinski-Dreieck*.

Hier ist der Seitenteiler 2; der Generator besteht aus drei Initiatoren, jeweils um 60 Grad gedreht. Die Prozedur `pfeilspitze0` mit Parameter `laenge/2` dreimal aufzurufen und die Schildkröte um `60` bzw. `-60` Grad wenden zu lassen würde jedoch nicht den gewünschten Effekt erreichen, weil der Generator auf den Initiator abwechselnd von links und von rechts gelegt wird. Das Problem wird durch einen zusätzlichen Parameter `richtung` gelöst:

```
public void pfeilspitze1(double laenge, boolean richtung) {
    // zeichnet Pfeilspitzenkurve 1-ster Stufe
  final int grad = 60 * (richtung ? 1 : -1);
  k.richtung(grad); // nach links
  pfeilspitze0(laenge/2);
  k.richtung(-grad); // nach rechts
  pfeilspitze0(laenge/2);
  k.richtung(-grad); // nach rechts
  pfeilspitze0(laenge/2);
  k.richtung(grad); // nach links
}
```

Der allgemeine Fall fasst den Initiator und den Generator in der Rekursion zusammen :

```
public void pfeilspitze (int stufe, double laenge, boolean richtung) {
    // zeichnet Pfeilspitzenkurve
  if (stufe == 0) // Rekursion abbrechen
    k.strecke(laenge); // zeichnet Linie
  else { // dreimal rekursiver Aufruf
    final int grad = 60 * (richtung ? 1 : -1);
    k.richtung(grad); // nach links
    pfeilspitze(stufe-1, laenge/2, !richtung);
    k.richtung(-grad); // nach rechts
    pfeilspitze(stufe-1, laenge/2, richtung);
    k.richtung(-grad); // nach rechts
    pfeilspitze(stufe-1, laenge/2, !richtung);
    k.richtung(grad); // nach links
  }
}
```

Der dazugehörige Prozeduraufruf in der `paint`-Methode eines Applets ist:

```
int stufe = 9; // kann verändert werden
k = new Schildkroete(grafik, getHeight()-1, getWidth()-1);
pfeilspitze(stufe, 1.0, true);
```

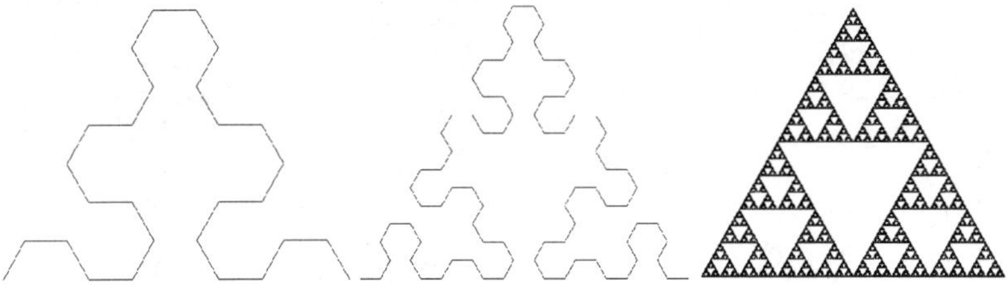

Abbildung 3.12: Drei Annäherungen der Pfeilspitzenkurve

Aufgabe 3.5: Untersuchen Sie das Programm der *Drachenkurve* und zeichnen Sie die ersten drei Stufen:

```
final static double wurzelZwei = Math.sqrt(2);
public void drache(int stufe, double laenge, boolean richtung) {
    // zeichnet Drachenkurve der angegebenen Stufe
  if (stufe == 0) // Rekursion abbrechen
    k.strecke(laenge);
  else { // zweimal rekursiver Aufruf
    final int gradLinks = 45 * (richtung ? -1 : 1);
    final int gradRechts = 90 * (richtung ? 1 : -1);
    laenge /= wurzelZwei;
    stufe--;
    k.richtung(gradLinks);
    drache(stufe, laenge, false);
    k.richtung(gradRechts);
    drache(stufe, laenge, true);
    k.richtung(gradLinks);
  }
}
```

Der Grenzwert der Drachenkurve[1] ist eine *Monsterkurve:* Wenn der Prozess der Verfeinerung unendlich lang läuft, bedeckt die (unendlich lange) Drachenkurve – wie mathematisch beweisbar – ¼ einer begrenzten Fläche.

3.3.3. Die Hilbert-Kurve

Ein weiteres Beispiel für Monsterkurven ist die *Hilbert-Kurve*[2], deren erste Verfeinerungen die Abbildung 3.13 zeigt:

[1] Eine Annäherung ist auf der Abbildung 3.8 (Seite 42) zu sehen.
[2] benannt nach *David Hilbert* (1862 – 1943), deutscher Mathematiker

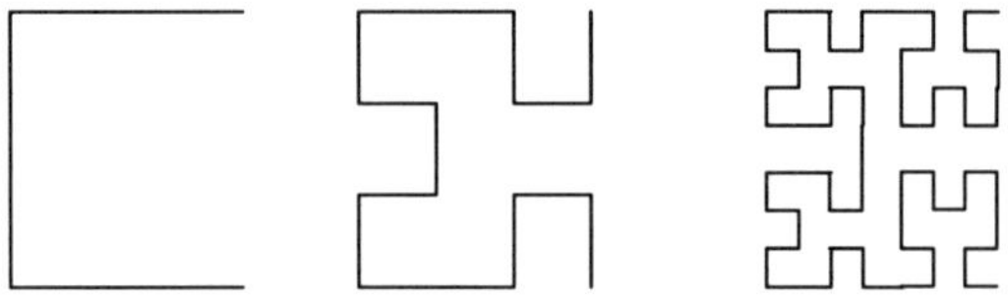

H_0 H_1 H_2 H_3

Abbildung 3.13: Initiator und Generator der Hilbert-Kurve

Jede Verfeinerungsstufe H_k heißt die k-te *Annäherung* der Hilbert-Kurve oder auch Hilbert-Kurve k-ter *Ordnung*. Sie wird aus vier Stücken von H_{k-1} zusammengesetzt: Ihre Größe wird halbiert, zwei von ihnen werden nach rechts bzw. links rotiert, und sie werden durch drei Strecken miteinander verbunden. So wird die Kurve H_1 aus vier (leeren) Kurven H_0 zusammengesetzt; sie besteht nur aus den drei verbundenen Strecken.

Weitere Verfeinerungen der Hilbert-Kurve werden immer „dichter", entsprechend der mathematischen Tatsache, dass es für jedes $\varepsilon > 0$ und für jeden Punkt des von H_1 umschlossenen Quadrats eine Zahl k gibt, für die der Punkt der Kurve H_k näher als ε liegt. Mathematisch bedeutet dies, dass die Hilbert-Kurve, d.h. der Grenzwert aller Annäherungen

$$\lim_{k \to \infty} H_k$$

eine endliche Fläche hat. Diese Eigenschaft beschreibt eine *Monsterkurve*.

Wenn eine Prozedur

```
void hilbert(int stufe, int richtung, boolean gespiegelt);
  // richtung = 0, 1, 2 oder 3
```

die Annäherung der Hilbert-Kurve der gegebenen Stufe mit einer Öffnung in die gegebene Richtung (nach rechts, unten, links bzw. oben) zeichnen kann, dann kann die Prozedur `hilbert` rekursiv programmiert werden. Mit dem Parameter `gespiegelt` wird gesteuert, von welchem Ende an die Kurve gezeichnet werden soll:

```
void hilbert(int stufe, int richtung, boolean gespiegelt) {
  if (stufe != 0) { // keine leere Kurve
    stufe --;
    final int links = (richtung + 3) % 4;
    final int rechts = (richtung + 1) % 4;
    final int zurueck = (richtung + 2) % 4;
    final boolean gedreht = richtung % 4 == 1 || richtung % 4 == 3;
```

```
      hilbert(stufe, gedreht ? links : rechts, !gespiegelt);
      strecke(stufe, zurueck);
      hilbert(stufe, richtung, gespiegelt);
      strecke(stufe, gespiegelt ? rechts : links);
      hilbert(stufe, richtung, gespiegelt);
      strecke(stufe, richtung);
      hilbert(stufe, gedreht ? rechts : links, !gespiegelt);
    }
  }
```

Die lokale Variable gedreht sorgt dafür, dass die Hilbert-Kurven an den Rändern in die richtige Richtung gedreht werden.

Im Rumpf der Prozedur hilbert haben wir jetzt nicht die Schildkrötengrafik verwendet, sondern die (von der Klasse Schildkroete unabhängige) Prozedur

```
void strecke(int richtung) // richtung = 0, 1, 2 oder 3
  // Länge der Strecke ist 2**(-stufe)
```

deren Aufruf die Verbindungsstrecken zeichnet. Der Parameter richtung gibt an, ob die Strecke von rechts nach links, von oben nach unten, von links nach rechts bzw. von unten nach oben gezeichnet werden soll.

Diese Prozedur kümmert sich nicht um die Platzierung der Kurven und Strecken; dies wird durch zwei globale Variablen x und y gesteuert. Sie stellen die Anfangsposition der zu zeichnenden Strecke dar. Die Prozedur strecke setzt die Variablen an die Endposition der gezeichneten Strecke:

```
final int hoehe = getHeight()-1, breite = getWidth()-1;
final int groesse = (breite > hoehe ? hoehe : breite);
final int laenge = (int)(groesse/Math.pow(2, ordnung));
int x = 1; // Anfang links unten
int y = hoehe;
void strecke(int stufe, int richtung) {
  switch (stufe) {
    case 0: // von rechts nach links
      g.drawLine(x, y, x - laenge, y); // g referiert ein Graphics-Objekt
      x -= laenge;
      break;
    case 1: // von oben nach unten
      g.drawLine(x, y, x, y + laenge); y += laenge;
      break;
    case 2: // von links nach rechts
      g.drawLine(x, y, x + laenge, y); x += laenge;
      break;
    case 3: // von unten nach oben
      g.drawLine(x, y, x, y - laenge); y -= laenge;
      break;
```

```
    }
}
```

Die Abbildung 3.14 zeigt einige Annäherungen der Hilbert-Kurve:

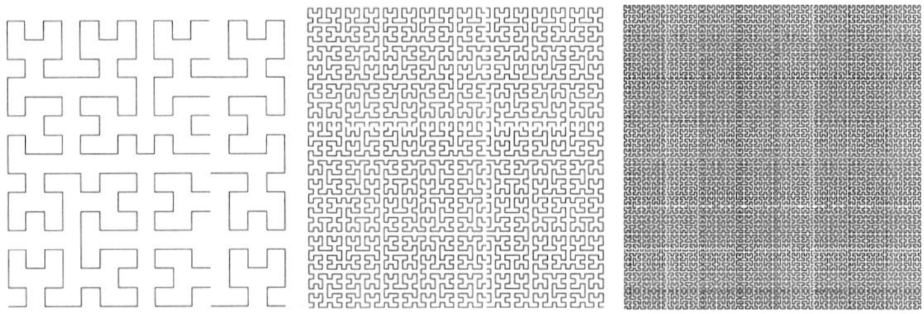

Abbildung 3.14: Drei Annäherungen der Hilbert-Kurve

Aufgabe 3.6: Die *Sierpinski-Kurve*[1] wird nach einem ähnlichen Prinzip, jedoch etwas komplexer aufgebaut:

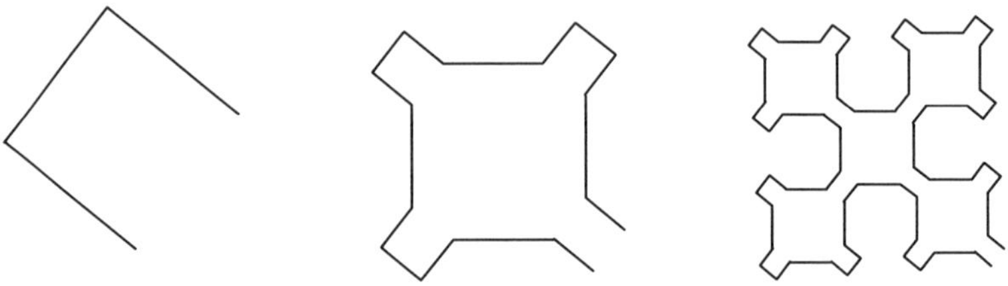

S_0 S_1 S_2

Abbildung 3.15: Initiator und Generator Sierpinski-Kurve

Hierbei besteht die Kurve S_k aus vier Exemplaren von S_{k-1}, die in unterschiedliche Richtungen gedreht und am Eck (rechts unten, rechts oben, links oben bzw. links unten) mit einer Verbindungsstrecke doppelter Länge verbunden werden.

Entwickeln Sie eine der Klasse `Hilbert` ähnliche Klasse `Sierpinski`, mit deren Hilfe Annäherungen der Sierpinski-Kurve gezeichnet werden können.

3.3.4. Ersetzen der Rekursion durch Wiederholung

Im Kapitel 3.2.3. (auf Seite 40) haben wir gesehen, wie die Iteration durch Rekursion ersetzt werden kann. Man kann beweisen, dass dies immer mög-

[1] benannt nach *Waclaw Sierpiński* (1882 – 1969), polnischer Mathematiker

lich ist. Einige Programmiersprachen wie Prolog oder Logo bieten gar keine Wiederholungen an: Dort wird ausschließlich mit Rekursion gearbeitet.

Der umgekehrte Fall ist nicht ganz einfach[1]. In der Praxis arbeitet der Java-Interpreter alle rekursiven Methodenaufrufe in einer Wiederholung ab. Seine Vorgehensweise ist dabei, am Stapel Information über alle rekursiven Aufrufe (inkl. aller lokalen Variablen) zu speichern.

Der Versuch, die Aufgabe *Türme von Hanoi*[2] oder eine rekursive Kurve iterativ zu programmieren, kann viel Arbeit kosten. Wir werden jetzt am Beispiel der Schneeflockenkurve zeigen, wie der Stapel des Interpreters nachgebaut werden kann. Die Idee ist dabei, die Anweisungen an die Schildkröte in einer Zeichenkette zu kodieren. Dadurch wird Rekursion vermieden; an ihrer Stelle steht eine Wiederholung.

Im nächsten Programm wird der Stapel im `String`-Objekt simuliert, das durch `befehlsfolge` referiert wird. Es beinhaltet eine Reihe von Zeichen `'S'` (Code für eine gerade Strecke), `'L'` (für Linksdrehung) und `'R'` (für Rechtsdrehung). Es wird zu Anfang mit dem Initiator `'S'` vorbesetzt. Die Funktion `aufbauen` ruft `stufe`-mal die Funktion `allesErsetzen` auf, die alle Vorkommnisse des Initiators `'S'` durch den Generator `"SLSRSLS"` ersetzt. So entsteht der Code der Schneeflockenkurve der Stufe `stufe`.

Anstelle der rekursiven Aufrufe können wir auf diese Weise Wiederholungen verwenden:

```
public class ISchneeflocke extends java.applet.Applet { // iterativ
  // zeichenkodiertes Programm für die Schneeflockenkurve:
  private final static char strecke = 'S', links = 'L', rechts = 'R';
  private final static char initiator = strecke;
  private final static String generator = // "SLSRSLS"
    "" + strecke + links + strecke + rechts + strecke + links + strecke;
  private final static int nachLinks = 60, nachRechts = -120; // Grad
  private final static int seitenteiler = 3;

  private String allesErsetzen(String kette, char zeichen, String teilkette) {
    // ersetzt jedes Vorkommnis von zeichen in kette durch teilkette
    String erg = "", restkette = kette;
    int pos = restkette.indexOf(zeichen); // erstes Vorkommnis von zeichen
    while (pos > 0) { // solange zeichen in kette zu finden ist
```

[1] s. Kapitel 3.5. (auf Seite 60)
[2] s. Kapitel 3.1.4. (auf Seite 34)
[3] hängt vom Java-Interpreter ab
[4] Der Interpreter löst die Ausnahme `StackOverflowError` aus, wenn die Anzahl der rekursiven Aufrufe (z.B. bei einer endlosen Rekursion) die Kapazität des Stapels überschreitet.

```
      erg = erg + restkette.substring(0, pos) + teilkette;
      restkette = restkette.substring(pos+1, restkette.length());
      pos = restkette.indexOf(zeichen); // nächstes Vorkommnis
    };
    return erg + restkette;
  }
  private String aufbauen(int stufe, char initiator, String generator) {
      // baut repräsentierende Zeichenkette auf
    String befehlsfolge = new String("" + initiator);
    for (int i = 0; i < stufe; i++) {
      // diese Schleife ersetzt die Rekursion stufe-mal
      befehlsfolge = allesErsetzen(befehlsfolge, initiator, generator);
    }
    // in befehlsfolge wurde initiator stufe-mal durch generator ersetzt
      return befehlsfolge;
  }

  private void interpretieren(String kette, double seitenlaenge, Schildkroete k) {
    // interpretiert die Zeichen in kette
      for (int j = 0; j < kette.length(); j++) {
        switch (kette.charAt(j)) {
          case strecke: k.strecke(seitenlaenge); break;
          case links: k.richtung(nachLinks); break;
          case rechts: k.richtung(nachRechts);
      }
    }
  }

  private final static int ordnung = 4;
  public void paint(java.awt.Graphics grafik) {
    String befehlsfolge = aufbauen(ordnung, initiator, generator);
    System.out.println(befehlsfolge); // kodierte Anweisungen ausgeben
    double seitenlaenge = 1 / Math.pow(seitenteiler, ordnung);
    interpretieren(befehlsfolge, seitenlaenge,
       new Schildkroete(grafik, getHeight()-1, getWidth()-1)
    );
  }
```

Die Ausgabe des Programms ist die kodierte Befehlsfolge; für `stufe = 1` ist dies

```
SLSRSLS
```

während für `stufe = 2`:

```
SLSRSLSLSLSRSLSRSLSRSLSLSLSRSLS
```

Ähnlich wird in `stufe = 3` jedes Vorkommnis des Initiators `S` auf den Generator `SLSRSLS` ausgetauscht.

Dieses Beispiel soll auch zeigen, dass die rekursive Version oft viel einfacher zu lesen und zu erstellen ist als die iterative.

3.4. Zurückverfolgung

Es gibt viele Probleme, die am einfachsten durch die Methode *Versuch und Irrtum*[1] gelöst werden können. Sie kann elegant als rekursiver Algorithmus formuliert werden.

Hierbei wird der Lösungsprozess in einzelne Schritte aufgeteilt. In jedem Schritt öffnet sich eine endliche Anzahl von alternativen Wegen. Sie werden alle untersucht: Einige führen unmittelbar in eine Sackgasse; die anderen werden nach demselben Verfahren überprüft. Entweder führen schließlich einige Wege zum Erfolg, oder stellt es sich heraus, dass die Aufgabe keine Lösung hat.

3.4.1. Labyrinth

Der Weg aus einem Labyrinth – falls vorhanden – kann mit dieser Strategie gefunden werden. Hierbei wird von jedem Feld aus in alle offenen Richtungen der Versuch gemacht, weiterzukommen; einige Wege führen in eine Sackgasse, andere (möglicherweise mehrere) zum Erfolg:

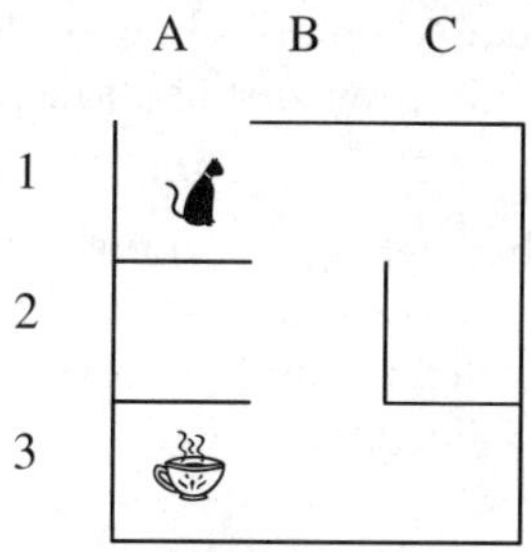

Abbildung 3.16: Labyrinth

Ausgehend aus dem Feld `A1` kann die Katze auf folgenden Wegen versuchen, den Brei zu finden:

[1] auf Englisch: *trial and error*

A1	→	B1	→	C1	→	C2	Sackgasse
		↳		B2	→	A2	Sackgasse
				B3	→	A3	Erfolg
				↳		C3	Sackgasse

Abbildung 3.17: Wege im Labyrinth

In diesem kleinen Labyrinth funktioniert diese Vorgehensweise sehr einfach. In einem größeren Labyrinth ist der Algorithmus deutlich aufwendiger, während bei einer sehr großen Anzahl von Feldern die Anzahl der möglichen Wege so stark explodieren kann, dass sie selbst von leistungsfähigen Rechnern nicht in zumutbarer Zeit ermittelt werden können.

3.4.2. Der Weg des Springers

Im Prinzip könnte auf diese Weise ein perfekter Schachalgorithmus programmiert werden: Alle möglichen Antworten auf einen Zug und somit alle Konsequenzen sollten bis zum Ende des Spiels verfolgt werden. Die große Anzahl der Züge und die große Anzahl der Möglichkeiten bei jedem Zug macht jedoch den Algorithmus unbrauchbar. Im Kapitel 7.3. (auf Seite 173) werden wir die Ursachen hierfür untersuchen. Teilaufgaben des Schachspiels können jedoch auf diese Weise, mit der Methode der *Zurückverfolgung*[1] gelöst werden.

So kann zum Beispiel auch die Frage beantwortet werden, ob und wie der *Springer* (der bei jedem Zug zwei Felder in eine beliebige Richtung *und* ein Feld in eine darauf senkrechte Richtung springt) von einer gegebenen Ausgangsposition heraus alle n^2 Felder des Schachbretts genau einmal besuchen kann:

[1] auf Englisch *backtracking*

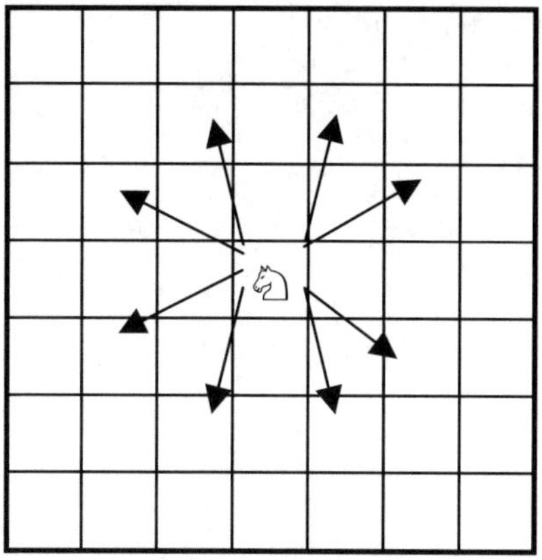

Abbildung 3.18: Erlaubte Züge des Springers

Die Regel für die erlaubten Züge des Springers kann in einem Reihungsliteral dargestellt werden:

```
private final static int springerX[] = {2, 1, -1, -2, -2, -1,  1,  2};
private final static int springerY[] = {1, 2,  2,  1, -1, -2, -2, -1};
```

Von einer gegebenen Position mit Koordinaten `x` und `y` heraus gibt es acht mögliche Züge mit den Zielkoordinaten `x + springerX[i]` und `y + springerY[i]` für `i = 0, 1, ... 7`. Der Algorithmus soll alle diese Möglichkeiten durchprobieren, sofern die Zielkoordinaten noch auf das Schachbrett fallen. Die früher schon besuchten Felder fallen selbstverständlich aus – wir müssen darüber Buch führen. Hierzu ist eine quadratische Matrix geeignet. Als Komponententyp nehmen wir nicht **boolean**, sondern **int**, weil wir auch merken wollen, in welchem Zug das Feld besucht wurde:

```
int[][] schachbrett = new int[n] [n]; // Werte 0 bis n*n
```

Ein Zug wird durch die zwei Ausgangkoordinaten `x` und `y` (mit `0 <= x, y < n`) sowie durch ihre Folgenummer `nr` (mit `0 < nr < n*n`) charakterisiert. Ob von dieser Position aus Züge noch möglich sind, gibt die Methode `versuchen` als **boolean**-Ergebnis zurück:

```
boolean versuchen(int x, int y, int nr);
```

Im Rumpf der Methode werden in den lokalen **int**-Variablen `xNeu` und `yNeu` die Zielkoordinaten des Zuges (nach den Schachregeln) gespeichert. Wenn diese auf dem Brett in ein noch leeres Feld fallen, wird die Nummer des Zuges in dieses Feld eingetragen und die Methode rekursiv mit diesen Koordinaten aufgerufen. Wenn der Aufruf ohne Erfolg verlaufen ist, wird das Feld wieder leer (auf `0`) gesetzt und die nächste Möglichkeit ausprobiert:

```
boolean versuchen(int x, int y, int nr) {
  schachbrett[x][y] = nr; // Feld besetzen
  if (nr == n*n) // alle Felder wurden besucht
    return true;
  else
    for (int versuch = 0; versuch < springerX.length; versuch++) {
      // 8 Durchläufe
      final int xNeu = x + springerX[versuch], yNeu = y + springerY[versuch];
      if (0 <= xNeu && xNeu < n && 0 <= yNeu && yNeu < n &&
          // xNeu und yNeu sind auf dem Brett
        schachbrett[xNeu][yNeu] == 0 && // noch unbesucht
        versuchen(xNeu, yNeu, nr+1)) // Erfolg
        return true;
    };
  schachbrett[x][y] = 0; // Feld zurücksetzen
  return false; // alle 8 Versuche blieben erfolglos
}
```

Wenn die Folgenummer `nr` (mit Anfangswert `1`) den Wert n^2 erreicht, ist die Matrix voll, alle Felder wurden besucht. Ansonsten muss von der gegebenen Position mit Koordinaten `x` und `y` heraus ein erfolgreicher Versuch durchgeführt werden. Es gibt acht potenzielle Möglichkeiten, die in den Reihungen `springerX` und `springerY` kodiert sind. Von diesen müssen allerdings nur diejenigen ausprobiert werden, die auf ein Feld auf dem Brett fallen (`0 <= xNeu && xNeu < n && 0 <= yNeu && yNeu < n`), das noch nicht besucht wurde (`schachbrett[xNeu][yNeu] == 0`). Wenn das Feld noch unbesucht ist, wird auf dem Feld die Folgenummer des Schrittes vermerkt (`schachbrett[xNeu][yNeu] = nr`) und von diesem Feld aus werden die Versuche weitergeführt (die Methode wird rekursiv mit den neuen Koordinaten aufgerufen). Wenn einer von diesen erfolgreich ist, ist der aktuelle Versuch auch erfolgreich: Das Ergebnis `true` kann dem vorherigen Versuch zurückgereicht werden. Ansonsten ist auch der aktuelle Versuch erfolglos: Das Feld wird als unbesucht markiert (auf `0` zurückgesetzt), und in der `for`-Schleife wird der nächste Versuch durchgeführt. Wenn alle acht Versuche erfolglos waren, muss das Ergebnis `false` zurückgereicht werden.

Nach dem Aufruf der Methode mit dem Ergebnis `true` enthält die zweidimensionale Reihung `schachbrett` die Nummer der Züge, in welcher Reihenfolge der Springer die Felder besucht hat:

1	6	15	10	21
14	9	20	5	16
19	2	7	22	11
8	13	24	17	4
25	18	3	12	23

Abbildung 3.19: Ein Weg des Springers auf einem 5 × 5-Feld

Aufgabe 3.7: Gestalten Sie den Algorithmus *Weg des Springers* so um, dass er nicht nur eine Lösung, sondern alle Lösungen ermittelt.

Bemerkung: Es ist ein nicht triviales mathematisches Problem zu entscheiden, ob zwei Lösungen für das Springer-Problem in irgendwelchem Sinne gleich sind, d.h. ob eine aus der anderen durch Rotieren, Verschieben, Spiegeln usw. zu bekommen ist.

3.4.3. Die acht Damen

Die obige Vorgehensweise ist charakteristisch für die Strategie der Zurückverfolgung: Die Methode versuchen ruft sich selbst mehrmals mit den verschiedenen Möglichkeiten auf. In globalen Variablen wird dabei Buch über die Versuche geführt, die Einträge werden bei erfolglosen Versuchen zurückgesetzt. Das Entscheidende dabei ist die geeignete Darstellung der Daten.

Beim nächsten Problem stellt sich die Frage, ob und wie acht *Damen* auf dem Schachbrett so aufgestellt werden können, dass sie sich nicht bedrohen. Eine Dame bedroht jede Figur in derselben Spalte, in derselben Reihe und in denselben Diagonalen, in denen sie steht:

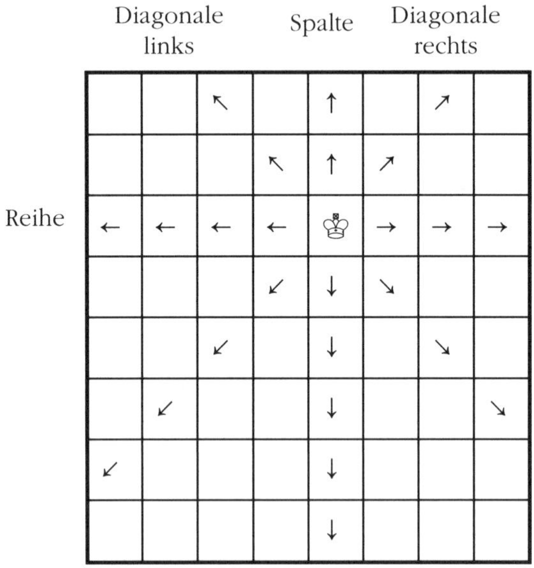

Abbildung 3.20: Durch eine Dame bedrohte Felder

Daher kann in jeder Spalte nur eine Dame stehen. Es ist also hier nicht nötig, die Information über das Setzen der Damen in einer zweidimensionalen Reihung zu speichern. Es reicht, für jede der acht Damen zu merken, in welche Reihe sie platziert wurde: Die eindimensionale Reihung

```
private final static int n = 8;
private int[] dameInDerSpalte = new int[n]; // Werte 0 bis 7
```

kann die Reihennummer aufnehmen, in denen jeweils die Dame steht. Im Laufe der Versuche, die Damen in dieser Reihung zu platzieren, müssen wir Buch darüber führen, welche Reihen und welche Diagonalen noch frei sind. Auf einem $n \cdot n$-Schachbrett gibt es neben n Reihen insgesamt $2n+1$ Diagonalen von links oben nach rechts unten (wir nennen sie *Diagonale links*) und genauso viele Diagonalen von rechts oben nach links unten (wir nennen sie *Diagonale rechts*). Für jede brauchen wir einen `boolean`-Wert:

```
private boolean[] reihe = new boolean[n], diagonaleLinks = new boolean[2*n-1],
  diagonaleRechts = new boolean[2*n-1]; // alles mit true vorbesetzt
```

Wenn eine Dame an das Feld mit den Koordinaten `x` und `y` platziert wird, belegt sie neben der Spalte `x` noch die Reihe `y` sowie zwei Diagonalen. Ihre Indizes können folgendermaßen berechnet werden:

```
final int links = (x + y) % (2*n-1); // Index der Diagonale links
final int rechts = (x - y - 1 + 2*n) % (2*n-1); // der Diagonale rechts
```

Somit wird der Schritt, die Dame zu platzieren, durch folgende Anweisungen repräsentiert:

```
dameInDerSpalte[x] = y;
reihe[y] = diagonaleLinks[links] = diagonaleRechts[rechts] = false;
```

Die Dame darf also an dieses Feld gesetzt werden, wenn zuvor die Bedingung

```
zeile[y] && diagonaleLinks[links] && diagonaleRechts[rechts]
```

erfüllt ist.

Hieraus ergibt sich der Algorithmus:

```
private boolean versuchen(int x) {
  // versucht, eine Dame in die Spalte x zu platzieren
  if (x == n)
    return true; // Erfolg
  else for (int y = 0; y < n; y++) { // probiert alle Reihen aus
    final int links = (x + y) % (2*n-1); // Index der Diagonale links
    final int rechts = (x - y - 1 + 2*n) % (2*n-1); // Diagonale rechts
    if (reihe[y] && diagonaleLinks[links] && diagonaleRechts[rechts]) {
      dameInDerSpalte[x] = y;
      reihe[y] = diagonaleLinks[links] = diagonaleRechts[rechts] = false;
        // Reihe und zwei Diagonalen sind jetzt besetzt
      final boolean erfolg = versuchen(x+1);
      if (erfolg)
        return true;
      else
        reihe[y] = diagonaleLinks[links] = diagonaleRechts[rechts] = true;
        // Reihe und zwei Diagonalen sind zurückgesetzt
    }
  }
  return false;
}
```

Nach dem Aufruf der Methode mit dem Ergebnis `true` enthält die Reihung `dameInDerSpalte` die Nummer der Spalten, in denen die Damen platziert werden können, ohne einander zu bedrohen. Die folgenden Werte in der Reihung `dameInDerSpalte` beschreiben *eine* Lösung des Problems:

```
0, 4, 7, 5, 2, 6, 1, 3
```

Diesen Werten entspricht die Aufstellung der acht Damen auf dem Schachbrett, wie auf der Abbildung 3.21 dargestellt wird:

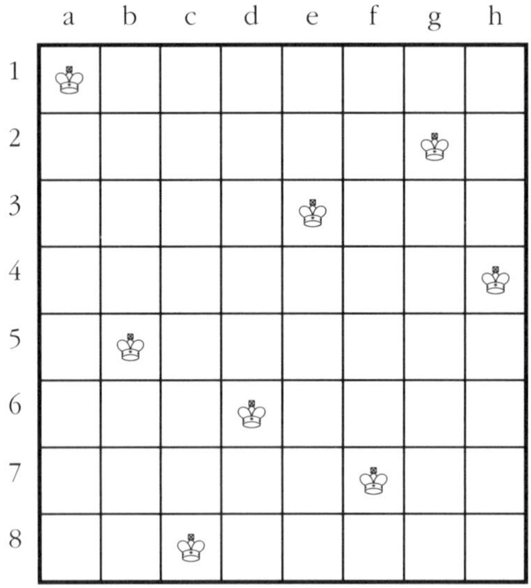

Abbildung 3.21: Die acht Damen

Aufgabe 3.8: Entwerfen Sie einen Algorithmus, der das Problem der *Stabilen Liebesbeziehungen* löst. Hier müssen n Ehepaare so einander zuneigen, dass ihre Ehen ungefährdet sind. Jeder der $2n$ Beteiligten besitzt eine Liste der Länge n, in der die Personen des anderen Geschlechts in der Reihenfolge der Zuneigung aufgeführt sind[1]. Eine Ehe gilt als gefährdet, wenn es einen anderen Mann und eine andere Frau gibt, dem die Frau bzw. der der Mann mehr zugeneigt ist als dem Ehepartner.

Die Abbildung 3.22 zeigt zum Beispiel eine instabile Liebesbeziehung, wenn die Größe der Pfeile das Maß der Zuneigung repräsentiert: Adam hat Bella lieber als seine Ehefrau Anna, und Bella hat Adam lieber als ihren Ehemann Berthold.

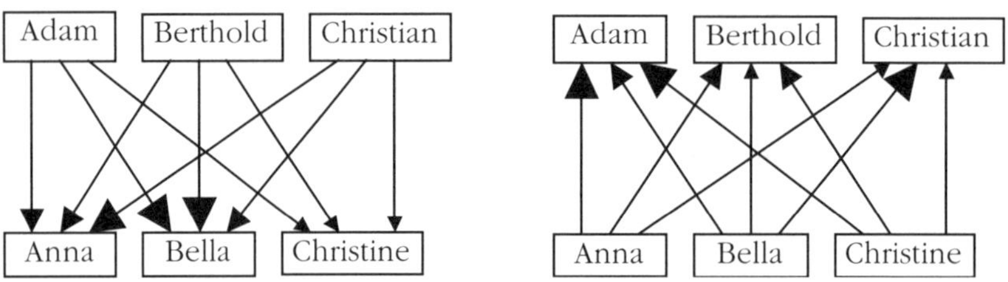

Abbildung 3.22: Instabile Liebesbeziehung

[1] Im idealen Fall steht der Ehepartner auf der ersten Stelle.

Bemerkung: Dieses Problem tritt oft bei Auswahlproblemen auf, wo die Wahl nach Bevorzugung getroffen werden muss, beispielsweise wenn Studienanfänger ihre Prioritätsliste von Hochschulen angeben[1].

3.5. Spracherkennung

Die Problematik der *Spracherkennung*[2] gehört zum *Compilerbau*, einem der theoretisch am besten ergründeten Gebiete der Informatik. Hier wurde der prinzipielle Unterschied zwischen Wiederholung und Rekursion gezeigt: Rekursion ist mächtiger, weil sie eine breitere Familie von *Sprachen* abdeckt. In diesem Kapitel beschäftigen wir uns mit der Problematik nur oberflächlich, um diesen Unterschied deutlich zu machen. Eine gründlichere Diskussion findet in den vielen Fachbüchern für Compilerbau[3] statt.

3.5.1. Sprachen und Grammatiken

Unter einer *Sprache* versteht man eine (endliche oder unendliche) Menge von *Wörtern* über einem endlichen *Alphabet*. Ein *Wort* ist eine endliche Folge von *Buchstaben*, d.h. Elementen des Alphabets.

Wenn das Alphabet aus den 52 lateinischen Klein- und Großbuchstaben besteht, dann bilden alle deutschen Wörter – wie sie z.B. in einem Wörterbuch aufgelistet sind – die deutsche Sprache. Diese Sprache ist endlich.

Es gibt auch unendliche Sprachen. Wenn wir das Alphabet { a, b } aus zwei Buchstaben betrachten, dann bildet die Menge

$$\{ \texttt{a}^n \texttt{b}^m \mid n, m \geq 0 \}$$

eine unendliche Sprache[4]. Sie enthält alle Wörter, die vorne (0 oder mehr) a und anschließend (0 oder mehr) b enthalten. Sie enthält auch die Wörter a und b der Länge 1, und auch das Wort der Länge 0. Dieses letztere heißt *leeres Wort* und wird mit dem Zeichen ε (Epsilon) bezeichnet.

Eine *formale Grammatik* beschreibt eine Sprache. Endliche Sprachen können relativ einfach beschrieben werden: Alle enthaltenen Wörter werden aufgelistet. Eine unendliche Sprache zu beschreiben ist manchmal sehr komplex. Die oben definierte unendliche Sprache $\{ \texttt{a}^n \texttt{b}^m \mid n, m \geq 0 \}$ mit Hilfe einer formalen Grammatik zu beschreiben ist nicht schwer, wie wir es bald sehen werden. Andere Sprachen, wie z.B. die Programmiersprache Java (d.h. die Menge aller Zeichenfolgen, die ein übersetzbares Java-Programm bilden) zu be-

[1] in der Bundesrepublik Deutschland an die *ZVS* (Zentrale Vergabestelle)
[2] insbesondere der *Syntaxanalyse*
[3] z.B. in [AU]
[4] Unter $\texttt{a}^n$ verstehen wir das Wort aaa...a der Länge n, bestehend aus n a.

schreiben, ist deutlich komplexer. Eine (formale) Grammatik muss – per Definition – endlich sein, d.h. die *unendliche* Sprache wird mit *endlichen* Mitteln beschrieben.

Wenn eine Sprache – zum Beispiel mit Hilfe einer Grammatik – beschrieben ist, ist es nicht immer einfach, von einem gegebenen Wort festzustellen, ob es zur Sprache gehört oder nicht. Dieses Problem, falls es überhaupt lösbar ist, wird von einem Algorithmus für *Spracherkennung* gelöst.

3.5.2. Reguläre Ausdrücke

Ein *regulärer Ausdruck* besteht aus Zeichen des Alphabets, verknüpft mit den Operatoren | (für *Alternative*) und * (für *Iteration*, mit stärkster Bindung), sowie aus geklammerten regulären Ausdrücken. Teilausdrücke können hintereinander geschrieben werden; auf diese Weise wird *Konkatenation* ausgedrückt. Das Zeichen ε wird im regulären Ausdruck für das leere Wort gebraucht.

Ein so aufgebauter regulärer Ausdruck beschreibt eine Sprache. Auf welche Weise, das wollen wir – statt exakter Definition – an Beispielen deutlich machen.

Der reguläre Ausdruck

a b | b a b a b

beschreibt eine endliche Sprache, die aus zwei Wörtern besteht:

$\mathfrak{L}$ = { ab, babab }

Der reguläre Ausdruck

a b | b*ε a | b a b

beschreibt die unendliche Sprache

{ ab, ba, bba, bbba, ..., bab }

Unter b*ε verstehen wir hierbei eine Anzahl von (mindestens 1) b, getrennt durch leere Wörter. Somit beschreibt a*b die Sprache

{ a, aba, ababa, ... }

Reguläre Ausdrücke ohne bzw. mit Iteration beschreiben also endliche bzw. unendliche Sprachen.

Der reguläre Ausdruck

a*ε (b | a) c*ε

beschreibt die Sprache

$$\{ a^n b c^m \mid n, m \geq 0 \} \cup \{ a^n c^m \mid n \geq 1, m \geq 0 \}$$

Sie besteht aus zwei Teilsprachen: Jedes Wort der ersten Teilsprache enthält ein b, vor dem einige a, nach dem einige c stehen können. Jedes Wort der zweiten Teilsprache fängt mit einem a an, dem weitere a und denen weitere c folgen können. Dieselbe Sprache wird auch vom regulären Ausdruck

`a*ε b c*ε | a*ε a c*ε`

beschrieben. Hier können wir also sehen, dass reguläre Ausdrücke (ähnlich wie arithmetische Ausdrücke) umgeformt werden können.

Der reguläre Ausdruck

`a ( a | 1 ) * ε`

beschreibt die Sprache, in der jedes Wort mit a anfängt. Anschließend stehen a und Einser. Aus dieser Sprache kann eine weitere – sinnvolle – Sprache erzeugt werden. In jedem Wort der Sprache ersetzen wir jedes Vorkommnis von a durch einen beliebigen (ggf. unterschiedlichen) Buchstaben (von klein a bis groß Z, auch Unterstrich _) und jedes Vorkommnis von 1 durch eine beliebige Ziffer (von 0 bis 9). Alle möglichen Kombinationen[1] dieser Ersetzungen ergeben die Sprache aller *Bezeichner* der Programmiersprache Java: Jeder Bezeichner fängt mit einem Buchstaben an, anschließend folgen eine beliebige Anzahl von Buchstaben oder Ziffern.

Das Einsetzen der a durch Buchstaben und der Einser durch Ziffer kann folgendermaßen ausgedrückt werden:

```
Bezeichner → Buchstabe (Buchstabe | Ziffer)) * ε
```

Bezeichner, Buchstabe und Ziffer sind hier *Begriffe*, für die folgende reguläre Ausdrücke angegeben werden können:

```
Buchstabe → _|a|b|c|d|e|f|g|h|i|j|k|l|m|n|o|p|q|r|s|t|u|v|w|x|y|z|
  A|B|C|D|E|F|G|H|I|J|K|L|M|N|O|P|Q|R|S|T|U|V|W|X|Y|Z|
Ziffer → 0|1|3|4|5|6|7|8|9
```

Die Prozedur des Einsetzens kann verstanden werden als eine Abkürzung des folgenden regulären Ausdrucks:

```
(_|a|b|...|z|A|B|...|Z)  (_|a|b|...|z|A|B|...|Z|0|1|...|9)) * ε
```

Eine Sprache, die durch einen regulären Ausdruck beschrieben werden kann, heißt *reguläre Sprache* oder auch *Typ-3-Sprache*. Wie wir bald sehen werden, gibt es Sprachen, die nicht durch einen regulären Ausdruck beschrieben werden können.

[1] Hier wird nur eine oberflächliche Idee der grammatischen *Ableitung* gegeben.

Aufgabe 3.9: In der Programmiersprache Ada gilt die Regel, dass ein Bezeichner keine zwei Unterstriche nebeneinander und auch keinen Unterstrich am Anfang und am Ende enthalten darf. Entwerfen Sie einen regulären Ausdruck, der die Sprache der Bezeichner „im Ada-Stil" beschreibt.

Aufgabe 3.10: Schreiben Sie einen regulären Ausdruck auf, der die Sprache aller *Binärbrüche* beschreibt. Ein Binärbruch enthält genau einen Punkt (als Binärpunkt), vor und nach dem mindestens je eine Binärziffer (`0` oder `1`) stehen muss. Er darf keine führenden und abschließenden (d.h. überflüssigen) Nullen enthalten, wenn der Ganzteil oder der Bruchteil keine Einser enthält: `1000100101001.10011110101`, `1.1`, `0.1`, `1.0` und `0.0` sind Binärbrüche, während `1`, `1.2`, `1.10`, `01.1`, `.1`, `0.10.1` und `1,1` keine Binärbrüche sind.

3.5.3. Reguläre Grammatiken

Das Einsetzen der Begriffe `Buchstabe` und `Ziffer` in den regulären Ausdruck für Bezeichner führt zum Konzept der *regulären Grammatiken.*

Eine reguläre Grammatik besteht aus einen oder mehreren regulären Ausdrücken, von denen jeder einem *Begriff* [1] zugeordnet ist. Die Begriffe dürfen ähnlich wie *Zeichen* [2] des Alphabets in den regulären Ausdrücken verwendet werden. Ein Begriff wird als *Hauptbegriff* ausgezeichnet:

```
Bezeichner → Buchstabe ( _ | Buchstabe | Ziffer ) * ε
Buchstabe → Kleinbuchstabe | Großbuchstabe
Kleinbuchstabe → a|b|c|d|e|f|g|h|i|j|k|l|m|n|o|p|q|r|s|t|u|v|w|x|y|z
Großbuchstabe → A|B|C|D|E|F|G|H|I|J|K|L|M|N|O|P|Q|R|S|T|U|V|W|X|Y|Z
Ziffer → 0|1|2|3|4|5|6|7|8|9
```

Die reguläre Grammatik muss so aufgebaut werden, dass nach dem *Ersetzen* aller Begriffe durch ihre eigenen regulären Ausdrücke für den Hauptbegriff ein regulärer Ausdruck entsteht. Insbesondere wird dies dann möglich, wenn die Begriffe nicht rekursiv verwendet werden.

Jeder solcher regulärer Ausdruck mit dem zugeordneten Begriff heißt *Regel* der Grammatik oder *grammatische Regel.*

Die Begriffe und die Regeln in regulären Grammatiken erleichtern oft das Verständnis gegenüber von langen, komplizierten regulären Ausdrücken.

Aufgabe 3.11: Wandeln Sie die regulären Ausdrücke aus den Aufgaben 3.9 und 3.10 zu einer – besser lesbaren – regulären Grammatik um.

[1] oder *grammatischem Begriff* oder *nichtterminalem Symbol*
[2] oder *Symbole* oder *terminale Symbole*

3.5.4. R-Grammatiken

Wenn die Begriffe rekursiv verwendet werden, sprechen wir nicht mehr von regulären Grammatiken, sondern – nach der Terminologie von [SolS] – von *R-Grammatiken*. Eine R-Grammatik kann nicht immer durch Einsetzen der regulären Ausdrücke der Begriffe zu einem regulären Ausdruck umgeformt werden.

Beispielsweise enthält die Sprache

$$\{ a^n b^n \mid n \geq 0 \}$$

alle Wörter, die mit einer Anzahl von a beginnen, denen die *gleiche* Anzahl von b folgen. Diese Sprache ist nicht regulär, sie kann nicht mit einem regulären Ausdruck beschrieben werden: Dieser Mechanismus reichen nicht aus, um sicherzustellen, dass die Anzahl der a und b gleich ist. Sie kann aber einfach mit Hilfe von *Rekursion* beschrieben werden:

```
A → ε | a A b
```

Hier ist A ein Begriff, den wir brauchen, um die gleiche Anzahl von a und b zu erhalten. A kann hier nicht durch Einsetzung eliminiert werden, um einen regulären Ausdruck zu erhalten, weil der Ausdruck eine *zweiseitige Rekursion* enthält: A ist sowohl von rechts wie auch von links von Zeichen umgeben ist. Die Mächtigkeit der regulären Ausdrücke reicht nicht aus, um die gleiche Anzahl von a und b zu garantieren.

Die R-Grammatik

```
A → ab | a A b
```

beschreibt eine ähnliche Sprache, die aber das leere Wort nicht mehr enthält.

Demgegenüber kann die R-Grammatik

```
C → A B
A → ε | a A
B → ε | B b
```

zum regulären Ausdruck

```
C → ε | a*ε b*ε
```

umgewandelt werden, zumal beide die schon bekannte Sprache

$$\{ a^n b^m \mid n, m \geq 0 \}$$

beschreiben. Diese R-Grammatik enthält nur einseitige Rekursionen: A ist nur von links, B ist nur von rechts von Zeichen (a bzw. b) umgeben. Einseitige Rekursion ist durch Iteration ersetzbar. Es ist nicht immer einfach festzustellen, ob eine Rekursion ein- oder zweiseitig ist.

Ein weiteres Beispiel für eine R-Grammatik ist eine, die die Sprache *aller regulären Ausdrücke* beschreibt:

```
Ausdruck → Alternative '|' Ausdruck | Alternative
Alternative → Sequenz Alternative | Sequenz
Sequenz → Wiederholung '*' Sequenz | Wiederholung
Wiederholung → Zeichen | '(' Ausdruck ')'
```

Hier haben wir die Symbole der Sprache '(', ')', '|' und '*' in Apostrophe gesetzt, um sie von den *Metazeichen* (,), | und * der Grammatik zu unterscheiden.

Das Ersetzen einiger Rekursionen durch Iteration führt zum Ergebnis

```
Ausdruck → Alternative * '|'
Alternative → Sequenz * ε
Sequenz → Wiederholung * '*'
Wiederholung → Zeichen | '(' Ausdruck ')'
```

Hier können die Begriffe durch ihre regulären Ausdrücke ersetzt werden:

```
Ausdruck → (((Zeichen | '(' Ausdruck ')') * '*') * ε) * '|'
```

Eine weitere Vereinfachung[1] eliminiert noch einige Klammern: Ein regulärer Ausdruck besteht demnach aus einer Reihe von Zeichen oder geklammerten regulären Ausdrücken, getrennt durch die Operatorsymbole '|' oder '*':

```
Ausdruck → (Zeichen | '(' Ausdruck ')') * ('|' | '*' | ε)
```

Es ist hier sichtbar, dass die Rekursion nicht mehr eliminiert werden kann. Der Grund hierfür ist derselbe, wie bei der Sprache { $a^n b^n$ | $n \geq 0$ }: Die gleiche Anzahl von öffnenden und schließenden Klammern kann mit einem regulären Ausdruck nicht garantiert werden.

Dies ist also keine reguläre Grammatik (die immer auf einen regulären Ausdruck zurückgeführt werden kann): Sie ist eine *R-Grammatik.* Mit Hilfe von R-Grammatiken können Sprachen beschrieben werden, die inhärent komplexer sind, als die Sprachen, die mit regulären Ausdrücken beschrieben werden können. Solche Sprachen heißen *kontextfreie* oder *Typ-2-Sprachen.*

Es ist allgemein üblich, solche Sprachen mit Hilfe von *kontextfreien Grammatiken* zu beschreiben. Eine kontextfreie Grammatik ist eine R-Grammatik ohne die *-Operation, d.h. die in der Iteration immer durch Rekursion ausgedrückt wird. Der Vorteil der R-Grammatiken gegenüber den üblichen kontextfreien Grammatiken ist es, dass mit ihrer Hilfe die in der Sprache vorhandene Itera-

[1] Wir wollen uns hier nicht mit den Umgestaltungsregeln von regulären Ausdrücken beschäftigen.

tion von der inhärenten (d.h. zweiseitigen) Rekursion, die nicht mit Iteration auszudrücken ist, getrennt werden kann.

Die oben beschriebene Sprache der regulären Ausdrücke ist ein Beispiel hierfür. Die Iteration der Teilausdrücke, die von Operationszeichen voneinander getrennt sind, kann man zwar durch Rekursion beschreiben, – wie oben das erste Beispiel zeigt, – ist aber nicht nötig. Die Rekursion der geklammerten Ausdrücke ist aber inhärent, sie kann nicht durch Iteration ersetzt werden. Die R-Grammatik drückt diesen Unterschied deutlich aus.

3.5.5. Endliche Automaten

Wenn eine Sprache regulär ist, kann man sie durch einen regulären Ausdruck beschreiben. In diesem Fall ist ein *endlicher Automat* ein nützliches Werkzeug der Spracherkennung; er erkennt die Sprache mit einer linearen Zeitkomplexität und mit einem konstanten Speicher.

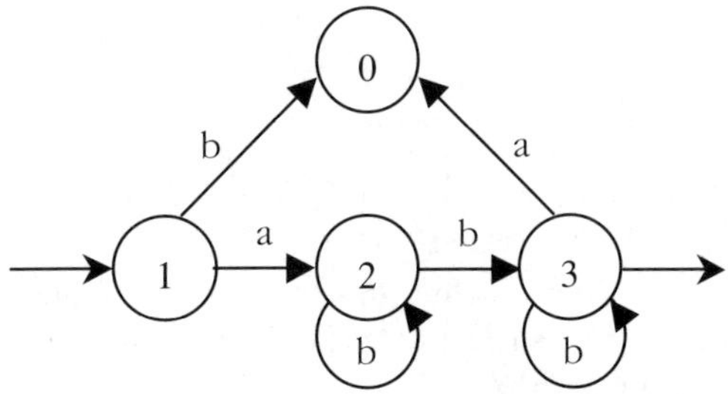

Abbildung 3.23: Übergangsdiagramm

Ein endlicher Automat kann mit Hilfe eines *Übergangdiagramms* (s. Abbildung 3.23 auf Seite 66) oder damit gleichwertig einer *Steuerungstabelle* angegeben werden:

Zustand	a	b		
0	0	0	N	Nullzustand[1]
1	2	0	S	Startzustand
2	2	3		
3	0	3	E	Endzustand

Tabelle 3.24: Steuerungstabelle

[1] oder Fehlerzustand

Die Knoten des Diagramms und die Zeilen der Tabelle entsprächen den *Zuständen* des Automaten; die Kanten des Diagramms und die Spalten der Tabellen sind mit Zeichen des Alphabets beschriftet. Wir sagen, der Automat übergeht von einem Zustand in einen anderen *unter* einem Zeichen.

Im obigen Automaten ist Zustand 1 der Startzustand; der Automat fängt seine Arbeit in diesem Zustand an. Er liest ein Wort Zeichen für Zeichen ein und übergeht unter jedem Zeichen in einen anderen Zustand. Wenn er sich am Ende des Wortes in einem Endzustand befindet, dann gehört das eingelesene Wort zur *Sprache des Automaten.* Man sagt auch, der Automat *erkennt* die Sprache, deren Wörter ihn in einen Endzustand überführen.

Beispielsweise analysiert der endliche Automat, gegeben durch das Übergangsdiagramm in der Abbildung 3.23 auf Seite 66 oder durch die Steuerungstabelle 3.24 die reguläre Sprache $\{ a^n b^m \mid n, m \geq 1 \}$. Die Arbeitsweise des Automaten mit dem Wort aaaaabb ist folgende:

$$\begin{array}{ccccccccccccccc} 1 & \rightarrow & 2 & \rightarrow & 2 & \rightarrow & 2 & \rightarrow & 2 & \rightarrow & 2 & \rightarrow & 3 & \rightarrow & 3 \\ & a & & a & & a & & a & & a & & b & & b & E \end{array}$$

Abbildung 3.25: Arbeitsweise mit dem Wort aaaaabb

Er fängt die Arbeit im Startzustand 1 an. Das erste Eingabezeichen a überführt ihn in den Zustand 2. Die weiteren Eingabezeichen a belassen ihn im Zustand 2. Das erste Zeichen b überführt ihn in den Zustand 3. Die weiteren b belassen ihn im Zustand 3. Da 3 ein Endzustand ist, gehört das Wort aaaaabb zur vom Automaten erkannten Sprache:

Zustand:	1	2	2	2	2	2	3	3
Eingabe:	a	a	a	a	a	b	b	E

Tabelle 3.26: Vereinfachte Darstellung der Arbeitsweise

Die obige Beschreibung soll deutlich machen, wie der Automat allgemein (mit einem beliebigen Wort) funktioniert: Weil alle „richtigen" Wörter am Anfang mindestens ein a enthalten, erkennt er dieses im Zustand 1. Wenn mindestens ein a eingelesen wurde, können schon die b kommen. Wenn aber noch weitere a kommen, bleibt der Automat im Zustand 2 und wartet auf das erste b. Sobald es (mindestens eins muss vorhanden sein) eingelesen wurde, kann das Wort im Zustand 3 zu Ende sein. Es kann aber noch weitere b enthalten, die den Automaten im Zustand 3 belassen.

Wenn der Startzustand zugleich Endzustand ist, gehört das leere Wort zur Sprache. Weil in der obigen Sprache $n \geq 1$ ist, muss mindestens ein a kommen: 1 ist kein Endzustand.

Es folgen weitere Ablaufbeispiele für „falsche" Wörter, d.h. solche, die nicht zur Sprache gehören; der Automat befindet sich am Ende nicht in einem Endzustand:

Zustand:	1	2	2	2	2	1	2	3	0	0	1	0	0	0
Eingabe:	a	a	a	a		a	b	a	a		b	b	b	

Tabelle 3.27: Falsche Wörter: aaaa, abaa, bbb

Alle Übergänge aus dem Nullzustand führen in den Nullzustand, der kein Endzustand ist. Gerät der Automat einmal in den Nullzustand (wie z.B. beim Wort abaa oder bbb), bleibt er darin für immer. Dies geschieht, wenn er beim Einlesen eines Teilwortes erkennt: Egal wie es fortgesetzt wird, kann es nicht zur Sprache gehören.

Der folgende endliche Automat erkennt Bezeichner „in Ada-Stil[1]": Sie bestehen aus Buchstaben, Ziffern und Unterstrichen, enden und fangen jedoch nicht mit einem Unterstrich an und enthalten keine zwei Unterstriche nebeneinander. Der endliche Automat für diese Sprache kann durch die folgende Übergangstabelle dargestellt werden:

Zustand	Buchstabe	Ziffer	Unterstrich		
0	0	0	0	N	Nullzustand
1	2	0	0	S	Startzustand
2	2	2	3	E	Endzustand
3	2	2	0		

Tabelle 3.28: Endlicher Automat für Bezeichner in Ada-Stil

Die Arbeitsweise des Automaten mit dem Wort PROZ_23A ist folgende:

Zustand:	1	2	2	2	2	3	2	2	2
Eingabe:	P	R	O	Z	_	2	3	A	E

Tabelle 3.29: Arbeitsweise des Automaten mit dem Wort PROZ_23A

Der Automat ist am Ende des Wortes in einem Endzustand, das Wort PROZ_23A gehört also zur Sprache: Es ist ein gültiger Ada-Bezeichner. Das Wort PROZ_ ist dagegen kein Ada-Bezeichner, weil sich am Ende dieses Wortes der Automat im Zustand 3 (kein Endzustand) befindet. Das Wort PROZ__23A ist ebenfalls kein gültiger Ada-Bezeichner:

[1] Ihren regulären Ausdruck haben wir schon in der Aufgabe 3.9 (auf Seite 63) kennen gelernt.

Zustand:	1	2	2	2	2	3	0	0	0	0
Eingabe:	P	R	O	Z	_	_	2	3	A	

Tabelle 3.30: Falsches Wort: PROZ__23A

Der zweite Unterstrich überführt den Automaten in den Nullzustand, aus dem es kein Entrinnen gibt: Kein Wort mit zwei Unterstrichen hintereinander bildet einen Ada-Bezeichner.

In der Theorie der endlichen Automaten wird der Satz bewiesen[1]: Zu jedem regulären Ausdruck (d.h. auch zu jeder regulären Grammatik) kann ein endlicher Automat gebaut werden (und umgekehrt), deren Sprache die des Ausdrucks (bzw. der Grammatik) ist.

Aufgabe 3.12: Schreiben Sie eine Java-Funktion, die die Arbeitsweise eines endlichen Automaten implementiert. Ihr Parameter ist der endliche Automat und das zu erkennende Wort, ihr Ergebnistyp ist `boolean`. Das Ergebnis ist `true`, wenn das Wort zur Sprache des Automaten gehört und `false`, wenn nicht. Sie müssen selbstverständlich auch die Klasse vereinbaren, die den endlichen Automaten darstellt.

3.5.6. Kellerautomaten

Im Kapitel 3.5.4. (auf Seite 64) haben wir erwähnt, dass es auch Sprachen gibt, die nicht mit einem regulären Ausdruck beschrieben werden können. Die Sprache aller regulären Ausdrücke war ein Bespiel dafür. Solche Sprachen können auch nicht mit einem endlichen Automaten erkannt werden.

Ein *Kellerautomat* ist ein endlicher Automat mit einem (potenziell unendlichen) Stapel[2]. Er kann bei einigen Übergängen einen Zustand auf den Stapel speichern[3]. In einem Endzustand wird anstelle des Übergangs in den Nullzustand der oberste Zustand des Stapels genommen, falls er nicht leer ist. Am Ende des Wortes muss der Stapel leer sein.

Der folgende Kellerautomat erkennt die Sprache $\{ a^n b^n \mid n \geq 0 \}$:

[1] siehe z.B. in [SolS]

[2] auch *Keller* oder *LIFO*-(„last in first out")-Speicher genannt

[3] Hier wird nur eine einfache Beschreibung des Kellerautomaten gegeben; es gibt auch komplexere Kellerautomaten.

Zustand	a	b	
1	1 / 2	0	E
2	3	0	E
3	0	0	

Tabelle 3.31: Kellerautomat für { a^n b^n | $n \geq 0$ }

Die Darstellung 1 / 2 bedeutet, dass der Automat in den Zustand 1 übergeht, während er den Zustand 2 in den Keller speichert. Der Zustandsübergang 0 in einem Endzustand (wie die Zustände 1 und 2) bewirkt, dass der oberste Kellereintrag als Folgezustand genommen wird.

Der Kellerautomat erkennt Wörter der Form aa...abb...b, wo die Anzahl der a und b gleich (vielleicht 0) ist. Er geht aus dem Startzustand 1 unter a in den Zustand 1 über, speichert aber gleichzeitig den Zustand 2 auf den Stapel. Jedes weitere a erzeugt einen weiteren Stapeleintrag. Das erste b bewirkt, dass statt dem Nullzustand der oberste Zustand vom Stapel (der Zustand 2) entnommen wird. Im Zustand 2 können weitere b gelesen werden; jedes entfernt einen weiteren Eintrag vom Stapel. Ein a nach den b überführt den Automaten in den Zustand 3, der eine Sackgasse bildet.

Ist die Anzahl der a am Anfang des Wortes gleich der Anzahl der b, wird der Stapel zum Schluss entleert, und das Wort wird als richtig erkannt. Gibt es mehr b, geht der Automat in den Nullzustand über. Gibt es weniger b, ist der Stapel nicht leer, und das Wort gehört nicht zur untersuchten Sprache.

Somit „zählt" der Automat die Anzahl der a und b in seinem Stapel, um ihre Gleichheit sicherzustellen. Ein endlicher Automat ist dazu nicht in der Lage, da er nur eine endliche Anzahl von Zuständen hat, die mögliche Anzahl der a und b aber unbegrenzt ist. Deswegen ist die Sprache { a^n b^n } nicht regulär.

Aus demselben Grund sind die Sprachen nicht regulär, deren Grammatik eine „zweiseitige" Rekursion enthält: An den beiden Seiten der Rekursion entstehen Zeichen, deren gleiche Anzahl dann von einem endlichen Automaten nicht erkannt werden kann. So ist auch die Sprache der regulären Ausdrücke, deren Grammatik

```
Ausdruck → (Zeichen | '(' Ausdruck ')' * ('|') | '*')
```

eine zweiseitige Rekursion enthält, nicht regulär: Die Anzahl der öffnenden und der schließenden Klammern in einem regulären Ausdruck kann beliebig groß, muss aber gleich sein. Ein endlicher Automat kann sie nicht zählen.

Eine solche Rekursion kann also nicht durch Wiederholung (durch eine *-Operation) ersetzt werden.

Hierzu kann ein allgemein gültiger Satz formuliert werden: Zu jeder kontextfreien Grammatik (mit bestimmten Einschränkungen[1]) kann ein Kellerautomat gebaut werden (und umgekehrt), der die Sprache der Grammatik erkennt.

Bemerkung: Es gibt Sprachen, für die auch keine kontextfreie Grammatik, so auch kein Kellerautomat entwickelt werden kann. Eine solche Sprache ist z.B. $\{ a^n b^n a^n \mid n \geq 0 \}$. Sie kann mit einer ***kontextsensitiven*** *(Typ-1-)* ***Grammatik*** beschrieben werden. Auch die Sprache aller Java-Programme, die von einem Compiler als fehlerfrei angenommen werden, ist nicht kontextfrei.

3.5.7. Endlichkeit und Unendlichkeit

In den vorigen Kapiteln haben wir den Unterschied zwischen regulären Grammatiken und R-Grammatiken, sowie zwischen endlichen Automaten und Kellerautomaten gesehen.

Beide Automaten analysieren ein Wort mit linearer Zeitkomplexität $O(n^1)$. Ihre Speicherkomplexitäten sind jedoch unterschiedlich: Der endliche Automat hat einen endlichen Speicher, d.h. seine Speicherkomplexität ist $O(n^0)$, während der Speicherbedarf des Kellerautomaten vom zu analysierenden Wort abhängt; er hat eine Speicherkomplexität von $O(n^1)$.

Eine reguläre Grammatik enthält keine Rekursion; alle ihre Begriffe können durch Einsetzen zu einem regulären Ausdruck reduziert werden. Hier wird nur Iteration verwendet. Ein endlicher Automat mit derselben Sprache kann gebaut werden, d.h. die Iteration kann mit einem endlichen (konstanten) Speicher abgearbeitet werden.

Sobald die R-Grammatik eine echte, d.h. zweiseitige Rekursion enthält, kann sie nicht durch Iteration eliminiert werden; ein endlicher Automat kann ihre Sprache nicht mehr erkennen: Ein Kellerautomat mit einem potenziell unendlichen Speicher ist nötig. Die Abarbeitung der echten Rekursion erfordert also einen potenziell unendlichen Speicher.

[1] Sie muss eine sog. LR(*k*)-Grammatik sein, s. z.B. [AU].

4. Suchen

Das Problem *Suchen* stellt sich, wenn man ein Objekt mit bestimmten Eigenschaften unter vielen ähnlichen Objekten finden möchte. In vielen Fällen ist die Lösung nicht trivial.

4.1. Textsuche

Als erstes Beispiel betrachten wir den Algorithmus für *Textsuche*, ein Problem, das in jedem Textverarbeitungsprogramm gelöst werden muss. Gegeben sind zwei Zeichenketten `muster` und `text`; `muster` muss in `text` gefunden werden.

Konkreter brauchen wir eine Java-Funktion mit der Spezifikation

```
int suchen(final char[] muster, final char[] text);
```

die den Wert `-1` zurückgibt, wenn `muster` nicht im `text` vorkommt und sonst den Index, bei dem das erste Vorkommnis von `muster` in `text` beginnt. Sie darf nur den Vergleich von Zeichen mit Hilfe des Operators `==` durchführen (d.h. keine Aufrufe aus den Standardbibliotheken sind erlaubt, die genau dieses Problem lösen).

Eine triviale Lösung beruht auf einer geschachtelten Schleife: Es wird ab jedem Zeichen im Text versucht, das Muster zu finden, d.h. die Zeichen im Muster werden einzeln mit den Zeichen im Text verglichen. Beim „Misserfolg" erfolgt ein „Rücksprung" im Text zum Anfang des Versuchs, und der nächste Versuch findet ab dem nächsten Zeichen im Text statt:

D	r	e	i		r	e	i	n	e		R	e	i	s	e	n	d	e	Text
R	e	i	s																Muster
	R	e	i	s															
		R	e	i	s														
			..																
					R	e	i	s											
						R	e	i	s										
							..												
											R	e	i	s					Erfolg

Tabelle 4.1: Suchen im Text

Bei den unterstrichenen Zeichen im Muster wurde der Misserfolg festgestellt.

Dieser Algorithmus kann in Java folgendermaßen formuliert werden:

```
int suchen(final char[] muster, final char[] text) {
  for (int i = 0; i < text.length - muster.length + 1; i++) {
```

```
    boolean erfolg = true; // Versuch, ab text[i] muster zu finden:
    for (int j = 0; j < muster.length; j++)
      if (text[i + j] != muster[j])
        erfolg = false; // nicht gelungen
    if (erfolg) // gelungen
      return i; // vorzeitiger Abbruch der äußeren Schleife
  }
  return -1; // kein Versuch ist gelungen
}
```

Der Zeitbedarf dieser Funktion ist `muster.length * (text.length - muster.length)` Zeichenvergleiche. Wir sagen, ihre Komplexität ist $O(nm)$, wo n die Länge des Textes und m die Länge des Musters ist. Es ist zwar möglich, die innere Schleife vorzeitig (bei „Misserfolg") abzubrechen, die Komplexität (d.h. der durchschnittliche Aufwand) wird aber dadurch nicht verbessert. Etwas schlampig kann man diese Komplexität auch „quadratisch" nennen.

Es ist jedoch möglich, das Problem mit einer Komplexität von $O(n+m)$ zu lösen. Hierzu wird folgende Idee benutzt. Der obige Algorithmus springt beim „Misserfolg" zum Anfang des Versuchs zurück und „vergisst", was er in der Zwischenzeit an Information über die zu vergleichenden Texte gewonnen hat. In vielen Fällen ist dies ein echter Informationsverlust:

a	b	a	b	a	a	b	b	b	Text
1	2	3	4	5	6	7	8	9	
a	**b**	**a**	a	b	b	b			Muster
	a	b	a	a	b	b	b		
		a	**b**	**a**	a	b	b	b	Erfolg

Tabelle 4.2: Informationsverlust bei der Textsuche

Bei der Suche des Musters `abaabbb` im Text `ababaabbb` ist es nach dem zweiten Misserfolg (d.h. in der letzten Zeile) nicht nötig, den Versuch ab dem 3. Zeichen des Textes durchzuführen: Die Anfangsfolge `aba` des Musters wurde schon beim ersten Versuch mit Erfolg untersucht, und erst beim 4. Zeichen `a` des Musters wurde der Misserfolg festgestellt. Es reicht also, nachdem beim 3. Versuch (ab dem 3. Zeichen) ebenfalls die Anfangsfolge `aba` gesucht wird, erst ab dem 6. Zeichen weiterzusuchen.

Angenommen, das erste Zeichen kommt im Muster nicht mehr vor (z.B. im Muster `abbbbbbb`). Beim Feststellen eines Misserfolgs nach i Zeichen müssen wir dann im Text nicht i Stellen zurückspringen, da wir wissen, dass das Zeichen `a` an den letzten i Stellen nicht vorkam; wir können im Text von dem Zeichen an weitersuchen, wo wir den Misserfolg festgestellt haben. Solche speziellen Muster sind zwar selten, aber erstaunlicherweise ist es immer möglich, die Suche so vorzubereiten, dass sie nicht von Anfang an wiederholt werden muss.

Weil nur im Muster und nie im Text zurückgesprungen werden muss, ist es die Eigenschaft des Musters, wie weit der Rücksprung erfolgen soll. Daher kann er vor dem eigentlichen Suchen so aufbereitet werden, dass die Suche sehr schnell erfolgen kann. Hierzu schlägt der Knuth-Morris-Pratt-Algorithmus[1] vor, eine sog. *next-Tabelle* zu errechnen. Sie ist eine Reihung aus nichtnegativen `int`-Werten, ihre Länge ist wie die des Musters. Jeder Ganzzahlwert zeigt an, wie viele Schritte beim Misserfolg „zurückgegangen" werden muss:

j	muster[j]	Rücksprung	next[j+1]
0	b	**b**abaabbb	0
		babaabbb	
1	a	b**a**baabbb	0
		babaabbb	
2	b	ba**b**aabbb	1
		babaabbb	
3	a	ba**ba**abbb	2
		babaabbb	
4	a	baba**a**bbb	0
		ba**b**aabbb	
5	b	babaa**b**bb	1
		babaabbb	
6	b	babaab**b**b	1
		b**a**baabbb	
7	b	babaabb**b**	
		babaabbb	

Tabelle 4.3: „next-Tabelle" für das Muster `babaabbb`

Wir schieben hier eine Kopie des Musters sich selbst entlang und vergleichen die Zeichen untereinander. Die Anzahl der überlappenden Stellen gibt die Position an, wohin bei „Misserfolg" zurückgesprungen werden muss. Die erste Stelle (Index `0`) wird dabei mit `-1` markiert.

Hieraus ergibt sich die folgende next-Tabelle für das Muster `babaabbb`:

```
0 0 1 2 0 1 1
```

Die next-Tabelle für ein bestimmtes Muster kann auch als ein endlicher Automat[2] dargestellt werden:

[1] s. [Kn]

[2] s. Kapitel 3.5.5. (ab Seite 66)

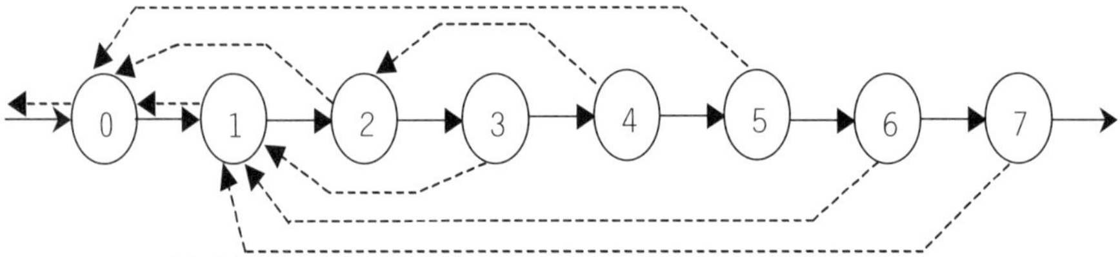

Abbildung 4.4: Endlicher Automat für das Muster babaabbb

Hier gibt es von jedem Zustand zwei Übergänge: bei Übereinstimmung nach rechts (dargestellt durch durchgezogene Pfeile) und bei Misserfolg Rücksprung nach links (dargestellt durch gestrichelte Pfeile); die next-Tabelle gibt den Zielort (Index) des Rücksprungs an.

Das folgende Programm enthält eine Prozedur für die Berechnung der next-Tabelle und die Suchfunktion nach dem Knuth-Morris-Pratt-Algorithmus:

```
int[] nextTabelle(final char[] muster) { // next-Tabelle für muster
  final int anfang = -1; // vor dem ersten Index in muster
  int[] next = new int[muster.length];
  next[0] = anfang; // Marke
  int tabIndex = 0, // indiziert die aufzubauende next-Tabelle
    ruecksprung = anfang; // Index im muster, wohin zurückgesprungen wird
  while (tabIndex < muster.length - 1)
    if (ruecksprung == anfang || muster[tabIndex] == muster[ruecksprung]) {
        // Anfang des Musters oder Übereinstimmung
      tabIndex++; // weiterschreiten
      ruecksprung++;
      next[tabIndex] = ruecksprung; // so weit Übereinstimmung
    } else
      ruecksprung = next[ruecksprung]; // Rücksprung so weit nötig
  return next;
}

int kmpSuchen(final char[] muster, final char[] text) {
  // stellt fest, ob muster im text vorkommt und falls ja, ab welchem Index
  final int anfang = -1; // vor dem ersten Index in muster
  final int[] next = nextTabelle(muster); // next-Tabelle für muster
  int textIndex = anfang, musterIndex = anfang; // Anfang der Suche
  do
    if (musterIndex == anfang || text[textIndex] == muster[musterIndex]) {
      textIndex++; // weiterschreiten
      musterIndex++;
    } else
      musterIndex = next[musterIndex]; // Rücksprung nur im Muster
  while (musterIndex < muster.length && textIndex < text.length);
  return musterIndex >= muster.length ?
    textIndex - muster.length : // gefunden
```

```
    -1; // nicht gefunden
}
```

Aufgabe 4.1: Der KNP-Algorithmus kann verbessert werden, wenn in der Funktion `nextTabelle` die Zuweisung

```
next[tabIndex] = ruecksprung;
```

auf die etwas differenziertere Zuweisung

```
next[tabIndex] =
  muster[tabIndex] != muster[ruecksprung] ?
  ruecksprung :
  next[ruecksprung];
```

ausgetauscht wird. Erklären Sie die Verbesserung und finden Sie Beispiele, bei denen sie zur Geltung kommt.

4.2. Suchen in Sammlungen

Häufig muss man in einer „Sammlung von Datenelementen (Objekten)" nach einem Element mit bestimmten Eigenschaften suchen. Am Ende der Suche möchte man auf das gefundene Element zugreifen können oder sicher sein, dass es kein solches Element in der Sammlung gibt.

Der häufigste Fall ist, dass die „Sammlung" aus Objekten einer Klasse `Element` mit einer speziellen Komponente, genannt *Schlüssel* enthält. Einfachheitshalber nehmen wir an, dass er vom Typ `int` ist:

```
class Element {
  public int schluessel;
  ... // weitere Komponenten
}
```

Wir geben die spezielle Eigenschaft des gesuchten Objekts durch einen Schlüsselwert `suchSchluessel` vom Typ `int` an: Gesucht wird ein Objekt `element` aus der Sammlung, dessen Schlüssel `element.schluessel` gleich `suchSchluessel` ist.

Hier wird der informelle Begriff „Sammlung" verwendet, weil wir noch offen lassen wollen, ob die Objekte (der Klasse `Element`) in einer Reihung, in einer verketteten Liste, in einem Baum oder in einer anderen Datenstruktur untergebracht sind.

Wir unterscheiden dabei zwischen *internem* und *externem Suchen*. Ein *internes* Suchverfahren setzt voraus, dass alle Daten, unter denen gesucht wird, „vollständig in den Hauptspeicher unseres Computers passen". Ein *externes* Suchverfahren wird dann benötigt, wenn die Objekte, aus denen eines identifiziert werden soll, auf einem externen Speicher stehen, z.B. auf einem Plattenspeicher oder auf einem Magnetband, und nicht „alle auf einmal" in den

Hauptspeicher passen. Sie müssen „portionsweise“ in den Hauptspeicher gelesen werden.

In diesem Kapitel befassen wir uns nur mit internem Suchen. Für die Konstrukteure von Datenbanken (und manchmal auch für die Benutzer von Datenbanken) ist externes Suchen ein grundlegendes Problem. Im Kapitel 6.7. (auf Seite 155) werden wir auch hierfür ein Beispiel sehen.

Für das Suchproblem ist es wichtig, ob in der Sammlung *mehrere Objekte mit gleichem Schlüssel* (sog. *Mehrfacheintragungen*) vorkommen können oder ob das ausgeschlossen ist. Wenn Schlüssel mehrfach vorkommen können, dann muss man nicht nur in der Lage sein, *ein* Objekt mit `suchSchluessel` zu finden, sondern man muss auch *alle* Objekte mit diesem Schlüssel (der Reihe nach) finden können.

Um eine bestimmte Lösung für das (interne) Suchproblem genau zu verstehen und mit anderen Lösungen vergleichen zu können, sollte man folgende Fragen untersuchen:

- Wie sind die Objekte abgespeichert (in einer Reihung, als verkettete Liste, Baum usw.)? Wird Speicherplatz nur für die Objekte selbst gebraucht (das ist das notwendige Minimum) oder wird zusätzlicher Speicherplatz (z.B. für Referenzen) gebraucht? Wie viel zusätzlicher Speicher?
- Wie lange dauert es, ein weiteres Objekt in die Sammlung einzufügen?
- Wie lange dauert es, ein Objekt aus der Sammlung zu entfernen (zu löschen)?
- Wie lange dauert das Suchen mit einem bestimmten Schlüssel
  - im positiven Fall (wenn es in der Sammlung ein Objekt mit diesem Schlüssel gibt) und
  - im negativen Fall (wenn es in der Sammlung kein Objekt mit diesem Schlüssel gibt)?

4.3. Suchen in einer Reihung

Wenn man die Objekte, unter denen man suchen will, als Komponenten einer Reihung organisiert, dann muss man diese Reihung „von Anfang an“ so groß anlegen, dass alle späteren Einfügungen darin Platz haben. Dies kann zur „Verschwendung“ von Speicherplatz führen.

4.3.1. Suchen in einer unsortierten Reihung

Der einfachste Fall ist das Suchen in einer unsortierten Reihung. Hier schreibt man die Objekte in eine Reihung namens `sammlung` in beliebiger Ordnung. Um weitere Elemente in die Reihung einfügen zu können, sollte man in einer

Variable `frei` vom Typ **int** stets den Index des ersten freien[1] Elementes der Reihung `sammlung` aufbewahren. Wenn die Bedingung `frei == sammlung.length - 1` den Wert **true** ergibt, dann ist `sammlung` voll; weitere Eintragungen sind nicht möglich.

Der Algorithmus kann verbal folgendermaßen formuliert werden:

Man sucht nach einem Element mit dem Schlüssel `suchSchluessel`, indem man die Reihungskomponenten `sammlung[i]` für alle `i` ab `0` durchgeht und ihre Schlüssel `sammlung[i].schluessel` mit `suchSchluessel` vergleicht. Das macht man so lange, bis man eine passende Komponente `sammlung[i]` gefunden hat (positiver Fall) oder bis man das Ende der Reihung `sammlung` erreicht hat (negativer Fall).

In Java kann diese Suchfunktion folgendermaßen programmiert werden:

```
class Reihung {
  protected Element[] sammlung;
  protected int frei;
  public Reihung(int groesse) {
    sammlung = new Element[groesse];
    frei = 0;
  }
  public void eintragen(final Element element) {
    sammlung[frei] = element; // throws IndexOutOfBoundsException
    frei++;
  }
  public int suchen(int suchSchluessel) {
    // ensures -1 <= return < sammlung.length;
    // return -1, wenn nicht gefunden
    int index = 0;
    while (index < frei && sammlung[index].schluessel != suchSchluessel)
      index++;
    if (index == frei)
      index = -1; // nicht gefunden
    return index;
  }
}
```

Diese Funktion liefert (im positiven Fall) als Ergebnis den Index der gesuchten Komponenten bzw. (im negativen Fall) den **int**-Wert `-1`.

Bemerkung: Auf folgende Weise kann man dieses Programm etwas eleganter und schneller machen: Bevor man zu suchen beginnt, bringt man den Suchschlüssel `suchSchluessel` in die erste freie Komponente der Reihung `sammlung`:

---

[1] oder des letzten belegten

```
sammlung[frei].schluessel = suchSchluessel;
```

Dabei setzen wir voraus, dass für diesen Zweck immer mindestens eine Komponente der Reihung `sammlung` „freigehalten" wird. Da wir jetzt sicher sind, eine Komponente mit dem Schlüssel `suchSchluessel` in `sammlung` zu finden, kann die Abbruchbedingung für die Suchschleife einfacher gestaltet werden. Diese Programmiertechnik heißt „Markieren".

Speicherbedarf: minimal; außer der Reihung `sammlung` wird als zusätzlicher Speicher für Daten nur `frei` benötigt, außerdem die lokale Variable `index` beim Suchen. Möglicherweise muss man Speicherplatz „verschwenden". Die Speicherkomplexität ist also $O(1)$, d.h. sie hängt nicht von der zu speichernden Menge ab.

Zeitbedarf für das Einfügen eines Elements: 1 Schritt, unabhängig von der Größe der Reihung `sammlung`, da man weitere Elemente einfach „hinten anhängen" kann (natürlich nur, solange es in `sammlung` noch Platz gibt). Somit ist die Zeitkomplexität für das Einfügen $O(1)$.

Zeitbedarf für das Suchen:

- im negativen Fall: n Vergleiche
- im positiven Fall: im Durchschnitt $n/2$ Schritte (wenn alle Objekte in `sammlung` gleich häufig gesucht werden)

Somit ist die Zeitkomplexität für das Suchen $O(n)$.

4.3.2. Lineares Suchen in einer sortierten Reihung

Wenn man dafür sorgt, dass die Reihung `sammlung` stets sortiert[1] ist (nach den Schlüsseln der Objekte), dann geht das Suchen im negativen Fall schneller. Dafür dauert das Einfügen eines Objekts länger. Mehrere Elemente mit gleichem Schlüssel kann man ganz ähnlich behandeln, wie im Falle einer unsortierten Reihung.

Speicherbedarf: wie im unsortierten Fall (minimal, möglicherweise mit „Verschwendung"): $O(1)$.

Zeitbedarf für das Einfügen eines Elements: Auch wenn man schon weiß, wo man ein Element in die Reihung `sammlung` einfügen will, muss man im Durchschnitt noch $n/2$ viele Elemente „um eine Position nach rechts rutschen". Die Zeitkomplexität ist also $O(n)$.

Zeitbedarf für das Suchen:

- im negativen Fall: durchschnittlich $n/2$ Vergleiche.

[1] Wie dies geschehen kann, untersuchen wir im Kapitel 5. (ab Seite 91).

- im positiven Fall: durchschnittlich $n/2$ Schritte (wenn alle Objekte in sammlung gleich häufig gesucht werden).

Somit ist die Zeitkomplexität für das Suchen $O(n)$.

Aufgabe 4.2: Programmieren Sie das Einfügen und das lineare Suchen in einer sortierten Reihung (mit der Technik der „Markierung") als Klasse mit folgender Spezifikation:

```
class SortierteReihung extends Reihung {
  public void einfuegen(final Element element); // ensures sammlung sortiert
  public int suchen(int suchSchluessel); // requires sammlung sortiert
    // ensures -1 <= return < sammlung.length;
}
```

4.3.3. Binäres Suchen

Das Suchen nach der Strategie *teile und herrsche*[1] heißt *binäres Suchen.* Auch bei dieser Lösung (für das interne Suchproblem) schreibt man die Objekte in die Reihung sammlung und sorgt dafür, dass sammlung stets sortiert ist. Nach einem Objekt mit dem Schlüssel suchSchluessel sucht man dann folgendermaßen:

Wenn die Reihung sammlung die Länge 0 hat, dann ist man fertig (negativer Fall). Sonst vergleicht man den Suchschlüssel suchSchluessel mit dem Schlüssel eines Elementes sammlung[mitte], welches möglichst genau in der Mitte der Reihung sammlung liegt. Wenn suchSchluessel gleich sammlung[mitte]. schluessel ist, dann ist man fertig (positiver Fall). Wenn suchSchluessel größer ist als sammlung[mitte].schluessel, dann wendet man dieses Verfahren auf die „rechte Hälfte der Reihung sammlung" an (d.h. auf die Elemente von sammlung mit Indizes mitte+1 bis sammlung.length-1). Wenn suchSchluessel kleiner ist als sammlung[mitte].schluessel dann wendet man dieses Verfahren auf die „linke Hälfte der Reihung sammlung" an (d.h. auf den Teil sammlung[0 bis mitte-1]).

```
class SortierteReihungBinaer extends SortierteReihung {
  public int suchen(int suchSchluessel) {
    // ensures -1 <= return < sammlung.length;
    int links = 0; int rechts = sammlung.length - 1 ;
    while (links < rechts) {
      int mitte = (links + rechts) / 2;
      if (suchSchluessel < sammlung[mitte].schluessel)
        rechts = mitte-1;
      else
        links = mitte+1;
    }
```

[1] s. Kapitel 2.1.6. (auf Seite 14)

```
      links--; // zurücksetzen
      return suchSchluessel == sammlung[links-1].schluessel ? // gefunden
        links : -1; // nicht gefunden: -1
    }
  }
```

Der *Speicherbedarf* ist daher minimal, wie beim linearen Suchen in einer Reihung. Der *Zeitbedarf* für das *Einfügen* eines Elementes ist wie beim linearen Suchen in einer sortierten Reihung: im Durchschnitt $n/2$ Schritte. Die Zeitkomplexität ist also $O(n)$.

Zeitbedarf für das Suchen:

- im negativen Fall: *log n* Schritte
- im positiven Fall:
  - in einem günstigsten Fall: 1 Schritt
  - in einem ungünstigsten Fall: *log n* Schritte

Im Durchschnitt werden *log n* Schritte benötigt. Der Grund hierfür ist, dass es mehr „ungünstige Fälle" gibt als „günstige Fälle": Wenn wir alle möglichen Fälle untersuchen, den Zeitbedarf summieren und mit der Anzahl der Fälle dividieren, erhalten wir ca. den Durchschnittwert von *log n*. Somit ist die Zeitkomplexität für das Suchen $O(\log n)$.

Falls *mehrere Elemente* den *gleichen Schlüssel* haben können, dann ist es nicht trivial, alle diese Elemente zu finden. Der hier vorgestellte Algorithmus „binäres Suchen" garantiert nur, dass man irgendein Element mit dem Suchschlüssel `schluessel` findet, und im Allgemeinen wird man *nicht* das erste solche Element (d.h. das mit dem kleinsten Index) finden. Rechts *und* links von dem gefundenen Element können also noch Elemente mit dem gleichem Schlüssel liegen.

Aufgabe 4.3: Programmieren Sie das *Löschen* in einer sortierten Reihung:

```
class SortierteReihungLoeschbar extends SortierteReihung {
  void loeschen(int index); // requires 0 <= index < sammlung.length;
}
```

Wir gehen davon aus, dass der Index des zu löschenden Elements zuvor (z.B. durch `suchen`) ermittelt wurde. Was ist die Komplexität der Methode?

4.4. Hash-Tabellen

Das binäre Suchen verkürzt das Auffinden von Elementen in einer Reihung; das Eintragen wird jedoch wesentlich komplexer. Die Technik der Hash-Tabellen ist ein erstaunlich effizienter Kompromiss: Sowohl das Eintragen wie auch das Auffinden wird etwas aufwändiger, aber die Komplexität bleibt *linear*. Der Preis dafür ist, dass das Löschen normalerweise das Umorganisieren des gesamten Speichers erfordert. Darüber hinaus muss – wie auch bei der Reihung – Speicher in „Reserve" im Voraus belegt werden.

Die Funktionalität der Hash-Tabelle muss definieren, ob Eintragungen mit gleichen Schlüsseln möglich sind oder nicht. Es ist möglich, dass die Methode `eintragen` mit einem schon vorhandenen Schlüssel den alten Eintrag (evtl. nach einer Meldung) überschreibt[1]. Alternativ kann die Hash-Tabelle unterschiedliche Einträge mit gleichem Schlüssel speichern. Die Methode `suchen` liefert dann jeweils das zuerst eingetragene Element; die weiteren können mit `naechstesSuchen` gefunden werden. `naechstesSuchen` wird ohne `schluessel`-Parameter aufgerufen; er liefert entsprechend dem letzten Aufruf von `suchen`.

Prinzipiell ist der Parameter `schluessel` unabhängig vom `Element` – wichtig ist nur, dass der Benutzer das Element vergessen kann und sich nur den Schlüssel merkt. Dann kann er später das Element mit Hilfe des Schlüssels wieder finden. Der Benutzer kann aber den Schlüssel auch aus den Daten des Elements errechnen. Hierzu liefert die Standardklasse `Object` eine Methode `hashCode`, die für ein beliebiges Objekt einen seinen Inhalt identifizierenden `int`-Wert liefert. Dieser kann als Schlüssel verwendet werden. Alternativ kann der Benutzer den Schlüssel mit Hilfe einer `hash`-Funktion selber errechnen:

```
public int hash(final Object element);
```

Ist z.B. der Schlüssel eine Zeichenkette, bildet die Summe der ASCII- oder Unicode-Werte der Zeichen eine zwar nicht optimale[2], aber doch geeignete `hash`-Funktion.

Die eingetragenen Elemente werden in einer Reihung abgespeichert. Der `hash`-Wert ergibt den gesuchten Index, wenn sein Modulo[3] zur Tabellengröße errechnet wird.

Der Algorithmus kann verbal folgendermaßen formuliert werden:

Durch die Operation `eintragen` wird ein neues Element in die Tabelle eingetragen. Mit ihm zusammen wird auch der Schlüssel angegeben. Aus dem Schlüssel wird ein Tabellenindex (modulo Tabellengröße) errechnet. An diesem Index wird i.A. das neue Element (zusammen mit dem Schlüssel) eingetragen. Es kann aber vorkommen, dass dieser Platz in der Tabelle schon belegt ist, wenn ein anderer Eintrag zufällig denselben Indexwert ergeben hat. Man spricht dann von *Kollision*. In diesem Fall wird ein freier Platz in der

[1] Eine alternative (vielleicht bessere) Lösung ist es, dass `eintragen` eine Ausnahme auslöst, wenn er mit einem schon vorhandenem Schlüssel aufgerufen wird – dann findet die Eintragung nicht statt.

[2] Mit besseren hash-Funktionen ist die Wahrscheinlichkeit von Kollisionen (s. unten) geringer.

[3] Restbestimmung; in Java der Operator `%`

Tabelle gesucht. Dieser Vorgang heißt *Sondieren*. Auf welche Weise gesucht wird, hängt von der *Kollisionsstrategie* ab.

Die einfachste Kollisionsstrategie ist die *lineare:* Der nächste freie Platz wird schrittweise und zyklisch gesucht; zyklisch bedeutet dabei, dass dem letzten Index (`sammlung.length-1`) der Erste (`0`) folgt. Diese Strategie garantiert, dass wenn kein Platz mehr gefunden wird, die Tabelle voll ist.

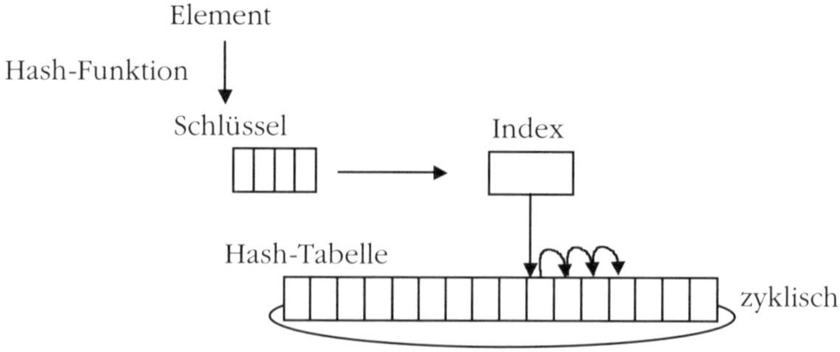

Abbildung 4.5: Hash-Tabelle

Der Nachteil der linearen Kollisionsstrategie ist, dass sich leicht *Klumpen* bilden, insbesondere, wenn die verwendete `hash`-Funktion viele Elemente auf denselben Index abbildet. Man kann eine Kollisionsstrategie verwenden, die nicht in Einzelnschritten nach einem freien Platz sucht, sondern in jedem Schritt der Index mit Hilfe der *Sondierungsfunktion* (z.B. ein Polynom) modifiziert wird. Der Modulo-Operator (in Java `%`) garantiert dabei, dass er immer innerhalb den Reihungsgrenzen bleibt. Der Nachteil anderer Sondierungsfunktionen ist, dass sie – im Gegensatz zur linearen – möglicherweise nicht alle freien Plätze finden.

Die lineare Sondierungsfunktion kann folgendermaßen formuliert werden:

$$i_k = i_0 + k \bmod n$$

wo i_0 den Hash-Wert (d.h. den ersten Sondierungsindex), i_k den Index beim k-ten Versuch, n die Tabellengröße bedeutet. Demgegenüber lautet eine quadratische Sondierungsfunktion:

$$i_k = i_0 + k^2 \bmod n$$

Ähnlich können auch andere (typischerweise polynomiale) Sondierungsfunktionen formuliert werden. Sie helfen mehr oder weniger, die Klumpenbildung zu reduzieren.

Die Operation `suchen` berechnet aus dem Parameterschlüssel einen Tabellenindex auf demselben Wege. Von diesem Index an wird der Schlüssel (bis zum nächsten freien Platz) mit Hilfe derselben Sondierungsfunktion gesucht.

Wenn er gefunden wurde, wird das mit ihm gespeicherte Element zurückgegeben; wenn nicht, wird dies (z.B. durch Ausnahme) an den Benutzer zurückgemeldet. Um dieser Ausnahme vorzubeugen, kann die Operation vorhanden zuvor aufgerufen werden. Damit der Index hierbei nicht wiederholt errechnet werden muss (vielleicht ist die hash-Funktion sehr aufwändig), kann ihn das Hash-Tabellenobjekt in einer privaten int-Komponente merken; sie wird von der Methode eintragen gepflegt.

Wenn die Hash-Tabelle nicht allzu voll ist, wird der gesuchte Eintrag sehr schnell (in 1-3 Schritten) gefunden. Je voller sie ist, desto länger muss gesucht werden; wenn die Tabelle fast voll ist, muss sie u.U. ganz durchsucht werden. Um dem Benutzer die Information zur Verfügung zu stellen, wie effektiv seine Hash-Tabelle ist, kann die Gesamtzahl der Verschiebungen durch eine Methode

```
int kollisionen();
```

zur Verfügung gestellt werden. Zu Anfang ist dieser Wert 0; jede Eintragung, die wegen Kollision einen freien Platz suchen muss, erhöht den Wert um die Anzahl der notwendigen Schritte.

Hier folgt eine einfache Implementierung der Hash-Tabelle. Sie verwendet die lineare Kollisionsstrategie und erlaubt keine Doppeleinträge, d.h. der Eintrag mit einem schon vorhandenem Index wird einfach überschrieben:

```
public class HashTabelle {
  private class Eintrag {
    Object element; int schluessel; boolean belegt;
  }
  private Eintrag[] inhalt;
  private int anzahl;
  public HashTabelle(int groesse) {
    inhalt = new Eintrag[groesse];
    for (int i = 0; i < inhalt.length; i++) {
      inhalt[i] = new Eintrag();
      inhalt[i].belegt = false;
    }
    anzahl = 0;
  }
  private int letzterSchluessel, index;
  // von vorhanden beschrieben; von eintragen, suchen und vorhanden gelesen
  public boolean vorhanden(int schluessel) {
    letzterSchluessel = schluessel;
    index = schluessel % inhalt.length;
    while (inhalt[index].belegt &&
        schluessel != inhalt[index].schluessel)
      index = (index + 1) % inhalt.length; // Sondierungsfunktion ++
```

```
    // Platz gefunden:
    if (schluessel == inhalt[index].schluessel)
        // index zeigt auf den Platz, wo letzterSchluessel steht
      return true;
    else // ! inhalt[index].belegt, index zeigt auf einen freien Platz
      return false;
  }
  public void eintragen(int schluessel, Object element) throws Voll {
    if (anzahl + 1 == inhalt.length)
      throw new istVoll();
    else if (! vorhanden(schluessel)) {
      // vorhanden hat index auf einen freien Platz positioniert
      inhalt[index].schluessel = schluessel;
      inhalt[index].belegt = true;
      anzahl++;
    }
    // wenn ! vorhanden(), dann eintragen;
    // wenn vorhanden(), dann überschreiben:
    inhalt[index].element = element; // (kein Doppeleintrag)
  }
  public Object suchen(int schluessel) throws NichtVorhanden {
    if (! vorhanden(schluessel))
      throw new NichtVorhanden();
    else // vorhanden hat index auf den Platz von schluessel positioniert
      return inhalt[index].element;
  }
}
```

Viele Hash-Tabellen arbeiten die Kollisionen nicht mit Verschiebungen, sondern bilden die *Klumpen* (Elemente mit gleichem Hash-Wert) auf verkettete Listen ab:

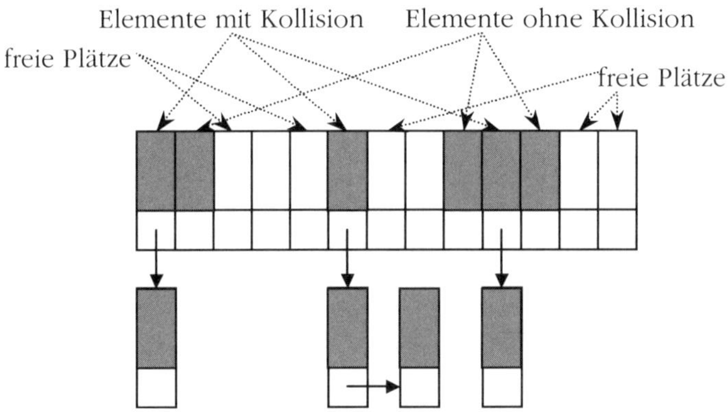

Abbildung 4.6: Kollisionsbehandlung mit verketteter Liste

Der wesentliche Nachteil dieses Verfahrens ist, dass für jeden Eintrag in der Tabelle ein zusätzlicher Speicherplatz für die Referenz auf die verkettete Liste reserviert werden muss. Die meisten von diesen (zumindest bei einer nicht zu vollen Tabelle) bleiben leer. Darüber hinaus ist es nachteilig, dass die verklumpten Elemente in der verketteten Liste linear gesucht werden müssen. Trotzdem wird diese Kollisionsbehandlung in der Praxis oft verwendet.

Aufgabe 4.4: Erweitern Sie die obige Implementierung `HashTabelle` mit den erwähnten Verbesserungen: Methoden `kollisionen` und `naechstesSuchen` (für Mehrfacheintragungen mit demselben Schlüssel) und einer Sondierungsfunktion

```
index = (index + k*k) % inhalt.length;
```

wo `k` der Zähler für Sondierungsschritte ist.

4.5. Suchen in einer verketteten Liste

Wenn man die Elemente in einer Reihung ablegt, muss man von Anfang genügend Speicherplatz für die erwarteten Einfügungen reservieren (plus evtl. ein Element für die „Markierung"). Die einmal im Konstruktor festgelegte Reihungsgröße kann nicht mehr verändert werden: Entweder droht die Ausnahme `IndexOutOfBoundsException` oder es muss unverhältnismäßig viel Speicherplatz als Reserve angelegt werden.

Verkettete Listen – wie wir sie schon im Kapitel 2.3.2. (auf Seite 24) gesehen haben – können wachsen und schrumpfen: Eine neue Komponente wird hinzugefügt oder eine alte entfernt. So kann man genau dann Speicher für weitere Objekte reservieren, wenn man sie einfügen will.

Bemerkung: Einige Algorithmen für verkettete Listen werden eleganter, wenn man eine leere Liste durch zwei Pseudo-Kettenglieder darstellt und die „eigentlichen" Kettenglieder zwischen diese beiden hängt.

```
Knoten anfang = new Knoten(); // Inhalt: Integer.MIN_VALUE
Knoten ende = new Knoten(); // Inhalt: Integer.MAX_VALUE
anfang.naechster = ende;
```

Die Referenz `anfang` zeigt jetzt auf ein Pseudo-Kettenglied mit dem kleinsten Schlüssel. Die Referenz `ende` und `anfang.naechster` zeigen beide auf ein Pseudo-Kettenglied mit dem größten Schlüssel. Hierin kann (z.B. beim Suchen) ein Schlüsselwert hineingeschrieben werden, somit dient er zur *Markierung*.

Speicherbedarf: Insgesamt brauchen wir zwei zusätzliche Pseudo-Kettenglieder und pro Objekt eine zusätzliche Referenz. Dies ergibt eine *lineare* Speicherkomplexität $O(n)$. Andererseits belegt diese Lösung in jedem Augenblick nur so viel Speicher, wie sie in diesem Augenblick wirklich braucht, und es muss kein Speicher „auf Vorrat reserviert" werden (wie bei den Lösungen mit einer Reihung).

4.5.1. Lineares Suchen in einer unsortierten Liste

Die Objekte können in einer Liste in beliebiger Reihenfolge hintereinander („wie sie gerade kommen") gespeichert werden; sie werden nicht sortiert.

```
void eintragen (final Element element) {
  anker = new Knoten(element, anker);
}
Knoten suchen (int suchSchluessel) {
  Knoten knoten = anker;
  while (knoten != null && knoten.wert.schluessel != suchSchluessel)
    knoten = knoten.verbindung;
  return knoten; // null wenn nicht vorhanden
}
```

Zeitbedarf für das Einfügen eines Elementes: Das Einfügen erfordert immer nur einen Schritt, unabhängig von der Länge der verketteten Liste. Man kann neue Glieder z.B. immer am Anfang der Liste „einhängen" (oder immer am Ende). Die Zeitkomplexität ist also $O(1)$.

Zeitbedarf für das Suchen:

- im negativen Fall: immer n Vergleiche
- im positiven Fall: im Durchschnitt $n/2$ Schritte (wenn alle Objekte in der Sammlung gleich häufig gesucht werden)

Somit ist die Zeitkomplexität für das Suchen $O(n)$.

Aufgabe 4.5: Modifizieren Sie das lineare Suchen mit „Markierung": Vereinfachen Sie die Abbruchbedingung der `while`-Schleife, nachdem Sie den gesuchten Schlüssel im Pseudo-Endknoten absetzen.

Aufgabe 4.6: Programmieren Sie den Algorithmus für `suchen` rekursiv.

4.5.2. Lineares Suchen in einer sortierten Liste

Wenn man dafür sorgt, dass die Liste stets sortiert ist, wird nur das Suchen im negativen Fall schneller im Vergleich zur vorigen Lösung (lineares Suchen in einer unsortierten Liste). Somit bleiben alle Zeitkomplexitäten und der Speicherbedarf gleich.

Zeitbedarf für das Einfügen eines Elementes: Wenn man schon weiß, wo man das neue Element einfügen will, braucht man nur einen Schritt, unabhängig von der Länge der verketteten Liste. Um die Stelle zu finden, an der man einfügen sollte, muss man zuvor einmal suchen.

Zeitbedarf für das Suchen:

- im negativen Fall: Im Durchschnitt $n/2$ Vergleiche.
- im positiven Fall: im Durchschnitt $n/2$ Schritte (wenn alle Objekte in der Sammlung gleich häufig gesucht werden).

Somit ist die Zeitkomplexität für das Suchen $O(n)$.

Aufgabe 4.7: Erläutern Sie, warum man in einer verketteten Liste nicht so „binär suchen" kann wie in einer sortierten Reihung.

Aufgabe 4.8: Programmieren Sie das Einfügen und das lineare Suchen in einer sortierten verketteten Liste. Was ist der Vorteil gegenüber der unsortierten Liste?

4.6. Zeitkomplexitäten beim Suchen

Wenn man Lösungen für das Problem „Suchen eines Objekts anhand eines Schlüssels in einer Sammlung" miteinander vergleichen will, dann genügt es häufig nicht, die Zeitkomplexitäten der Operation `suchen` zu betrachten. Vielmehr ist es meistens notwendig und sinnvoll, die Operationen `einfuegen` (eines Objekts in die Sammlung) und `loeschen` (eines Objekts aus der Sammlung) zu betrachten. Außerdem sollte man `suchen` „positiv" (bei dem man ein Objekt findet) und „negativ" (bei dem man feststellt, dass kein Objekt mit dem betreffenden Schlüssel in der Sammlung vorhanden ist) unterscheiden.

Die folgende Tabelle gibt eine Übersicht über den Zeitbedarf der Operationen `einfuegen`, `loeschen`, `suchen` „positiv" und `suchen` „negativ" in Abhängigkeit davon, wie die Sammlung organisiert ist: als unsortierte Reihung, als unsortierte Liste, als sortierte Reihung, als sortierte Liste bzw. als sortierter ausgeglichener *Baum*. Diese letztere Datenstruktur werden wir im Kapitel 6. (ab Seite 118) studieren.

Die Anzahl der nötigen Schritte wurden jeweils in einem besten Fall, im Durchschnitt und in einem schlechtesten Fall ermittelt:

		Reihung unsortiert	Liste unsortiert	Reihung sortiert[1]	Liste sortiert	Baum sortiert
einfuegen	bester	1	1	$log\ n + 1$	1+1	$log\ n + 1$
	Durchschnitt	1	1	$log\ n + n/2$	$n/2+1$	$log\ n + 1$
	schlechtester	1	1	$log\ n + n$	$n+1$	$log\ n + 1$
loeschen	bester	1	1	1	1	1
	Durchschnitt	1	1	$n/2$	1	?
	schlechtester	1	1	n	1	$log\ n$
suchen positiv	bester	1	1	1	1	1
	Durchschnitt	$n/2$	$n/2$	?	$n/2$	?
	schlechtester	n	n	$log\ n$	n	$log\ n$
suchen negativ	bester	n	n	$log\ n$	1	$log\ n$
	Durchschnitt	n	n	$log\ n$	$n/2$	$log\ n$
	schlechtester	n	n	$log\ n$	n	$log\ n$

Tabelle 4.7: Zeitbedarf der Operationen (Anzahl der Schritte) in einer Sammlung der Größe n

Jeder Eintrag in der Tabelle besteht aus einer Formel für die Schrittzahl. Wenn eine Formel für die Schrittzahl nicht leicht abzuleiten bzw. zu begründen ist, wurden stattdessen Fragezeichen ? eingetragen.

Wenn als Schrittzahl für die Operation `einfuegen` eine Summe angegeben ist (z.B. 1+1), dann bezieht sich der erste Summand auf das Suchen, und der zweite auf das eigentliche Einfügen (nachdem man „die richtige Stelle" gefunden hat).

Die Angaben zur Operation `loeschen` gelten unter der Voraussetzung, dass man schon weiß, welches Objekt in der Sammlung man löschen will (d.h. man hat den entsprechenden Index oder die Referenz schon ermittelt, z.B. mit Hilfe der Operation `suchen`). Im Gegensatz dazu schließen die Angaben zur Operation `einfuegen` den Aufwand für das Suchen „der richtigen Stelle" mit ein.

Begründung: Bei jeder Organisationsform muss man vor dem Löschen eines Objekts ermitteln, „wo er steht". Wer will, kann also bei jeder Organisationsform zum Aufwand für einen Löschvorgang noch den Aufwand für einen (positiven) Suchvorgang addieren. Beim Einfügen hängt es dagegen von der Organisationsform ab, ob man erstmals „die richtige Stelle zum Einfügen" suchen muss oder nicht. Es würde also ein falsches Bild ergeben, wenn man beim `einfuegen` den Aufwand für das vorherige `suchen` weglassen würde, da

[1] Der Funktionsname *log* bindet stärker als der Operator + („log-Rechnung geht vor Strichrechnung"). Das heißt z.B., dass die Formel $log\ n + 1$ das Gleiche bedeutet wie $(log\ n) + 1$ und nicht das Gleiche wie $log(n + 1)$.

dieser Aufwand bei einigen Organisationsformen eine unwichtige Konstante ist (ein Schritt), bei anderen dagegen ins Gewicht fällt.

Die Angaben für die Organisationsform „sortierter Baum" gelten nur, wenn der Baum ausgeglichen[1] ist, d.h. wenn alle Wege von der Wurzel zu einem Blatt einigermaßen gleich lang sind. Ein Baum kann im schlimmsten Fall zu einer (sortierten) Liste entarten. In diesem Fall gelten die (schlechteren) Zeitkomplexitäten für die Organisationsform sortierte Liste.

Die nächste Tabelle enthält die Zeitkomplexitäten für die Operationen `einfuegen`, `loeschen`, `suchen`:

	Reihung unsortiert	*Liste* unsortiert	*Reihung* sortiert	*Liste* sortiert	*Baum* sortiert
`einfuegen`	$O(1)$	$O(1)$	$O(n)$	$O(n)$	$O(log\ n)$
`loeschen`	$O(1)$	$O(1)$	$O(n)$	$O(1)$	$O(log\ n)$
`suchen`	$O(n)$	$O(n)$	$O(log\ n)$	$O(n)$	$O(log\ n)$

Tabelle 4.8: Zeitkomplexität von Operationen

[1] s. Kapitel 6.4. (auf Seite 104)

5. Sortierverfahren

5.1. Die Problemstellung

Gegeben sei eine *Reihung* namens `sammlung`. Jede Komponente `sammlung[i]` dieser Reihung ist eine Referenz auf ein *Objekt*. Die Klasse dieser Objekte hat eine öffentliche numerische[1] Komponente `schluessel` und möglicherweise noch weitere Datenkomponenten. Der Schlüssel der `i`-ten Reihungskomponente also ist `sammlung[i].schluessel`. Für die Schlüsselkomponente stehen dann die Vergleichsoperatoren `<`, `<=`, `==`, `>=` und `>` zur Verfügung. Ein Sortieralgorithmus soll die Objekte in der Reihung `sammlung` so umordnen, dass ihre Schlüssel eine aufsteigende Folge bilden:

```
sammlung[i].schluessel ≤ sammlung[i+1].schluessel
  für alle i = 0,1, ..., sammlung.length - 2
```

Ein Sortieralgorithmus darf keine Elemente aus der Reihung `sammlung` entfernen und keine hinzufügen.

Eine allgemeinere Lösung liegt vor, wenn die Elementklasse nicht ihre Datenkomponente `schluessel` veröffentlicht, sondern eine **boolean**-Methode (z.B. mit dem Namen `less`[2]), die das aktuelle Objekt mit ihrem Parameterobjekt vergleicht und feststellt, ob es kleiner ist oder nicht. Eine sinnvolle Anforderung an diese Methode ist die für die relationale Operatoren übliche Reflexivität und Transitivität: Für alle Objekte `a`, `b` und `c` der Klasse gilt

```
a.less(b) || b.less(a) // Reflexivität
aus a.less(b) && b.less(c) folgt a.less(c) // Transitivität
```

Des Weiteren gehen wir davon aus, wenn für zwei Elemente `a` und `b` sowohl `a.less(b)` wie auch `b.less(a)` das Ergebnis **false** produziert, dann sind `a` und `b` im Sinne des Benutzers gleich. Dies bedeutet keineswegs, dass für diese Objekte auch die Standardmethode `equals`, die von der Klasse `Object` her zur Verfügung steht, **true** ergeben würde.

Beispielsweise, wenn wir Telefonbucheinträge sortieren müssen, kann die Klasse folgendermaßen formuliert werden:

```
class Telefonbucheintrag {
  private String name; // Schlüssel
  private String telefonnummer; // Daten
  public boolean less (final Telefonbucheintrag t) {
```

---

[1] d.h. Basistyp wie **int**, **char** oder **float**, aber kein **boolean**
[2] auf Deutsch: *kleiner*

```
        return name.compareTo(t.name) < 0;
    }
```

Hier sehen wir den Vorteil, statt den Schlüssel die Vergleichsmethode zu veröffentlichen: Für `String` steht in Java kein Vergleichsoperator zur Verfügung, der Sortieralgorithmus müsste mit dem komplizierten `compareTo` der Klasse `String` arbeiten.

Darüber hinaus gelten – wir definieren es so – zwei `Telefonbucheintrag`-Objekte als gleich, wenn ihr Schlüssel gleich ist:

```
Telefonbucheintrag t1 = new Telefonbucheintrag ("Solymosi", "74704");
Telefonbucheintrag t2 = new Telefonbucheintrag ("Solymosi", "74705");
```

Hier gilt weder `t1.less(t2)`, noch `t2.less(t1)`, also ist – im Sinne des Benutzers – `t1` gleich `t2`.

Mit dieser Verallgemeinerung gilt das Sortierkriterium folgendermaßen:

`sammlung[i].less(sammlung[i+1])` für alle `i = 0, 1, ..., sammlung.length - 2`

In unseren Beispielen werden wir *Buchstaben* sortieren. Darunter verstehen wir Objekte mit Schlüsseln vom Typ `char`. Wir schreiben nur den Schlüssel der Objekte auf und sortieren sie; die anderen Komponenten (die Daten) der Objekte betreffen den Sortieralgorithmus nicht.

Wir werden den sortierten Teil einer Reihung auch *Sequenz* nennen. In der Reihung

```
char sammlung[] = {'E', 'F', 'A', 'C', 'H', 'B', 'G', 'D'};
```

bildet beispielsweise der Teil `{ 'A', 'C', 'H' }` zwischen den Indizes `2` und `4` eine Sequenz.

5.1.1. Präzisierung des Problems und Grundbegriffe

Ähnlich wie beim Suchen im Kapitel 4.2. (auf Seite 76) unterscheiden wir zwischen *internen* und *externen* Sortierverfahren.

Ein *internes* Sortierverfahren setzt voraus, dass der Hauptspeicher des Rechners groß genug ist, die zu sortierende Reihung `sammlung` vollständig zu erfassen. Das heißt, wir können die Schlüssel `sammlung[i].schluessel` und `sammlung[j].schluessel` von zwei beliebigen Elementen der Reihung (direkt und ohne vorherige „Leseoperationen") miteinander *vergleichen*, und wir können zwei beliebige *Elemente* `sammlung[i]` und `sammlung[j]` (direkt und ohne vorherige „Leseoperationen") miteinander *vertauschen*.

Ein *externes* Sortierverfahren wird dann benötigt, wenn die zu sortierenden Objekte auf einem externen Speicher stehen. Externe Speicher erlauben nur die beiden Operationen `lesen` und `schreiben`, aber keine Operationen wie Vergleichen oder Vertauschen.

Für ein Sortierverfahren ist es wesentlich, ob in der zu sortierenden Reihung `sammlung` jeder Schlüsselwert höchstens einmal vorkommen kann oder ob Schlüsselwerte auch mehrfach vorkommen können. Wenn mehrere verschiedene Elemente der Reihung `sammlung` den gleichen Schlüssel haben können, dann unterscheidet man zwischen *stabilen* und *instabilen* Sortierverfahren. Ein stabiles Sortierverfahren verändert die ursprüngliche Reihenfolge von Elementen mit gleichem Schlüssel *nicht*.

Viele Sortierverfahren wenden auf die Schlüssel nur Vergleichsoperatoren (<, <=, ==, !=, >= und >) an. Man nennt sie *vergleichsbasierte* Verfahren. Im Gegensatz zu den vergleichsbasierten Verfahren gibt es die so genannten *Radix-Verfahren*. Sie setzen z.B. voraus, dass die Schlüssel ganze Zahlen sind und wenden Operatoren wie Addition (+), Division (/), Restbestimmung (`%`, modulo) usw. darauf an. Oder sie setzen voraus, dass die Schlüssel Zeichenketten sind, und sortieren z.B. zuerst nach dem letzten Zeichen der Schlüssel, dann nach dem vorletzten Zeichen usw. Radix-Verfahren wenden also auf die Schlüssel nicht nur Vergleichsoperationen an, sondern noch weitere und speziellere Operationen. In diesem Lehrbuch beschäftigen wir uns nicht mit Radix-Verfahren.

Einige Sortieralgorithmen lesen die zu sortierenden Daten aus einer Reihung, ordnen sie im eigenen Speicherbereich ein und schreiben sie schließlich nach Größe geordnet in die Reihung zurück. Sie brauchen also zusätzlichen Speicherplatz: Ihre *Speicherkomplexität* wächst mit der Menge der zu sortierenden Daten *linear*. Es gibt Sortieralgorithmen mit *konstanter* Speicherkomplexität: Der über die Speicherung der Eingabedaten hinausgehende Speicherbedarf wächst mit der Menge der Daten nicht.

Interne Sortierverfahren kann man also nach ihrer *Speicherkomplexität* in drei Klassen einteilen:

1. Verfahren, die außer dem Speicherplatz für die Reihung `sammlung` nur „sehr wenig Speicher für weitere Daten" benötigen. Seine Größe wächst nicht mit der Länge der Reihung `sammlung`.
2. Verfahren, bei denen die zu sortierenden Objekte mit Hilfe von Referenzen zu einer *linearen Liste* oder zu einem *Baum* verbunden werden. Diese Verfahren benötigen pro Objekt (mindestens) einen zusätzlichen Speicherplatz für eine Referenz.
3. Verfahren, die außer dem Platz für `sammlung` noch einen ebenso großen Speicherplatz benötigen, in dem eine „sortierte Kopie" der Reihung `sammlung` erzeugt wird.

Im ersten Fall sprechen wir über Speicherkomplexität von $O(1)$, in den beiden anderen sprechen wir über Speicherkomplexität von $O(n)$. In diesem

Kapitel beschäftigen wir uns mit Sortierverfahren mit Speicherkomplexität von $O(1)$. Im Kapitel 6.2. (auf Seite 124) werden wir Algorithmen kennen lernen, die zwar sehr schnell sind, aber die zu sortierenden Daten in einem extra Speicherbereich (in einem Baum) abspeichern.

5.1.2. Zeitbedarf und Zeitkomplexität

Wie lange es dauert, die Reihung `sammlung` zu sortieren, wird im Allgemeinen sicherlich von der Länge der Reihung `sammlung` (d.h. von `sammlung.length`) abhängen.

Aber anders als beim Problem der maximalen Teilsumme einer Folge[1] hängt der genaue Zeitbedarf vieler (aber nicht aller) Sortieralgorithmen auch von den Daten ab, die in der Reihung `sammlung` stehen. Wenn `sammlung` schon „fast sortiert" ist, dann brauchen einige Verfahren weniger Zeit, als wenn `sammlung` „umgekehrt" sortiert ist oder „eine zufällige Unordnung" enthält. Manche Verfahren arbeiten aber langsamer mit einer „fast sortierten" Reihung `sammlung` als mit einer zufälligen Ordnung.

Wir müssen bei Sortieralgorithmen den Zeitbedarf also differenzierter abschätzen. Man unterscheidet meistens:

1. Der *Zeitbedarf in einem ungünstigsten Fall*. Welche Fälle am ungünstigsten sind, ist von Algorithmus zu Algorithmus verschieden.

2. Der *durchschnittliche Zeitbedarf* (die *Zeitkomplexität*). Dazu nimmt man eine Reihung, in der alle Elemente verschiedene Schlüssel haben, und wendet den Sortieralgorithmus auf alle Permutationen[2] der Reihung `sammlung` an, addiert die Laufzeiten und teilt das Ergebnis durch die Anzahl der Permutationen.

3. Der *Zeitbedarf in einem besten Fall* ist nicht besonders wichtig. Denn man kann vor jeden Sortieralgorithmus eine Prüfung einbauen, die eine schon sortierte Reihung erkennt und eine weitere (unnötige) Bearbeitung verhindert. Eine solche Prüfung kostet zwar auch Aufwand, verschlechtert aber den Zeitbedarf im ungünstigsten Fall nur geringfügig und die Zeitkomplexität gar nicht. Jeder Sortieralgorithmus kann so modifiziert werden, dass er im besten Fall eine optimale Zeitkomplexität hat.

Aufgabe 5.1: Skizzieren Sie einen Algorithmus, der von einer Reihung `sammlung` feststellt, ob sie schon sortiert ist oder noch nicht. Welche Zeitkomplexität hat Ihr Algorithmus?

---

[1] s. Kapitel 2.1. (auf Seite 8)
[2] s. Kapitel 3.1.5. (auf Seite 37)

5.2. Quadratische Sortierverfahren

Die einfachsten Sortieralgorithmen haben eine quadratische Zeitkomplexität $O(n^2)$.

5.2.1. Sortieren durch Vertauschen benachbarter Elemente

Vielleicht das bekannteste (weil einfachste) Sortierverfahren ist der *bubble sort*[1]. Der Name stammt aus der Vorstellung, dass in einer vertikal stehenden Reihung die kleineren Elemente wie Blasen aufwärts steigen. Das Verfahren kann verbal folgendermaßen formuliert werden:

- Wiederhole Folgendes `sammlung.length-1` mal:
  - Lass den Index `i` die Werte `0` bis `sammlung.length-2` annehmen und mache für jedes `i` Folgendes:
    - Wenn die benachbarten Komponenten `sammlung[i]` und `sammlung[i+1]` nicht in der richtigen Reihenfolge liegen, dann vertausche sie.

Die folgende Java-Prozedur `bubbleSort` implementiert dieses Verfahren. Die zu sortierenden Objekte in der Reihung `sammlung` sind dabei von der Klasse `Element`. Statt in der Klasse eine Schlüsselkomponente anzunehmen, benutzen wir die **`boolean`**-Methode namens `less`, die das Zielobjekt mit dem Parameterobjekt vergleicht (vielleicht ihre Schlüsselkomponenten, vielleicht auf andere Weise):

```
void bubbleSort(Element[] sammlung) { // 2
  for (int i = 0; i < sammlung.length; i++)
    for (int j = 0; j < sammlung.length-1; j++)
      if (sammlung[j+1].less(sammlung[j])) { // vergleichen
        final Element temp = sammlung[j+1]; // austauschen
        sammlung[j+1] = sammlung[j];
        sammlung[j] = temp;
      }
}
```

Die Idee des *bubble sort* ist es also, dass zwei benachbarte Elemente vertauscht werden, wenn das größere vorne liegt. Durch die geschachtelte Schleife[3] ist es einleuchtend, dass in einer Reihung der Länge n die Anzahl der Vergleiche n^2 beträgt. Optimierungen dieses Verfahrens und andere, ähnliche Verfahren ergeben zwar eine leichte Verbesserung des *Zeitbedarfs*, die *Zeitkomplexität* dieser Algorithmen bleibt aber $O(n^2)$.

---

[1] auf Deutsch: *Blasensort*
[2] Der Parameter ist nicht **`final`**, weil sein Inhalt verändert wird.
[3] mit den Laufvariablen `i` und `j`

Die Sortierung der Folge (E F A C H B G D) erfolgt in den folgenden Schritten; die benachbarten auszutauschenden Elemente wurden dabei mit einem Doppelpfeil markiert:

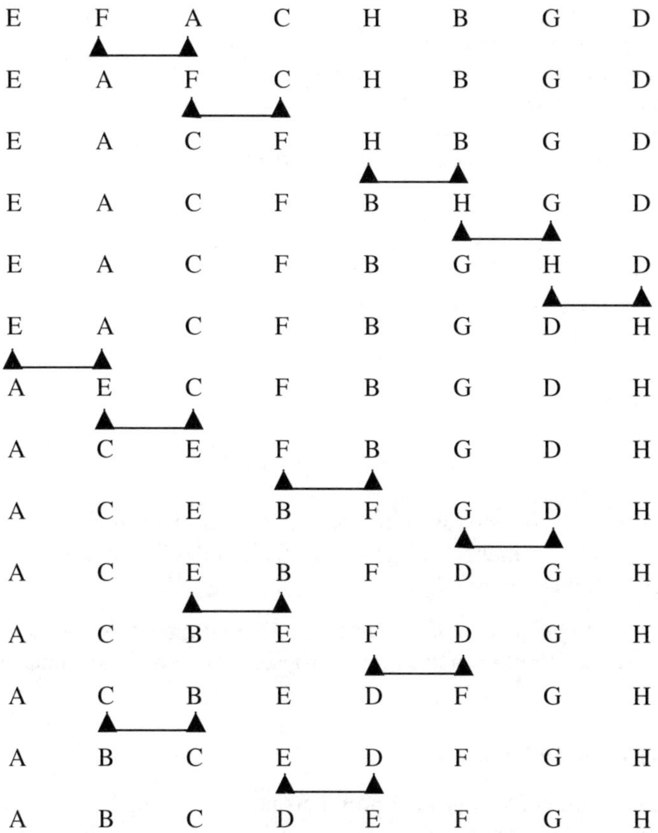

Abbildung 5.1: Bubble sort

Bubble sort kann etwas verbessert werden, indem die Reihung durch die geschachtelte Schleife nicht immer unbedingt n^2 mal durchlaufen wird, sondern die äußere Schleife abgebrochen wird, wenn in der inneren Schleife kein Austausch mehr stattgefunden hat.

Eine weitere Verbesserung des Verfahrens ist *shaker sort*. Hier wird die Durchlaufrichtung abwechselnd geändert: Nachdem eine „leichte Blase" aufwärts gestiegen ist, steigt eine „schwere Blase" nach unten:

```
void shakerSort(Element[] sammlung) {
  boolean austausch;
```

```
  int links = 1; // anfangen beim zweiten Element
  int rechts = sammlung.length-1;
  int fertig = rechts;
  do {
    austausch = false;
    for (int ab = rechts; ab >= links; ab--) // abwärts
      if (sammlung[ab].less(sammlung[ab-1])) {
        austausch = true; fertig = ab;
        final Element temp = sammlung[ab-1];
        sammlung[ab-1]=sammlung[ab]; sammlung[ab]=temp;
      }
    links = fertig + 1;
    for (int auf = links; auf <= rechts; auf++) // aufwärts
      if (sammlung[auf].less(sammlung[auf-1])) {
        austausch = true; fertig = auf;
        final Element temp = sammlung[auf-1];
        sammlung[auf-1] = sammlung[auf]; sammlung[auf] = temp;
      }
    rechts = fertig - 1;
  } while (austausch);
}
```

Der *shaker sorts* arbeitet also wie *bubble sort* (hier mit vorzeitigem Abbruch, wenn kein Austausch mehr stattgefunden hat), jedoch mit abwechselnder Richtung des Austausches.

Aufgabe 5.2: Welche sind „die wichtigsten Operationen" bei jedem dieser Verfahren? Welchen Einfluss haben die Verbesserungen auf die Zeitkomplexität?

5.2.2. Sortieren durch Einfügen

Der Sortieralgorithmus *straight insertion*[1] hat dieselbe Komplexität wie *bubble sort*, wenn auch in manchen Situationen sein Zeitbedarf etwas niedriger als der von *bubble sort* liegt. Er kann verbal folgendermaßen formuliert werden:

- Lass den `index` die Werte `0` bis `sammlung.length-1` durchlaufen und mache für jeden Wert von `index` Folgendes:
  1. Fertige eine Kopie `elementZumEinfuegen` vom Objekt `sammlung[index]` an.
  2. Verschiebe alle Objekte, die links von `sammlung[index]` liegen und einen größeren Schlüssel haben als `elementZumEinfuegen` (die Kopie von `sammlung[index]`) um eine Position nach rechts.
  3. Kopiere `elementZumEinfuegen` an die durch den Schritt 2. freigewordene Stelle in der Reihung `sammlung`.

[1] auf Deutsch: *direktes Einfügen*

Die folgende Java-Prozedur `straightInsertion` implementiert dieses Verfahren:

```
void straightInsertion (Element [] sammlung) {
  for (int index = 1; index < sammlung.length; index++) {
      // anfangen beim 2. Element
    final Element elementZumEinfuegen = sammlung[index];
    int einfuegestelle = index;
    while (einfuegestelle > 0 &&
        elementZumEinfuegen.less(sammlung[einfuegestelle-1])) {
      sammlung[einfuegestelle] = sammlung[einfuegestelle-1];
        // nach oben schieben
      einfuegestelle --;
    }; // Einfügestelle gefunden: entweder weil einfuegestelle = 0, oder
    // weil !elementZumEinfuegen.less(sammlung[einfuegestelle - 1])
    sammlung[einfuegestelle] = elementZumEinfuegen;
  }
}
```

Die Idee des direkten Einfügens ist also: Das `index`-te Element (von der zweiten Stelle an bis nach `sammlung.length-1`) wird in die schon sortierte Sequenz `1` bis `index-1` eingefügt. Die Einfügestelle wird in der Sequenz `1` bis `index-1` gesucht, und dabei wird jedes Element nach hinten geschoben.

Bei der Sortierung der Folge (E F A C H B G D) wurde das einzufügende Element mit Pfeil markiert; die eingerahmte Teilfolge zwischen dem einzufügenden Element und der Einfügestelle wird dabei nach rechts verschoben:

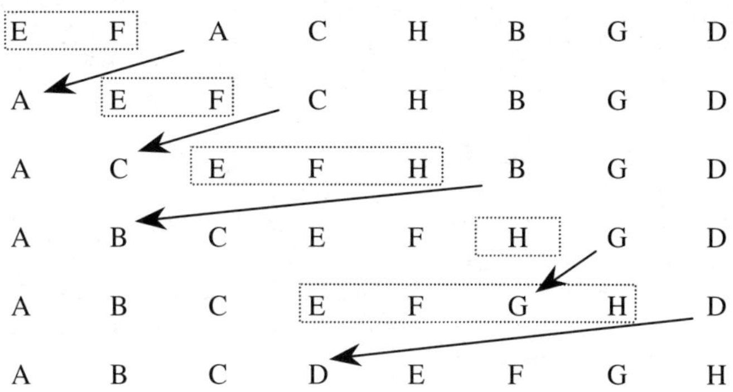

Abbildung 5.2: Straight insertion

Aufgabe 5.3: Verbessern Sie die Prozedur *straight insertion* um das *binäre Suchen*[1], in dem die Suche nach der Einfügestelle in der Sequenz nicht sequenziell erfolgt, sondern nach der Strategie *teile und herrsche.*

[1] s. Kapitel 4.3.3. (auf Seite 80)

5.2.3. Sortieren durch Auswählen

Das folgende Verfahren zum Sortieren einer Reihung wird *straight selection*[1] genannt:

- Finde die Komponente mit dem *kleinsten* Schlüssel und vertausche sie mit der *ersten* Komponente der Reihung `sammlung`.
- Finde anschließend die Komponente mit dem *zweitkleinsten* Schlüssel und vertausche sie mit der *zweiten* Komponente von `sammlung`.
- Finde anschließend die Komponente mit dem *drittkleinsten* Schlüssel und vertausche sie mit der *dritten* Komponente von `sammlung`.
- ...
- Finde anschließend die Komponente mit dem *i-kleinsten* Schlüssel und vertausche sie mit der *i-ten* Komponente von `sammlung`.
- ...
- Finde schließlich die Komponente mit dem *zweitgrößten* Schlüssel und vertausche sie mit der *vorletzten* Komponente von `sammlung`.

Im Algorithmus *straight selection* wird also in jedem Schritt das kleinste Element gefunden und mit dem ersten unsortierten Element ausgetauscht. In der schrittweisen Darstellung der Veränderungen unserer Folge haben wir mit dem linken Pfeil das linkste unsortierte Element, mit dem rechten das ausgewählte (kleinste) Element markiert:

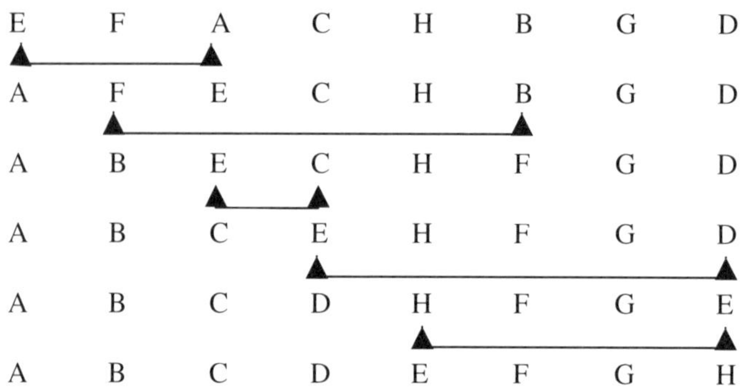

Abbildung 5.3: Straight selection

Das Verfahren kann in Java folgendermaßen formuliert werden:

```
void straightSelection(Element[] sammlung) {
  for (int index = 0; index < sammlung.length-1; index++) {
```

[1] auf Deutsch: *direktes Auswählen*

```
      // bis zum vorletzten Element
      int austauschstelle = index;
      Element elementZumAustauschen = sammlung[index];
      for (int kleinstes = index + 1; kleinstes < sammlung.length;
          kleinstes++) {
        if (sammlung[kleinstes].less(elementZumAustauschen)) {
          austauschstelle = kleinstes; // index merken
          elementZumAustauschen = sammlung[kleinstes];
        }; // Austauschstelle gefunden
      }
      if (austauschstelle != index) { // Austausch nötig
        sammlung[austauschstelle] = sammlung[index];
        sammlung[index] = elementZumAustauschen;
      }
    }
  }
```

Die Idee des direkten Auswählens ist also, das kleinste Element mit dem untersten unsortierten Element auszutauschen.

5.3. Unterquadratische Verfahren

Die *unterquadratischen Sortierverfahren* ermöglichen eine bessere Zeitkomplexität als $O(n^2)$.

Einer der am häufigsten verwendeten Algorithmen ist der *Shell sort*[1]. Er ist eine Verbesserung des Algorithmus *straight insertion.* Dort wandern nämlich die Elemente in Einzelschritten auf ihren Platz: Nach dem Finden des kleinsten Elements werden die dazwischenliegenden einzeln hochgeschoben und nur das kleinste „springt“. Die meisten (d.h. n) Elemente werden von ihrem ursprünglichen Platz in durchschnittlich $n/3$ Schritten zu ihrem endgültigen Platz geschoben.

Beim Shell-Sort führen wir abnehmende *Schrittweiten* k_1, k_2, ... k_t ein, wobei die letzte Schrittweite immer $k_t = 1$ ist. Wir führen nacheinander t Schritte durch; im m-ten Schritt springen die Elemente in Richtung ihres zukünftigen Platzes um jeweils k_m Stellen. Im ersten Schritt werden diejenigen Elemente untereinander sortiert, die k_1 Stellen voneinander entfernt sind; dann diejenigen, die eine Entfernung k_2 voneinander haben usw. Das Effekt dieser Vorgehensweise ist es, dass die Elemente im ersten Durchgang nicht um einen, sondern um k_1 Stellen zu ihrem Platz „springen“.

Die letzte Schrittweite k_t ist 1, d.h. zum Schluss wird ein ganz normaler Sortiervorgang *straight insertion* durchgeführt. Dies garantiert, dass am Ende die

[1] benannt nach *D. L. Shell*, s. [Sh]

Reihung sortiert ist. Der Algorithmus braucht jedoch kaum noch etwas zu tun, da die vorherigen Schritte die Reihung schon fast vollständig sortiert haben:

```
void shellSort(Element[] sammlung, final int[] schrittweiten) {
  for (int m = 0; m < schrittweiten.length; m++) {
    int schrittweite = schrittweiten[m];
    // straight insertion mit schrittweite
    for (int index = schrittweite; index < sammlung.length; index++){
      Element elementZumEinfuegen = sammlung[index];
      int einfuegestelle = index;
      while (einfuegestelle - schrittweite >= 0 &&
        elementZumEinfuegen.less(sammlung[einfuegestelle - schrittweite])) {
        sammlung[einfuegestelle] = sammlung[einfuegestelle - schrittweite];
        einfuegestelle -= schrittweite; // Sprung um schrittweite
      }
      sammlung[einfuegestelle] = elementZumEinfuegen;
    }
  }
}
```

Die Veränderungen der Testfolge (mit Schrittweiten 7, 3, 1) sind:

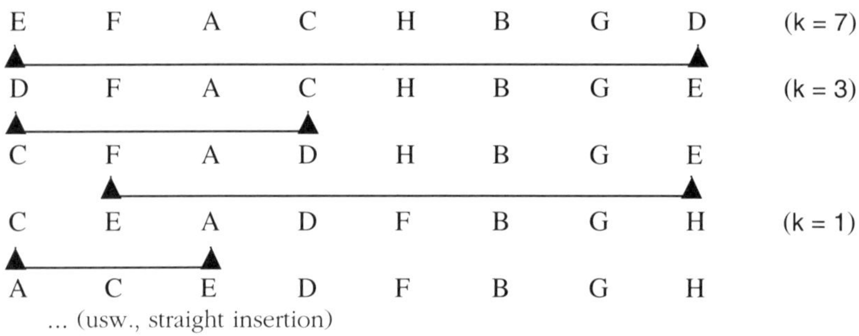

Abbildung 5.4: Shell sort

Der Vorteil des Verfahrens ist bei kurzen Folgen wie die obige nur oberflächlich wahrnehmbar: Durch die größeren Schrittweiten am Anfang machen die Elemente größere Sprünge zu ihrem endgültigen Platz hin. Somit wird die Folge bis zum letzten Schritt „fast sortiert" und die Sortierung mit Schrittweite 1 (*straight insertion*) ist weniger aufwändig als ohne die Vorsortierung.

Durch die geeignete Wahl der Schrittweiten k_1, k_2, ... k_t kann der Sortieraufwand deutlich reduziert werden. Für die Schrittweiten (1, 3, 7, 15, 31, ...) wurde nachgewiesen[1], dass die Zeitkomplexität des Algorithmus

[1] z.B. in [Kn]

$$O(n^{1,2}) = O(n^{6/5}) = O(n\sqrt[5]{n})$$

beträgt. Hier ist $k_{m+1} = 2k_m$ mit einer Anzahl der Schrittweiten von $t = \lfloor log_2\ n \rfloor$ - 1, wo n die Länge der zu sortierenden Reihung ist und die Zeichen $\lfloor$ und $\rfloor$ das Abschneiden von Dezimalstellen (die kleinste nicht größere ganze Zahl) bedeuten.

Eine noch bessere Komplexität ergibt die Schrittweitenfolge (1, 4, 13, 40, 121, ...) mit der Formel $k_{m+1} = 3k_m+1$ und einer Länge von $t = \lfloor log_3\ n \rfloor$ - 1.

Es kann mathematisch bewiesen werden, dass es kein Sortierverfahren mit linearer Zeitkomplexität $O(n)$ gibt, wenn auch sie mit besseren Schrittweitenfolgen beliebig angenähert werden kann. Dies bedeutet, dass für jedes $\varepsilon>0$ eine Schrittweitenfolge (wenn auch sehr schwer) gefunden werden kann, mit der die Zeitkomplexität des Sortierens $O(n^{1+\varepsilon})$ beträgt.

Aufgabe 5.4: Führen Sie die Prozedur `shellSort` aus, nachdem Sie sie durch Ausgaben über `System.out.println` ergänzt haben. Sie können damit ihre Arbeitsweise verstehen. Führen Sie den Algorithmus mit 25 Zahlen auf Papier durch und vergleichen Sie Ihr Ergebnis mit der Ausgabe.

5.4. Rekursive Verfahren

Die Zeitkomplexität $O(n^2)$ ist für große Datenmengen (d.h. für großes n) schlechter als $O(n^{1.2})$; für kleine Datenmengen kann allerdings ein einfacheres Verfahren geeigneter sein. Noch „besser" sind die *logarithmischen Verfahren.* Das bekannteste von ihnen ist das rekursive *quick sort.* Er arbeitet nach der Strategie *teile und herrsche,* wie wir sie im Kapitel 2.1.6. (auf Seite 14) kennen gelernt haben: Die Reihung wird in eine linke und eine rechte Hälfte geteilt. Zuerst werden durch Austausch alle Elemente in der linken Hälfte kleiner (oder gleich) als alle Elemente in der rechten Hälfte. Anschließend werden die beiden Hälften auf dieselbe Weise sortiert, die dann zusammen eine sortierte Sequenz ergeben.

Es folgt eine in einigen Details noch nicht ganz präzise Darstellung dieses Algorithmus in natürlicher Sprache:

1. Wenn die zu sortierende Reihung `sammlung` die Länge 0 oder die Länge 1 hat, dann tue nichts (denn dann ist `sammlung` schon sortiert).
2. Wenn aber `sammlung.length` größer oder gleich 2 ist, dann tue Folgendes:

2.1. Wähle irgendein Element mit Index `ausgewaehlt` der Reihung aus (z.B. `sammlung[0]` mit `ausgewaehlt = 0`, oder `sammlung[sammlung.length-1]` mit `ausgewaehlt = sammlung.length-1`, oder ein anderes Element, am besten irgendwo in der Mitte).

2.2. Bringe alle Komponenten der Reihung `sammlung`, deren Schlüssel kleiner sind als der von `sammlung[mitte]`, in den „linken Teil" der Reihung `sammlung`, und bringe alle Elemente von sammlung, deren Schlüssel größer sind als der von sammlung[mitte], in den „rechten Teil" der Reihung sammlung. Elemente mit dem gleichen Schlüssel können wahlweise dem linken Teil oder dem rechten Teil der Reihung sammlung zugeschlagen werden (auch „teils teils").

2.3. Sortiere den „linken Teil" und den „rechten Teil" nach dem hier beschriebenen Verfahren.

Achtung: Im Allgemeinen wird der linke und der rechte Teil nicht gleich groß sein (auch nicht „ungefähr gleich groß"). Denn in dem Moment, wo man „irgendeine Komponente sammlung[mitte]" wählt, weiß man nicht, wie viele Elemente der Reihung sammlung größere Schlüssel haben als sammlung[mitte] und wie viele Elemente kleinere Schlüssel haben. Wenn man Pech hat, dann hat z.B. der „linke Teil" ein Element, und der „rechte Teil" umfasst alle übrigen Komponenten der Reihung sammlung oder umgekehrt: Der „rechte Teil" hat die Länge 1, und der „linke Teil" umfasst alle übrigen Komponenten der Reihung sammlung.

In der folgenden Java-Implementierung arbeiten wir – wie auch in den vorherigen – nicht mit Schlüsselvergleichen, sondern mit der boolean-Methode less der Klasse Element:

```
class QuickSort {
  private void sort(Element[] sammlung, int links, int rechts) {
    int auf = links; // linke Grenze
    int ab = rechts; // rechte Grenze
    final Element ausgewaehlt = sammlung[(links + rechts) / 2];
      // ausgewähltes Element
    do {
      while (sammlung[auf].less(ausgewaehlt))
        auf ++; // suchen größeres Element von links an
      while (ausgewaehlt.less(sammlung[ab]))
        ab --; // suchen kleineres Element von rechts an
      if (auf <= ab) { // austauschen auf und ab:
        final Element temp = sammlung[auf];
        sammlung[auf] = sammlung[ab];
        sammlung[ab] = temp;
        auf ++; // linke und rechte Grenze verschieben:
        ab --;
      };
    } while (auf <= ab); // Überschneidung
    if (links < ab)
      sort(sammlung, links, ab); // linke Hälfte sortieren
    if (auf < rechts)
      sort(sammlung, auf, rechts); // rechte Hälfte sortieren
  }
  public void quickSort(Element[] sammlung) {
```

```
    sort(sammlung, 0, sammlung.length-1); // die ganze Reihung sortieren
  }
}
```

In unserer Testfolge ist die Trennung in zwei Teilfolgen (wobei die Elemente der linken kleiner sind als die Elemente der rechten) ist in der Abbildung 5.5 durch Einrahmung dargestellt.

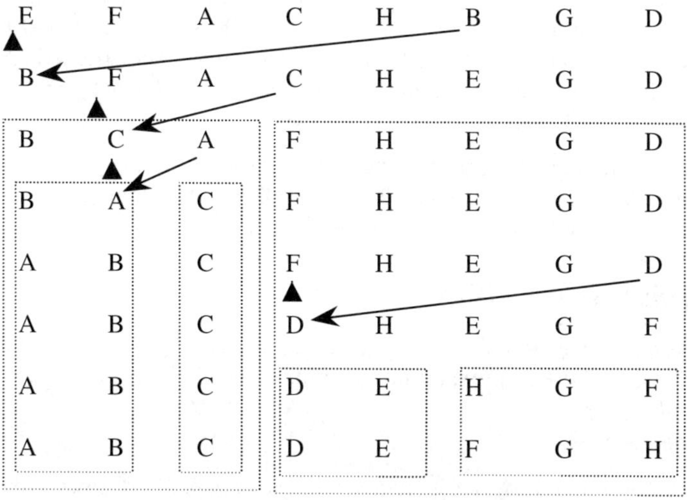

Abbildung 5.5: Quick sort

Aufgabe 5.5: Geben Sie eine Reihung der Länge 8 an, welche „besonders *günstige* Daten" für `quickSort` enthält. Welchen Zeitbedarf hat `quickSort` in einem solchen günstigsten Fall?

Aufgabe 5.6: Geben Sie eine Reihung der Länge 8 an, welche „besonders *ungünstige* Daten" für `quickSort` enthält. Welchen Zeitbedarf hat `quickSort` in einem solchen ungünstigsten Fall?

Glücklicherweise ist der durchschnittliche Zeitbedarf (die Zeitkomplexität) von `quickSort` nicht das arithmetische Mittel aus dem günstigsten und dem ungünstigsten Fall. „Viele Reihungen ähneln einer günstigsten Reihung und nur wenige Reihungen ähneln einer ungünstigsten Reihung". Für die Zahl der Schlüsselvergleiche, die durchgeführt werden müssen, gilt:

Die Prozedur `quickSort` muss im Durchschnitt $2n \log_2 n$ Vergleiche (Aufrufe von `less`) durchführen[1]. Ihre Zeitkomplexität ist also $O(n \log n)$. Darüber hinaus ist der *schlimmste Fall* („worst case") problematisch: Eine schon sortierte

[1] s. z.B. [Sed]

(oder umgekehrt sortierte) Reihung wird mit einer Zeitkomplexität von $O(n^2)$ sortiert.

Die Prozedur `quickSort` ruft sich rekursiv auf. Bei jedem Aufruf muss auf dem Stapel (stack) eine bestimmte Anzahl von Speicherplätzen reserviert werden. Wie viele Speicherplätze das sind, hängt von der Umgebung (vom Compiler, von der Hardware, vom Betriebssystem usw.) ab. Wir wollen den für einen Aufruf benötigten Speicherplatz *eine QUICK-Speichereinheit* nennen. In einer bestimmten Umgebung könnte eine solche QUICK-Speichereinheit 100 Bytes umfassen, in einer anderen Umgebung 598 Bytes usw. Aber bei jedem Aufruf von `quickSort` muss ein gleich großer Speicherplatz, nämlich eine QUICK-Speichereinheit, auf dem Stapel reserviert werden.

Aufgabe 5.7: Wie groß muss der Stapel für die Ausführung von `quickSort` im günstigsten bzw. im ungünstigsten Fall bzw. durchschnittlich sein? Geben Sie die Größe des Stapels in QUICK-Speichereinheiten an.

5.5. Logarithmische Verfahren

Heap sort[1] ist vielleicht der eleganteste Sortieralgorithmus; er verbindet die konstante Speicherkomplexität mit logarithmischer Zeitkomplexität.

5.5.1. Halde

Das Wort *heap*[2] hat *zwei verschiedene Bedeutungen.* Zum einen verwendet man für die Ausführung von Java-Programmen[3] üblicherweise einen *Stapel* (*stack*) und eine *Halde* (heap). Auf dem Stapel werden die „kurzlebigen" lokalen Variablen von Funktionen und Prozeduren angelegt. Auf der Halde werden die „dynamischen Objekte" angelegt, die der Programmierer mit dem Operator `new` erzeugt. Hier ist eine Halde also ein bestimmter Bereich im Speicher einer Maschine.

Zum anderen ist eine *Halde* eine bestimmte *Datenstruktur*, die in verschiedenen Algorithmen verwendet wird, insbesondere beim „Sortieren auf einer Halde". Diese Datenstruktur wird hier näher erläutert, und in diesem Kapitel verstehen wir unter einer Halde immer eine solche Datenstruktur (wenn nicht ausdrücklich anders gesagt).

Diese Datenstruktur wird in einer Reihung abgelegt. Wir nennen sie – wie bis jetzt immer – `sammlung`. Die Komponente `sammlung[0]` bleibt unbenutzt. Die Komponente `sammlung[1]` enthält die *Spitze* der Halde. Die Komponenten `samm-`

---

[1] s. [Wil]
[2] auf Deutsch: *Halde*
[3] auch bei anderen Programmiersprachen wie C, Pascal oder Ada, nicht aber von Cobol und Fortran

lung[2] und sammlung[3] enthalten die *Nachfolger* von sammlung[1]; sammlung[4] und sammlung[5] sind die *Nachfolger* von sammlung[2] usw. Allgemein gilt:

1. Die *Nachfolger* von sammlung[i] sind sammlung[2*i] *und* sammlung[2*i+1].
2. Der *Vorgänger* von sammlung[1] ist sammlung[i/2].[1]

Man kann in der Reihung sammlung also „ganz leicht" (mit ein bisschen Indexrechnung) von einer Komponente sammlung[i] zu ihrem Vorgänger bzw. zu ihren Nachfolgern kommen, obwohl die Komponenten „unverzeigert nebeneinander" stehen.

1. Bemerkung: Unter dem *Vorgänger* von sammlung[i] verstehen wir in einer Halde *nicht* die Komponente sammlung[i-1], sondern die Komponente sammlung[i/2], und die beiden Komponenten sammlung[2i] und sammlung[2i+1] sind die *Nachfolger* von sammlung[i]. Das Element sammlung[i+1] bezeichnen wir *nicht* als Nachfolger von sammlung[i] (sondern als „die Komponente, welche in der Reihung sammlung unmittelbar rechts neben der Komponenten sammlung[i] steht").

2. Bemerkung: Eine Halde kann auch als ein Binärbaum angesehen werden, der auf besondere Art in einer Reihung gespeichert wurde. Wir werden diese Sicht im Kapitel 6.2.1. (auf Seite 124) untersuchen.

5.5.2. Die Haldenbedingung

Eine Halde ist eine Reihung sammlung, bei der keine Komponente sammlung[i] einen kleineren[2] Schlüssel hat als sein Vorgänger sammlung[i/2]. Wir sagen, dass alle Elemente einer Halde erfüllen die *Haldenbedingung*.

Die folgende Reihung sammlung ist eine Halde:

sammlung	X	U	S	M	N	N	D	L	L	A	B	B	A
Indices:	1	2	3	4	5	6	7	8	9	10	11	12	13

Tabelle 5.6: Halde

Aufgabe 5.8: Warum ist die folgende Reihung keine Halde?

sammlung	M	K	J	J	K	H	I	F	G	G	F	G	I
Indices:	1	2	3	4	5	6	7	8	9	10	11	12	13

Tabelle 5.7: Keine Halde

Aufgabe 5.9: Geben Sie eine Halde mit sieben Komponenten an, die die Schlüssel A, B, C, D, E, F und G haben.

[1] Der Operator / bezeichnet die Ganzzahldivision, d.h. 1/2=0, 2/2=1, 3/2=1, 4/2=2, usw.
[2] gleichwertige Definition: größeren

5.5.3. Senken

Die folgende Hilfsprozedur `senken` dient dazu, eine „fast-Halde“, die nur an der Spitze „gestört“ ist, zu reparieren und in eine richtige Halde zu verwandeln. Die Prozedur heißt `senken`, weil sie das „falsche Spitzenelement“ solange in der Halde „nach unten sickern“ lässt, bis er an einer passenden Stelle steht. Als Beispiel betrachten wir die folgende Reihung:

`sammlung`	B	H	G	F	E	E	C	A	C	A	D	D	B
Indices:	1	2	3	4	5	6	7	8	9	10	11	12	13

Tabelle 5.8: Eine „an der Spitze gestörte“ Halde

Diese Reihung enthält fast eine Halde. Nur der Schlüssel der Spitze (`B`) ist *kleiner* als die Schlüssel seiner Nachfolger (`H` und `G`). Wie können wir diese Störung reparieren? Hier ein Algorithmus zur Lösung dieses Problems:

1. Wir fertigen eine Kopie `zuSenken` der Spitze an.
2. Dann ersetzen wir, mit der Spitze beginnend, jeweils eine Komponente durch seinen größeren Nachfolger (und ersetzen dann diesen Nachfolger durch seinen größeren Nachfolger usw.), bis wir eine Komponente `nachfolger` „nach oben kopiert“ haben, dessen Nachfolgerkomponenten Schlüssel haben, die kleiner oder gleich dem Schlüssel von `zuSenken` sind (oder bis `nachfolger` eine Komponente ohne Nachfolger ist).
3. Wir kopieren `zuSenken` (die Kopie der ursprünglichen Spitze) nach `nachfolger`.

Nach Anwendung dieses Algorithmus erfüllt die Reihung die Haldenbedingung und sieht so aus:

`sammlung`	H	F	G	C	E	E	C	A	B	A	D	D	B
Indices:	1	2	3	4	5	6	7	8	9	10	11	12	13

Tabelle 5.9: „Reparierte“ Halde

Aufgabe 5.10: Wenden Sie diesen Algorithmus auf die folgenden Reihungen an:

X	Y	U	A	B	A	C

A	K	M	D	B	B	C

A	B	B	B	B	B	B

5.5.4. Zwei Phasen des Heap Sorts

Der Algorithmus „Sortieren auf einer Halde" besteht im Wesentlichen aus zwei Schritten:

1. Schritt: Man überführt die zu sortierende Reihung in eine Halde (indem man gewisse Elemente der Reihung umordnet)
2. Schritt: Man überführt die Halde in eine sortierte Reihung (indem man gewisse Elemente der Halde umordnet).

Ein Algorithmus für den 1. Schritt:

Man geht von rechts nach links durch die Reihung `sammlung` und macht jedes Element `sammlung[index]` zur Spitze einer „kleinen Halde", indem man `senken(sammlung[index])` aufruft. Wenn man beim Element `sammlung[1]` angelangt ist, dann ist die ganze Reihung `sammlung` eine Halde.

Ein Algorithmus für den 2. Schritt:
2.1. Lasse einen `index` die Werte `n` bis `2` durchlaufen und mache für jedes `index` Folgendes:
2.1.1. Vertausche `sammlung[1]` mit `sammlung[index]`
2.1.2. Wende die Prozedur `senken` an auf die Sequenz
`sammlung[1] ... sammlung[index -1]`

Aufgabe 5.11: Beantworten Sie folgende Fragen: Welche Fälle sind für die Prozedur `senken` besonders günstig? Welche sind besonders ungünstig? Welchen Zeitbedarf hat die Prozedur `senken` im günstigsten und im ungünstigsten Fall? Welchen Zeitbedarf hat der oben beschriebene Algorithmus, der eine Reihung in eine Halde umwandelt („1. Schritt"), im ungünstigsten Fall? Welchen Zeitbedarf hat der oben beschriebene Algorithmus, der eine Halde in eine sortierte Reihung umwandelt („2. Schritt"), im ungünstigsten Fall? Welchen Zeitbedarf hat die Prozedur `heapSort` im ungünstigsten Fall?

5.5.5. Sortieren auf der Halde

Die Idee des Sortierens auf der Halde ist es also, innerhalb der Reihung eine Halde zu bilden. Der Index `1` repräsentiert die Spitze der Halde. Für jeden Eintrag mit `index` befindet sich der linke Nachfolger am Index `2*index` und der rechte Nachfolger am Index `2*index+1` – falls sich diese noch in der Reihung befinden. Das größte Element steht an der Spitze der Halde (d.h. am Index `1`), und für jeden Eintrag sind beide Nachfolger kleiner (oder gleich).

In der ersten Phase des Sortieralgorithmus wird in der Reihung `sammlung` zuerst eine solche *Halde* aufgebaut. Hierzu wird dafür gesorgt, dass jede Komponente der Reihung `sammlung` die Haldenbedingung erfüllt, d.h. keine der beiden Nachfolger (falls vorhanden) darf größer sein. Für die hintere Hälfte der Reihung (d.h. für die Komponenten mit den Indizes `sammlung.length/2` bis `sammlung.length-1`) ist dies von vornherein gegeben, da sie keine Nachfolger haben.

So wird von der Mitte an nach vorne bis zum ersten Eintrag Schritt für Schritt jedes Element *gesenkt*. Schließlich entsteht in der ganzen Reihung `sammlung` eine Halde: Ihr größtes Element befindet sich an der Spitze, d.h. am Index `1`.

In der zweiten Phase wird dieses größte Element mit dem hintersten Element ausgetauscht, es kommt also auf seinen endgültigen Platz. Die Halde wird hinten um eine Stelle verkürzt und das neu auf die Spitze getauschte Element wird so weit *gesenkt*, dass die Haldenbedingung wieder erfüllt wird. Das nächstgrößte Element gerät dadurch auf die Spitze, das wieder nach hinten getauscht werden kann. Am Ende der zweiten Phase ist die Reihung sortiert.

In Java kann der Algorithmus folgendermaßen formuliert werden:

```
class HeapSort {
  /* die Sequenz innerhalb von sammlung zwischen a und b erfüllt die
    Haldenbedingung, wenn für jedes i mit 2*i+1 <= b gilt
      (sofern 2*i und 2*i+1< sammlung.length-1):
    sammlung[i] > sammlung[2*i] && sammlung[i] > sammlung[2*i+1] */
  private void senken(Element[] sammlung, int links, int rechts) {
    /* Die Halde zwischen links und rechts wird durch das Senken
      des Elements sammlung[links - 1] nach unten erweitert:
      Die Elemente zwischen links - 1 und rechts bilden eine Halde */
    int index = links - 1; // linke Grenze der neuen Halde
    int nachfolger = 2 * index; // linker Nachfolger
    final Element zuSenken = sammlung[index];
    while (true) { // zwei Abbruchstellen
    if (nachfolger > rechts) break; // weil kein Nachfolger
      if (nachfolger < rechts &&
          sammlung[nachfolger].less(sammlung[nachfolger + 1]))
        // kleineren nachfolger oder nachfolger + 1 auswählen
        nachfolger ++;
    if (sammlung[nachfolger].less(zuSenken)) break;
        // weil Platz gefunden
      sammlung[index] = sammlung[nachfolger]; // hochrücken
      index = nachfolger; // nach unten gehen
      nachfolger = 2 * index; // linker Nachfolger, wenn existiert
    };
    sammlung[index] = zuSenken; // Element einfügen
  }
  public void heapSort(Element[] sammlung) { // sammlung[0] ungenutzt
    /* Halde aufbauen; die obere Hälfte zwischen sammlung.length/2+1 und
      sammlung.length-1 erfüllt die Haldenbedingung immer: */
    int rechts = sammlung.length-1;
    for (int links = rechts / 2 + 1; links > 1; links--)
      // untere Hälfte einzeln hinzufügen
      senken(sammlung, links, rechts);
    // Elemente zwischen 1 und sammlung.length-1 erfüllen die Bedingung
```

```
      // Halde wird abgebaut, d.h. sammlung wird sortiert:
      final int links = 1; // sammlung[0] ungenutzt
      for (rechts = sammlung.length-1; rechts > links; rechts--) {
        // austauschen der äußeren Elemente:
        final Element groesstesElement = sammlung[links]; // Spitze
        sammlung[links] = sammlung[rechts];
          // hinteres Element nach vorne eintauschen
        sammlung[rechts] = groesstesElement; // Element nach hinten
        senken(sammlung, links + 1, rechts - 1); // Element senken
      }
    }
  }
```

In unserer Testfolge wird die Sequenz, die eine Halde bildet, eingerahmt. Die Indizierung ist von 1 bis 8; die (in der zweiten Phase nach dem Austausch) zu senkenden Elemente sind markiert:

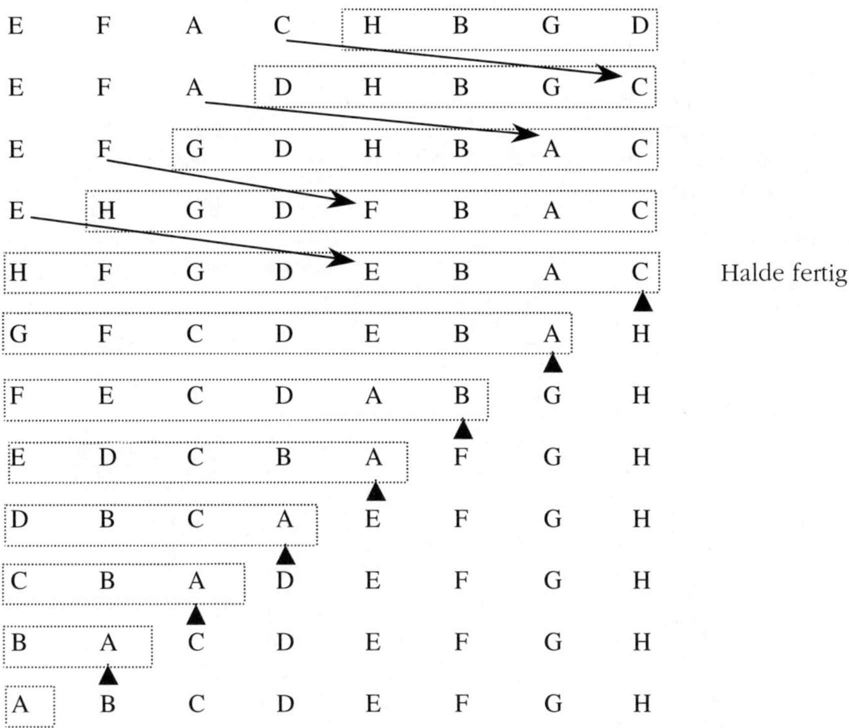

Abbildung 5.10: Heap sort

Aufgabe 5.12: Ergänzen Sie das obige Programm durch Ausgaben (`System.out.println`), damit Sie seine Arbeitsweise verstehen können. Führen Sie die Algorithmen mit 20 Zahlen auf Papier durch und vergleichen Sie Ihre Ergebnisse mit der Ausgabe.

5.6. Externe Sortierverfahren

Externe Sortierverfahren müssen verwendet werden, wenn interne nicht ausreichen: wenn die Menge der Daten größer ist als das, was in den Hauptspeicher passt.

Die einfachste Lösung, wenn man in zwei Phasen sortiert:

1. Zuerst werden die Daten so aufgeteilt, dass jede Portion mit einem internen Verfahren sortiert werden kann. Jede Portion wird getrennt voneinander sortiert und in sortierte Sequenzen auf externe Datenträger (in Dateien) geschrieben.
2. Die sortierten Sequenzen werden parallel eingelesen und *gemischt*[1].

5.6.1. Mischen

Die folgende Prozedur implementiert das *Mischen* zweier sortierter Sequenzen, die sich jeweils auf einer (sequenziellen) Datei der Klasse `InFile` (Eingabedatei mit Methoden `open`, `read` und `eof`) befinden. Das Ergebnis (die sortierte Sequenz) wird in eine dritte Datei der Klasse `OutFile` (Ausgabedatei mit Methoden `open` und `write`) geschrieben[2]:

```
void merge(final String eingabeDatei1, final String eingabeDatei2,
    String ausgabeDatei) { // vorsortierte Dateien werden gemischt
  InFile eingabe1 = new InFile(), eingabe2 = new InFile();
    // mit open, read und eof
  OutFile ausgabe = new OutFile(); // mit open und write
  Element puffer1, puffer2;
  eingabe1.open(eingabeDatei1);
  eingabe2.open(eingabeDatei2);
  ausgabe.open(ausgabeDatei);
  puffer1 = eingabe1.read();
  puffer2 = eingabe2.read();
  while (!eingabe1.eof() && !eingabe2.eof()) {
    if (puffer1.less(puffer2)) {
      ausgabe.write(puffer1); // das kleinere Element ausgeben
      puffer1 = eingabe1.read(); // ein neues Element einlesen
    }
    else { // symmetrisch
      ausgabe.write(puffer2);
      puffer2 = eingabe2.read();
```

[1] auf Englisch *merge*

[2] Die Klassen `InFile` und `OutFile` müssen gesondert implementiert werden:

```
    }
  } // eine der Eingabedateien ist erschöpft, Rest kopieren:
  while (!eingabe1.eof()) {
    ausgabe.write(puffer1); puffer1 = eingabe1.read();
  }
  while (!eingabe2.eof()) {
    ausgabe.write(puffer2); puffer2 = eingabe2.read();
  } // eine der beiden Schleifen ist leer
}
```

Zwei solche Sequenzen der Länge n werden mit Hilfe der Prozedur `merge` in *eine* Sequenz der Länge $2n$ gemischt. Wenn mehrere Sequenzen vorliegen, kann ein ähnliches Verfahren für drei, vier usw. Eingabedateien entwickelt werden. Bei N Eingabedateien müssen die von jeder Datei aktuell vorliegenden Elemente (am besten mit einem Sortierkanal[1] der Größe N) sortiert werden und das kleinste soll gefunden und ausgegeben werden. Auf seinen Platz wird aus derjenigen Datei das nächste Element eingelesen, aus welcher dieses kleinste stammt.

Wenn die Anzahl der Sequenzen (z.B. 20) die maximale Anzahl der gleichzeitig offen gehaltenen Dateien[2] (z.B. 4) übersteigt, muss die Prozedur `merge` wiederholt ausgeführt werden. Dabei werden die Ausgabedateien des vorherigen Durchgangs zu Eingabedateien, und entstehen immer längere Sequenzen, bis schließlich nur eine sortierte Sequenz vorliegt. Die einzige zusätzliche Forderung gegenüber dem Mischen ist es, dass eine und dieselbe Datei sowohl für Eingabe wie auch für Ausgabe benutzt werden können muss (d.h. ein Umschalten zwischen Ein- und Ausgabe muss möglich sein).

Beispielsweise kann man 16 Sequenzen mit vier offenen Dateien nach dem folgenden Schema in eine sortierte Sequenz mischen:

<table>
<tr><td>1</td><td>2</td><td>3</td><td>4</td><td>5</td><td>6</td><td>7</td><td>8</td><td>9</td><td>10</td><td>11</td><td>12</td><td>13</td><td>14</td><td>15</td><td>16</td></tr>
<tr><td colspan="2">17</td><td colspan="2">18</td><td colspan="2">19</td><td colspan="2">20</td><td colspan="2">21</td><td colspan="2">22</td><td colspan="2">23</td><td colspan="2">24</td></tr>
<tr><td colspan="4">25</td><td colspan="4">26</td><td colspan="4">27</td><td colspan="4">28</td></tr>
<tr><td colspan="8">29</td><td colspan="8">30</td></tr>
<tr><td colspan="16">31</td></tr>
</table>

Tabelle 5.11: Mischen mehrerer Sequenzen

Wir gehen dabei davon aus, dass sich die Sequenzen Nr. 1, 3, ... 15 (in der obigen Tabelle kursiv gesetzt) in der ersten Eingabedatei, die Sequenzen Nr. 2, 4, ... 16 in der zweiten Eingabedatei befinden. Die (doppelt so langen) Sequenzen Nr. 17, 19, ... 23 (in der obigen Tabelle kursiv gesetzt) werden in

[1] s. Kapitel 5.6.2. (auf Seite 104)

[2] Sie hängt vom Interpreter und vom Betriebssystem ab.

die erste Ausgabedatei, die Sequenzen Nr. 18, 20, ... 24 werden in die zweite Ausgabedatei ausgegeben. In der 2. Phase werden dies Ausgabedateien zu Eingabe umgeschaltet und die Sequenzen Nr. 25 und 27 (von vierfacher Länge) in die erste Ausgabedatei (die in der 1. Phase als Eingabedatei fungiert hat; in der obigen Tabelle Kursiv gesetzt), die Sequenzen Nr. 26 und 28 in die zweite Ausgabedatei ausgegeben. Diese werden in der 3. Phase wieder zu Eingabedateien, die Sequenzen Nr. 29 und 30 werden jeweils auf die beiden Ausgabedateien ausgegeben. Schließlich werden diese in der 4. Phase zur Sequenz Nr. 31 gemischt.

Generell gilt, dass n Sequenzen mit m Eingabedateien in $\lfloor log_m n \rfloor$ Mischphasen zu einer Sequenz gemischt werden können. Dies bewirkt insgesamt $n \lfloor log_m n \rfloor$ Aufrufe der Prozedur `merge` (mit m+1 Parametern: m Eingabedateien und eine Ausgabedatei). Das Verwalten der Dateien ist dabei nicht trivial: In einer Reihung vom Typ `String[]` können die Dateinamen gespeichert werden, und die geschickte Manipulation der Indizes ist der Schlüssel zum Erfolg[1].

5.6.2. Sortierkanal

> Um die Anzahl der Mischläufe möglichst gering zu halten, braucht man möglichst lange sortierte Sequenzen.

Mit einem konventionellen Sortierverfahren kann in einer Reihung der Länge n eine Sequenz der Länge n erzeugt werden. Mit einem *Sortierkanal* können Sequenzen mit einer Durchschnittslänge von ca. $2n$ erreicht werden. Er arbeitet nach der folgenden Strategie auf der Basis des Heap sorts[2].

Die ersten n Elemente werden eingelesen und in die Reihung von hinten nach vorne einsortiert. Von der Mitte an werden die Elemente gesenkt, damit eine Halde entsteht. An der Spitze der Halde steht diesmal jedoch nicht das größte Element, sondern das kleinste: Der Aufruf der **`boolean`**-Methode `less` in der Prozedur `senken` muss negiert werden.

Wenn die Halde voll ist, muss ihr kleinstes Element ausgegeben werden, bevor ein neues Element in die Halde einsortiert werden kann. Ist das eingelesene Element kleiner als das auf der Spitze, soll es gleich in eine Datei ausgegeben werden.

Ist das eingelesene Element kleiner als das gerade ausgegebene, würde sie sofort auf der Spitze der Halde landen und als Nächstes ausgegeben werden. Damit wäre die aktuelle Sequenz beendet und eine neue angefangen, obwohl sie noch fortgesetzt werden könnte, da die Halde noch (größere) Elemente

---

[1] Eine Beschreibung des Algorithmus kann man bei [Wir] auf der Seite 124 nachlesen.
[2] s. Kapitel 5.5. (auf Seite 104)

enthält, die hineinpassen würden. Um dies zu verhindern, soll es nicht in die aktuelle Halde einsortiert werden. Stattdessen wird sie hinten um eine Stelle verkürzt und hier eine neue Halde angefangen (wird nennen sie *Zweithalde*).

Der Prozess setzt sich fort: Ein neues Element wird eingelesen, und falls es nicht sofort ausgegeben wird, muss in einer der beiden Halden Platz geschaffen werden, um es einsortieren zu können. Dies wird erreicht, indem das Spitzenelement in die laufende Sequenz ausgegeben wird. Das neue Element kann einsortiert werden. In welche Halde, hängt davon ab, ob es kleiner als die zuvor ausgegebene ist oder nicht: im ersten Fall in die Zweithalde, im zweiten in die Aktuelle.

Wenn die aktuelle Halde leer geworden ist, gibt es keine Elemente mehr, die in die aktuelle Sequenz passen würden. Jetzt muss sie unaufschiebbar abgeschlossen werden; eine neue Sequenz fängt an. Die Zweithalde belegt jetzt die ganze Reihung, sie wird zur Aktuellen erklärt. Ihr Spitzenelement ist das erste Element der neuen Sequenz.

Aufgabe 5.13: Programmieren Sie dieses Verfahren. Entwickeln Sie die Klasse `Sortierkanal` mit folgender Spezifikation:

```
interface Element {
  boolean less(final Element element);
}
abstract class Sortierkanal {
  public Sortierkanal(int groesse) { ... }
  public void sortierkanal() { ... }
  // ruft lesen öfter auf, um das nächste Element einzulesen
  // ruft schreiben öfter auf, um das kleinste gelesene Element auszugeben
  // ruft sequenzEnde, wenn das auszugebende Element kleiner als das letzte
  abstract Element lesen() throws Ende;
  abstract void schreiben(final Element element);
  abstract void sequenzEnde();
}
```

5.6.3. Mischkanal

Das Mischverfahren im Kapitel 5.6.1. (auf Seite 111) geht davon aus, dass die Sequenzen zuvor mit einem internen Algorithmus sortiert worden sind. Die Betriebsmittel werden dadurch unwirtschaftlich genutzt: Zuerst wird der interne Speicher gebraucht, die externen Speicher (die Dateien) bleiben ungenutzt. Anschließend werden die Dateien benutzt, der Mischalgorithmus braucht aber den Speicherplatz nicht.

Die parallele Nutzung der Betriebsmittel kann durch einen *Mischkanal* Gewähr leistet werden. Er ist die Kombination des Sortierkanals und des Mischens. Er arbeitet mit drei Dateien und mit einem Speicher mit Platz für n Datensätze nach dem folgenden Konzept:

1. Aus der Eingabedatei Nr. 1 werden ca. $2n$ Datensätze über den Sortierkanal in eine Ausgabedatei Nr. 2. sortiert. Der Sortierkanal enthält zum Schluss weitere n Datensätze.
2. Die Datei Nr. 2. wird fürs Lesen geöffnet. Die sortierten Daten werden nun gelesen und mit den Daten des Sortierkanals sowie den nächsten n Datensätzen von der Eingabedatei Nr. 1 in die Datei Nr. 3 gemischt. Die Länge der erhaltenen Sequenz ist somit ca. $4n$.
3. Die Dateien Nr. 2 und 3 tauschen nun Rolle; die Sequenz wird weiter mit den Daten des Sortierkanals gemischt. Die Ausgabedatei enthält nun $6n$ Datensätze.
4. usw.; mit jedem Schritt verlängert sich die Sequenz um $2n$.

Dieses Verfahren funktioniert allerdings nur dann gut, wenn die Größe der ursprünglichen Eingabedatei nicht wesentlich über n liegt (vielleicht bis zu $10n$); ansonsten wird bei jedem Durchgang immer „mehr kopiert" und immer „weniger sortiert". Bei größeren Eingabemengen ist es sinnvoll, Sequenzen der Länge $4n$ (immerhin das Doppelte wie beim Sortierkanal und das Vierfache eines konventionellen Sortiervorgangs) zu erzeugen und sie dann konventionell zu mischen.

5.6.4. Fibonacci-Mischen

Wenn die Eingabemenge die Speichergröße wesentlich übersteigt, müssen auf jeden Fall sortierte Sequenzen (der Länge $4n$) erzeugt werden, die später gemischt werden. Um sich überflüssige Kopieroperationen zu ersparen, sind hierfür mindestens vier Dateien notwendig: In jedem Durchlauf wird der Inhalt zweier Eingabedateien auf zwei Ausgabedateien gemischt und dabei die Sequenzlänge verdoppelt. Im nächsten Durchlauf werden die Rollen vertauscht, und die gerade geschriebenen Sequenzen werden eingelesen, um sie auf die frei gewordenen Ausgabedateien zu mischen.

Die folgende Tabelle zeigt ein Beispiel für $N = 1000$ und $4n = 1000$ (d.h. den Fall, wo eine Million Datensätze sortiert werden müssen, aber nur 250 in den Speicher passen):

Durchlauf	*1*	*2*	*3*	*4*	*5*	*6*	*7*	*8*	*9*	*10*	*11*
Anzahl	1000	500	250	125	63	32	16	8	4	2	1
Länge	1	2	4	8	16	32	64	128	256	512	1000

Tabelle 5.12: Anzahl und Länge (in 1000) der Sequenzen mit vier Dateien

Wenn ursprünglich N Sequenzen erzeugt wurden, dann ist die Anzahl der Durchläufe mit vier Dateien $\lceil log_2 N \rceil$. Mit sechs Dateien kann die Sequenzlänge verdreifacht, mit *k* Dateien ver-*k*-facht werden. Die Anzahl der Durchläufe mit dieser Strategie ist dann $\lceil log_{k/2} N \rceil$:

Durchlauf	*1*	*2*	*3*	*4*	*5*	*6*	*7*	*8*
Anzahl	1000	334	112	38	13	5	3	1
Länge	1	3	9	27	81	243	729	1000

Tabelle 5.13: Anzahl und Länge (in 1000) der Sequenzen mit sechs Dateien

Es stellt sich die Frage, ob diese triviale Strategie der gleichmäßigen Verteilung der Sequenzen auf die *k*/2 Dateien optimal ist. Von den *k*/2 Ausgabedateien wird nämlich immer nur eine benutzt. Es besteht jedoch keine Notwendigkeit, die Ein- und Ausgabedateien *gleichzeitig* umzuschalten. Dann kann man die Daten von *k*-1 Eingabedateien lesen (das Mischen läuft effizienter) und immer nur eine Ausgabedatei offen halten. Beispielsweise können 65 Sequenzen auf sechs Dateien nach der folgenden Tabelle gemischt werden:

Durchlauf:	*1*	*2*	*3*	*4*	*5*	*6*
1. Datei	16	8	4	2	1	0
2. Datei	15	7	3	1	0	1
3. Datei	14	6	2	0	1	0
4. Datei	12	4	0	2	1	0
5. Datei	8	0	4	2	1	0
6. Datei	0	8	4	2	1	0
Σ	65	33	17	9	5	1

Tabelle 5.14: Fibonacci-Mischen mit sechs Dateien

Hiernach werden die 65 Sequenzen auf fünf Dateien nach der ersten Spalte (16 + 15 + 14 + 12 + 8) verteilt. Beim ersten Durchlauf wurden acht Mischläufe in die Datei Nr. 6 durchgeführt. In der zweiten Spalte steht die Anzahl der restlichen Sequenzen auf jeder Datei. Ihre Gesamtzahl beträgt jetzt 33: In der (vorherigen Ausgabe-) Datei Nr. 6 sind jetzt acht (längere) Sequenzen, auf der Datei Nr. 5 gibt es jetzt keine mehr (zumal es ursprünglich nur acht gab).

Deswegen können im zweiten Durchlauf die vier Mischläufe in die Datei Nr. 5 ausgegeben werden (da sich in der Datei Nr. 4 nur vier Sequenzen befinden). Die Datei Nr. 4 wird dadurch leer, kann im dritten Durchlauf als Ausgabedatei benutzt werden. Hier finden zwei Mischläufe statt, in den letzten zwei nur je einer. Schließlich befindet sich nur eine sortierte Sequenz in der Datei Nr. 2.

Die Verteilung der 65 Sequenzen nach der Tabelle 5.14 hat *Gilstad*[1] vorgeschlagen. Um seine Strategie zu verstehen, untersuchen wir, wie 21 Sequen-

[1] s. [Gil]

zen mit Hilfe von drei Dateien gemischt werden können. In der Tabelle stellen wir nun das Umschalten nicht mehr dar, d.h. in jedem Durchlauf notieren wir nur die Anzahl der Eingabedateien sowie ihre Summe:

Durchlauf:	*1*	*2*	*3*	*4*	*5*	*6*	*7*
1. Datei	13	8	5	3	2	1	1
2. Datei	8	5	3	2	1	1	0
Σ	21	13	8	5	3	2	1

Tabelle 5.15: Fibonacci-Mischen mit drei Dateien

Es ist wahrnehmbar, dass die Verteilung nach den *Fibonacci-Zahlen*[1] erfolgt. Diese heißen auch Fibonacci-Zahlen der 1. Ordnung, da die Formel $f_{n+1} = f_n + f_{n-1}$ *eine* Addition stattfindet. Ähnlich gibt es Fibonacci-Zahlen der 2., 3. usw. Ordnung: ${}^2f_{n+1} = {}^2f_n + {}^2f_{n-1} + {}^2f_{n-2}$ (für $n \geq 3$), ${}^3f_{n+1} = {}^3f_n + {}^3f_{n-1} + {}^3f_{n-2} + {}^3f_{n-3}$, usw. Die *Fibonacci-Zahlen der k. Ordnung* werden nach der Formel

$$ {}^kf_{n+1} = {}^kf_n + {}^kf_{n-1} + \ldots + {}^kf_{n-k} $$

errechnet; die ersten k Werte sind dabei ${}^kf_1 = {}^kf_2 = \ldots = {}^kf_{k-1} = 1$. Beispielsweise sind die Fibonacci-Zahlen der 4. Ordnung:

n	1	2	3	4	5	6	7	8	9	10	11	12	...
${}^4f_n$	1	1	1	1	1	5	9	17	33	65	129	253	...

Tabelle 5.16: Fibonacci-Zahlen der 4. Ordnung

In der Tabelle 5.14 können wir sehen, dass die Gesamtzahl der Dateien in jedem Durchlauf die Fibonacci-Zahlen der 4. Ordnung bilden. Wenn k Dateien zur Verfügung stehen, können wir die Fibonacci-Zahl der k-2-ten Ordnung für die Verteilung der Sequenzen benutzen. Die Zahl der Sequenzen auf den einzelnen Bändern ergibt sich aus einer Tabelle für die Fibonacci-Zahlen der k-2-ten Ordnung, die ähnlich wie die Tabelle 5.14 aufgebaut ist.

Aufgabe 5.14: Entwickeln Sie eine Tabelle für $k = 4$, ähnlich der Tabelle 5.14. Zeichnen Sie das Verfahren, wie 100 Sequenzen nach dem Fibonacci-Algorithmus gemischt werden.

[1] s. Kapitel 3.1.2. (auf Seite 31)

6. Baumstrukturen

Bis jetzt haben unsere Algorithmen an Reihungen gearbeitet; eine Ausnahme hiervon bilden die Algorithmen aus dem Kapitel 4.5. (auf Seite 86), die verkettete Listen bearbeitet haben. In diesem Kapitel werden wir Algorithmen untersuchen, die an *Baumstrukturen* arbeiten.

Wir betrachten hier Bäume, bei denen jeder Knoten eine *Folge* von Nachfolgern hat, und nicht eine *Menge* von Nachfolgern. Bei einer Menge spielt die Reihenfolge der Elemente keine Rolle, bei einer Folge spielt sie eine wichtige Rolle. Wir betrachten die beiden Bäume in der Abbildung 6.1 also als *verschiedene* Bäume.

Manchmal betrachtet man Bäume auch als „Mobiles" (die an der Decke hängen und sich im Wind drehen können) und abstrahiert von der Reihenfolge der Nachfolger eines Knotens. Bei dieser Betrachtungsweise sind die beiden Bäume in Abbildung 6.1 *gleich*.

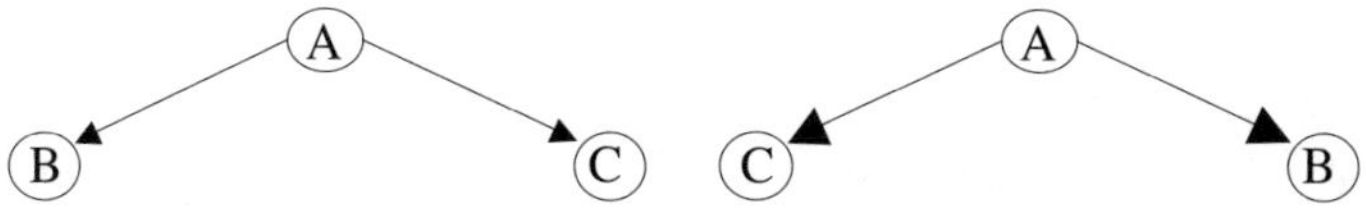

Abbildung 6.1: Zwei verschiedene (bzw. gleiche) Bäume

6.1. Binärbaum

Als Erstes lernen wir dabei den *Binärbaum* kennen.

6.1.1. Definition

Ein *Binärbaum* ist ein Baum, bei dem jeder Knoten höchstens zwei *Nachfolger*[1] hat. Seine Datenstruktur besteht aus Knotenobjekten mit zwei Knotenreferenzen[2]. Jeder Knoten hat also zwei Nachfolger.

Im Binärbaum wird jeder Knoten genau einmal referiert, d.h. in einem Binärbaum hat jeder Knoten, mit Ausnahme des Wurzelknotens, genau einen *Vorgänger*[3]. Ein *Blatt* ist ein Knoten, der keinen Nachfolger hat. Die anderen Knoten heißen auch *innere Knoten.*

[1] Manche nennen sie *Söhne*, andere bevorzugen *Töchter* zu sagen.
[2] und evtl. weitere Komponenten für die „Daten", die man im Binärbaum speichern möchte
[3] oder: einen *Vater*, evtl.: eine *Mutter*

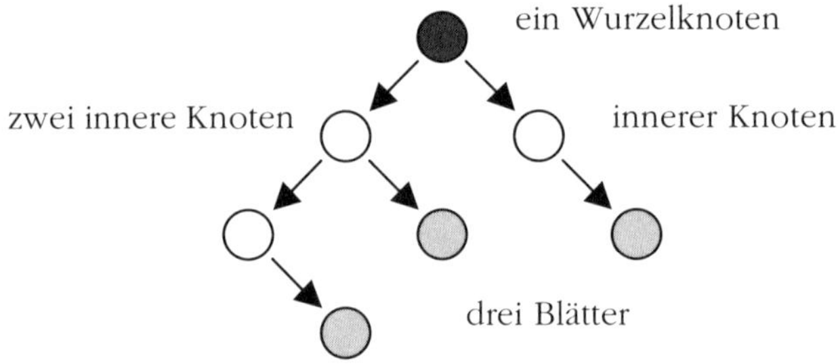

Abbildung 6.2: Knotenarten im Baum

Es liegt nahe, die Knoten eines Binärbaums in *Ebenen* einzuteilen:

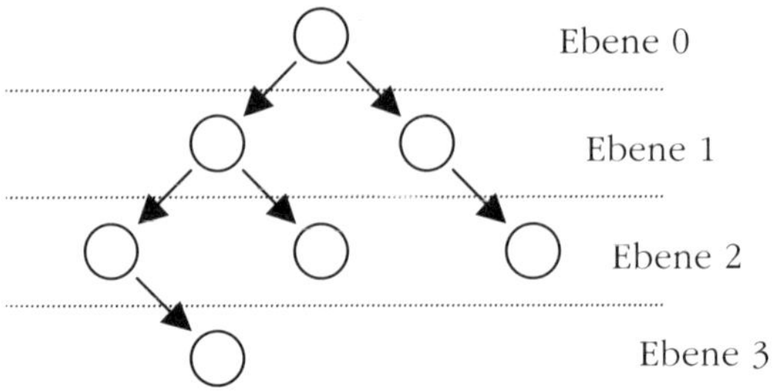

Abbildung 6.3: Die Ebenen eines Baumes

Ein Binärbaum heißt *voll*, wenn außer der letzten alle seine Ebenen „voll besetzt sind", d.h. wenn die Ebene k genau 2^k Knoten enthält. Die letzte Ebene darf auch in einem vollen Baum weniger als 2^k Knoten enthalten. Der Baum in der vorigen Abbildung 6.3 ist nicht voll, da die Ebene 2 nur drei (statt vier) Knoten enthält. Der folgende Baum ist voll:

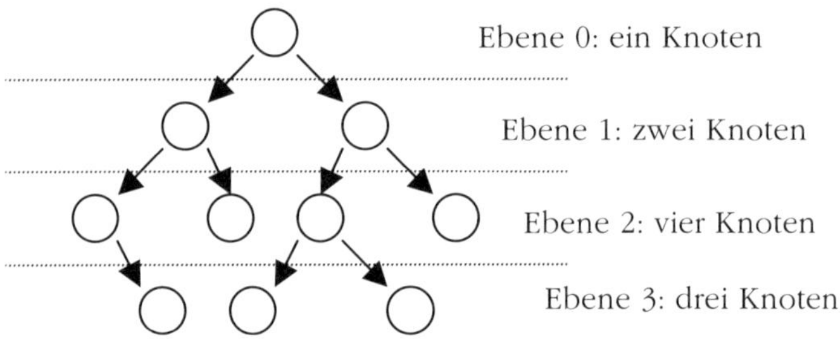

Abbildung 6.4: Ein voller Binärbaum

Ein Binärbaum heißt *komplett*, wenn er voll ist und die Knoten auf der letzten Ebene „alle linksbündig und dicht" angeordnet sind. Der Baum in der vorigen Abbildung 6.4 ist zwar voll, aber nicht komplett, da die Ebene 3 „Löcher" enthält. Der folgende Binärbaum ist komplett:

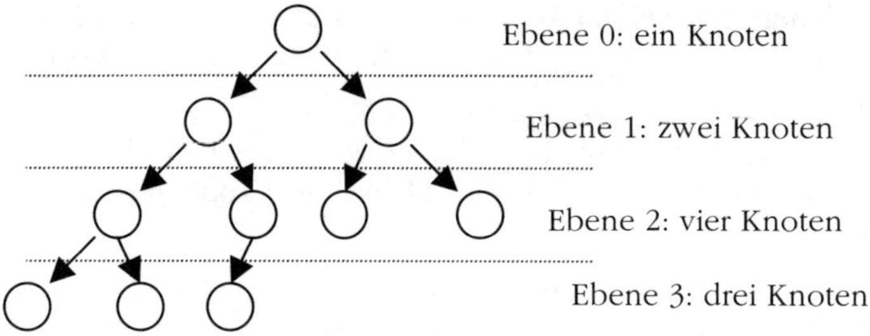

Abbildung 6.5: Ein kompletter Binärbaum

Alle Knoten auf der Ebene 3 stehen „linksbündig und dicht".

Ein Binärbaum ist *sortiert*, wenn für jeden Knoten gilt:
1. kein Knoten im linken Unterbaum hat einen größeren Schlüssel
2. kein Knoten im rechten Unterbaum hat einen kleineren Schlüssel.

Die *Tiefe* eines Binärbaums gibt an, wie weit die „tiefsten" Blätter von der Wurzel entfernt sind. Sein *Gewicht* ist die Anzahl der Knoten:

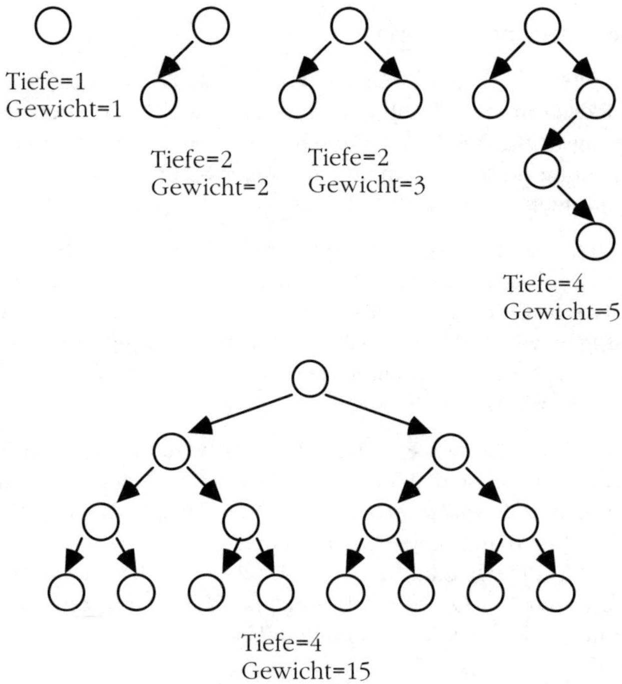

Abbildung 6.6: Binärbäume verschiedener Tiefen und Gewichte

Die Behandlung von mehreren Elementen mit dem gleichen Schlüssel wird etwas einfacher, wenn man den Begriff „sortiert" etwas strenger fasst:

Ein Binärbaum ist *streng sortiert*, wenn für jeden Knoten gilt:
1. alle Knoten im linken Unterbaum haben kleinere Schlüssel, und
2. alle Knoten im rechten Unterbaum haben größere oder gleiche Schlüssel

oder umgekehrt.

Aufgabe 6.1: Beweisen Sie, dass ein Baum der Tiefe n (höchstens) 2^n-1 Knoten besitzen kann. Oder anders herum: Ein Binärbaum mit n Knoten hat mindestens die Tiefe 1 + $\lfloor log_2\ n \rfloor$.[1]

Aufgabe 6.2: Bilden Sie alle sortierten Binärbäume mit drei Knoten, die die Schlüssel 1, 2 und 3 haben.

Aufgabe 6.3: Wie kann man die Anzahl der sortierten Binärbäume mit n Knoten (die die Schlüssel 1 bis n haben) berechnen?

Aufgabe 6.4: Geben Sie einen Baum an, der zwar sortiert, aber nicht streng sortiert ist.

6.1.2. Suchen im sortierten Binärbaum

Das im Kapitel 4.3.3. (auf Seite 80) vorgestellte Verfahren fürs *binäre Suchen* in einer (sortierten) Reihung ist „sehr schnell", hat aber den Nachteil aller Reihungslösungen: Das Einfügen hat eine Zeitkomplexität von $O(n)$ und die Reihung muss „von Anfang an" so groß vereinbart werden, dass alle späteren Einfügungen darin Platz haben.

Dagegen hatten die Lösungen mit einer verketteten Liste den Vorteil, dass Speicherplatz erst dann reserviert werden muss, wenn er wirklich gebraucht wird, und dass das Einfügen eines Elementes (wenn man erst mal weiß, *wo* man es einfügen will) in einem Schritt geht, unabhängig von der Länge der Liste. Leider ist das Suchen in einer verketteten Liste (im Vergleich zum binären Suchen) relativ langsam.

Man kann die Vorteile einer sortierten Reihung beim Suchen und die Vorteile einer verketteten Liste beim Einfügen kombinieren, indem man die Objekte zu einem *sortierten Binärbaum* zusammenfügt. Wie lange das Suchen in einem sortierten Binärbaum dauert, hängt auch ganz wesentlich davon ab, wie „gut" bzw. „schlecht" der Baum ist. Gut ist z.B. ein voller Baum mit n Knoten, dessen Tiefe gleich 1 + $log_2\ n$. Ein besonders schlechter Baum hat Tiefe n; er hat die gleiche Struktur wie eine verkettete Liste.

---

[1] Die Zeichen $\lfloor$ und $\rfloor$ bedeuten, dass der Logarithmus jeweils auf die nächste kleinere oder gleiche ganze Zahl abgerundet wird.

Glücklicherweise gibt es mehr „gute" Binärbäume als „schlechte". Wenn man alle sortierten Binärbäume mit den Schlüsseln 1 bis n betrachtet, dann haben sie im Durchschnitt eine Tiefe von 2 $log_2 n$.

Zahlenbeispiel: Der beste sortierte Binärbaum mit 1023 Knoten hat die Tiefe 10, der schlechteste hat die Tiefe 1023, und im Durchschnitt haben solche Bäume etwa die Tiefe 20. Der Durchschnitt 20 liegt also viel näher am besten Fall 10 als am schlechtesten Fall 1023.

6.1.3. Darstellung von Binärbäumen

Eine Klasse, die einen allgemeinen Binärbaum implementiert, ist:

```
class Binaerbaum {
  protected class Knoten {
    Element wert; // alternativ andere Klasse (wie Object) oder Datentyp
    Knoten links, rechts;
    Knoten (Element wert, Knoten links, Knoten rechts) {
      this.wert = wert;
      this.links = links;
      this.rechts = rechts;
    }
  }
  protected Knoten wurzel;
  ... // Zugriffsmethoden
}
```

Die `wert`-Komponente eines Knotens ist vom Typ `Object`, wenn beliebige Objekte im Baum gespeichert werden können. Wenn wir nur Objekte einer bestimmten Klasse (oder deren Unterklassen) im Baum speichern möchten (z.B. für die bestimmte Methoden zur Verfügung stehen), verwenden wir eine zuvor vereinbarte Klasse (oder Schnittstelle) namens `Element`. Aber auch Basistypen wie `int` usw. können als `wert`-Komponente vereinbart werden.

Eine alternative Darstellung ist, ähnlich wie bei verketteten Listen im Kapitel 4.5. (auf Seite 86), wenn man einen leeren Baum durch zwei Pseudoknoten (d.h. nicht etwa durch null Knoten) darstellt. Dadurch werden einige Algorithmen eleganter und schneller. Der eine Pseudoknoten stellt den „Beginn" des Binärbaumes dar. Er sollte den kleinsten möglichen Schlüssel (z.B. `Integer.MIN_VALUE`) enthalten, und seine Referenz `rechts` auf den rechten Nachfolger sollte normalerweise auf den Wurzelknoten des Binärbaumes zeigen (der „Beginn-Pseudoknoten" liegt also noch über oder vor dem Wurzelknoten). Der zweite Pseudoknoten stellt das „Ende" des Binärbaumes dar: Alle `links`- und `rechts`-Referenzen, die auf keinen richtigen Nachfolger-Knoten zeigen, sollten statt `null` auf diesen Ende-Pseudo-Knoten zeigen.

Ein leerer Binärbaum besteht dann nur aus den beiden Pseudoknoten, und die rechts-Referenz des Beginn-Knotens zeigt direkt auf den Ende-Knoten (er kann nicht auf den Wurzelknoten zeigen, weil ein leerer Baum noch nicht einmal einen Wurzelknoten besitzt).

In der folgenden Abbildung 6.7 sind die beiden Pseudo-Knoten durch Rechtecke (unterschiedlicher Größe) und die eigentlichen Knoten durch Kreise dargestellt. Trotzdem sollen *alle* Knoten (die eigentlichen Knoten und die Pseudo-Knoten) von derselben Klasse Knoten sein.

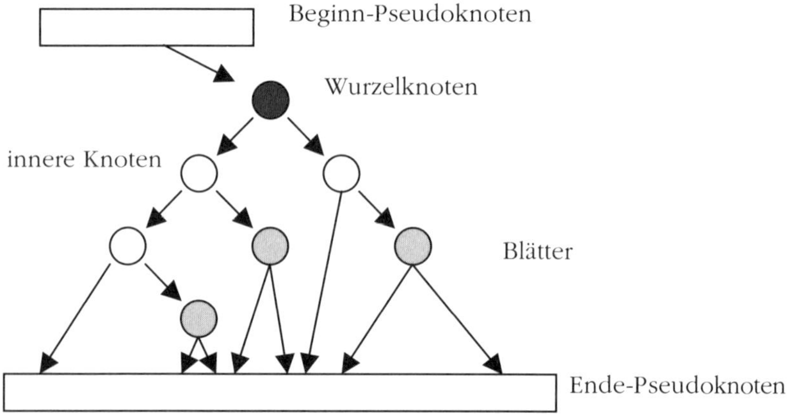

Abbildung 6.7: Ein Binärbaum mit sieben Knoten und zwei Pseudo-Knoten

Bevor man in einem solchen Baum nach einem Schlüssel schluessel sucht, sollte man diesen Suchschlüssel in den Ende-Knoten bringen. Auf diese Weise ist man sicher, dass man einen Knoten mit dem Schlüssel schluessel finden wird; die Abbruchbedingung für die Suchschleife wird dadurch einfach.

Wenn man in einem *streng sortierten* Binärbaum einen Knoten mit einem gegebenen Schlüssel gefunden hat, dann weiß man, dass alle weiteren Knoten mit dem gleichen Schlüssel im rechten Unterbaum stehen müssen. Es gilt sogar: Knoten mit gleichem Schlüssel bilden eine verkettete Liste. Eine solche Liste besteht aus Knoten, die jeweils nur einen rechten Nachfolger, aber keinen linken Nachfolger haben. Nur das letzte Listenelement bildet eine Ausnahme und kann einen linken Nachfolger haben. Diese „Listen von Knoten mit gleichem Schlüssel" können einen Baum sehr unausgeglichen machen und den Suchalgorithmus verlangsamen.

Aufgabe 6.5: Programmieren Sie eine Klasse mit zwei Methoden einfuegen und suchen; durch sie kann man ein Element (mit einer Komponente int schluessel) in einen sortierten Binärbaum einfügen bzw. einen Knoten aus dem Baum entfernen bzw. ein Element mit dem Schlüssel schluessel suchen.

```
void einfuegen(Element element);
Knoten suchen(int schluessel);
```

Der Konstruktor Ihrer Klasse soll die zwei Referenzen `beginn` und `ende` initialisieren, die auf den Beginn-Pseudo-Knoten bzw. auf den Ende-Pseudo-Knoten zeigen.

6.2. Sortieren mit Binärbäumen

Im Folgenden interessieren wir uns für Binärbäume, bei denen jeder Knoten eine Referenz auf ein *Objekt* enthält. Jedes Objekt enthält eine Schlüsselkomponente `schluessel` oder eine Vergleichsmethode `less` sowie eventuell weitere Datenkomponenten.

In den grafischen Darstellungen werden wir nur die Schlüsselkomponente in die Knoten einzeichnen und die weiteren Datenkomponenten weglassen. Als Schlüssel werden wir *Buchstaben* verwenden. Ein Beispiel ist

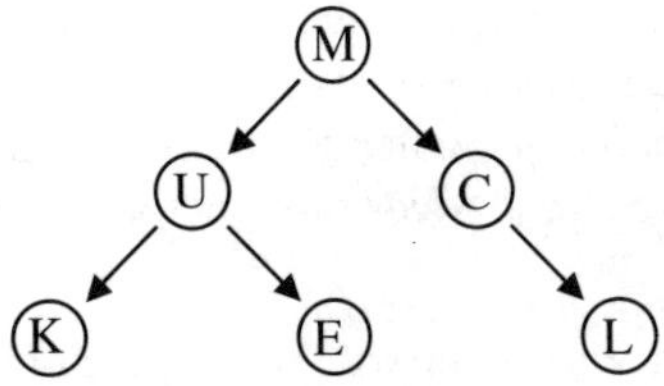

Abbildung 6.8: Ein Baum mit eingezeichneten Schlüsseln

6.2.1. Binärbaum als Halde

Bäume lassen sich auf sehr verschiedene Weise in einem Rechner darstellen. Viele Darstellungen verwenden *Referenzen*, um die einzelnen Knoten eines Baumes miteinander zu verbinden („zu verzeigern"). Diese Referenzen belegen natürlich „extra" Speicherplatz. Für *komplette* Binärbäume gibt es aber auch eine besonders „elegante" Darstellung, die *ohne Referenzen* auskommt. Einen Baum mit *n* Knoten schreibt man in eine Reihung `sammlung` mit *n* Elementen. In `sammlung` benutzen wir dabei nur die Indices `1` bis `n`, der Platz mit dem Index `0` bleibt unbenutzt. Man schreibt die Knoten des Baumes einfach „Ebene für Ebene" von links nach rechts in die Reihung:

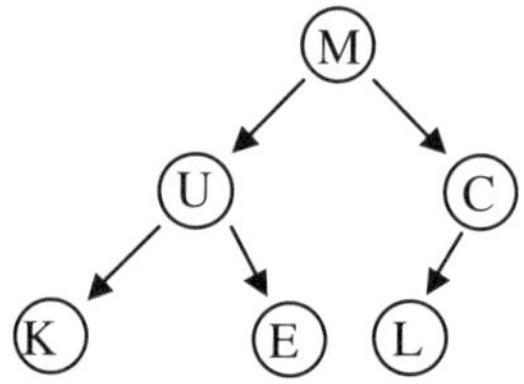

	M	U	C	K	E	L	Reihungsdarstellung
0	1	2	3	4	5	6	Indizes (0 unbenutzt)

Abbildung 6.9: Ein kompletter Binärbaum

Bemerkung: In diesem Sinne ist der im Kapitel 5.5. (auf Seite 105) eingeführte Begriff *Halde* die Reihungsdarstellung eines Binärbaums. Dort haben wir in der Reihung `sammlung` immer einen ***kompletten Binärbaum*** abgespeichert. Die Komponenten der Reihung `sammlung` entsprechen den Knoten des Binärbaums. Der *Vorgänger* bzw. *Nachfolger* einer Komponente `sammlung[i]` entspricht genau dem *Vorgänger* bzw. *Nachfolger* des entsprechenden Knotens im Binärbaum.

Aufgabe 6.6: Welche Probleme bekommt man, wenn man *nicht*-komplette, Binärbäume auf die oben geschilderte, elegante Weise (ohne Referenzen) darstellt?

Aufgabe 6.7: Statt „Binärbaum" schreiben wir kürzer „2-Baum" und verstehen unter einem 3-Baum einen Baum, bei dem jeder Knoten höchstens drei Nachfolger hat. Kann man komplette 3-Bäume ähnlich elegant in einer Reihung abspeichern wie 2-Bäume? Was ist mit 4-Bäumen, 5-Bäumen usw.?

6.2.2. Senken im Binärbaum

Die im Kapitel 5.5.3. (auf Seite 107) vorgestellte Hilfsprozedur `senken` arbeitet an Binärbäumen, die in einer Reihung abgespeichert wurden. Sie repariert eine „fast-Halde", die nur an der Wurzel „gestört" ist, zu einer Halde. Die Halde aus der Tabelle 5.8 kann als Baum folgendermaßen dargestellt werden:

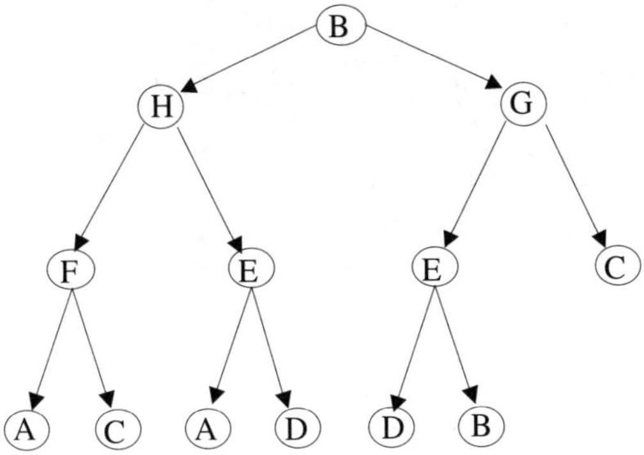

Abbildung 6.10: Ein an der Wurzel „gestörter sortierter" Binärbaum

Dieser Baum stellt einen fast sortierten Binärbaum dar. Nur der Schlüssel der Wurzel (B) ist ***kleiner*** als die Schlüssel seiner Nachfolger (H und G). Wir wenden die Prozedur senken auf diesen Baum an:

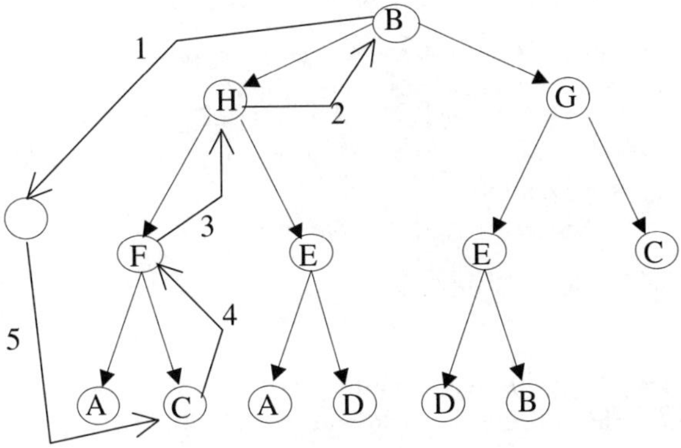

Abbildung 6.11: Senken

Nach Anwendung des Algorithmus senken ist der Baum sortiert (die entsprechende Reihung in der Tabelle 5.9 ist eine Halde):

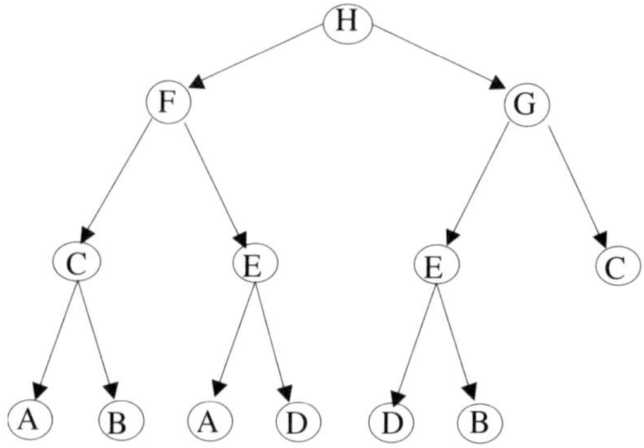

Abbildung 6.12: Reparierter Binärbaum

Für das Sortieren vereinbaren wir wieder Elemente, deren Klasse die Methode

```
boolean less(final Element element); // vergleicht zwei Elemente
```

exportiert. Hier folgt die Prozedur `senken` für einen Binärbaum

```
private void senken() { // der störende Wurzelknoten wird gesenkt
  final Element zuSenken = wurzel.wert;
  Knoten nachfolger = wurzel.rechts; // rechter Nachfolger
  while (nachfolger != null && nachfolger.wert.less(zuSenken)) {
    nachfolger.wert = nachfolger.rechts.wert; // hochrücken
    nachfolger = nachfolger.rechts; // nach unten gehen
  };
  nachfolger.wert = zuSenken; // Element einfügen
}
```

Aufgabe 6.8: Die Prozedur `senken` kann rekursiv noch eleganter programmiert werden. Fertigen Sie nun eine entsprechende Version an.

Aufgabe 6.9: Welche Fälle sind für die Prozedur `senken` für Bäume besonders günstig? Welche sind besonders ungünstig? Welche Zeitkomplexität hat die Prozedur `senken` im günstigsten und im ungünstigsten Fall? Vergleichen Sie die Ergebnisse mit denen der Aufgabe 5.11 auf Seite 108.

Aufgabe 6.10: Formulieren Sie in einer Baumklasse die Methode `sort` auf die Analogie von `heapSort`: Tauschen Sie alle Blätter (alle Knoten der letzten Ebene) gegen den Wurzelknoten aus und senken sie.

6.2.3. Baumsort

Im vorherigen Kapitel haben wir einen Binärbaum zu einem sortierten Binärbaum umgewandelt. Jetzt wollen wir mit Hilfe eines sortierten Binärbaumes eine unsortierte Folge in eine sortierte Folge umwandeln.

Wir gehen davon aus, dass die Daten sich auf einer sequenziellen Datei der Klasse `InFile` befinden, von wo sie mit `read` gelesen werden können; sie werden auf eine Datei der Klasse `OutFile` mit `write` geschrieben:

```
class SortierBaum {
  private static OutFile ausgabe = new OutFile();
  private class BaumElement extends Element { // boolean-Methode less
    public void uebernehmen() {
      ausgabe.write(wert);
    }
  }
  protected BaumElement wert;
  protected SortierBaum links, rechts;
    // links enthält kleinere, rechts größere Werte
  public SortierBaum(BaumElement wert) { this.wert = wert; }
  public void aufbau(BaumElement element) {
    if (element.less(wert)) {
      if (links == null)
        links = new SortierBaum(element); // neuer Baum
      else
        links.aufbau(element); // rekursiv
    } else { // rechts ähnlich
      if (rechts == null)
        rechts = new SortierBaum(element);
      else
        rechts.aufbau(element);
    }
  }
  public void abbau() {
    if (links != null)
      links.abbau();
    wert.uebernehmen(); // Methode der Element-Klasse
    if (rechts != null)
      rechts.abbau();
  }
  public static void sortieren(final String ein, final String aus) {
    InFile eingabe = new InFile();
    eingabe.open(ein);
    BaumElement wurzel = (BaumElement)(eingabe.read());
    SortierBaum baum = new SortierBaum(wurzel);
    while (! eingabe.eof()) // vom zweiten Element an
      baum.aufbau((BaumElement)(eingabe.read()));
    ausgabe.open(aus);
    baum.abbau(); // Elemente werden sortiert ausgegeben
  }
}
```

Aufgabe 6.11: Ergänzen Sie das obige Programm durch geeignete Ausgaben (auf `System.out.println`), damit Sie seine Arbeitsweise nachvollziehen können. Führen Sie den Algorithmus mit 20 Zahlen auf Papier durch und vergleichen Sie Ihr Ergebnis mit der Ausgabe. Was ist die Zeit- und Speicherkomplexität des Baumsorts?

6.2.4. Durchwandern eines Binärbaums

Um ein bestimmtes Element im Baum zu finden, muss er *durchwandert* (*traversiert*) werden. Das obige Sortierverfahren ist ein Beispiel dafür.

An einem gefundenen Element wird typischerweise eine bestimmte Operation ausgeführt. Sie kann als Methode `rueckruf` (auf Englisch *call back*) der Elementklasse programmiert werden. Aus diesen Überlegungen setzen wir jetzt voraus, dass die Elementklasse folgende Schnittstelle implementiert:

```
interface Element {
  boolean less(final Element element); // vergleicht zwei Elemente
    // requires a.less(b) || b.less(a) || a.equal(b);
  void rueckruf();
}
```

Ein Binärbaum kann auf mehrere verschiedene Arten durchwandert werden. Drei von diesen Arten heißen *preorder*, *inorder* und *postorder*. Bei der ersten Art wird die Wurzel des Baumes *vor* den beiden Teilbäumen besucht. Bei „inorder"-Durchsuchen wird die Wurzel *zwischen* den beiden Teilbäumen manipuliert, dagegen wird beim „postorder" die notwendige Operation (`rueckruf` der Elementklasse) zuerst an den beiden Teilbäumen, anschließend an der Wurzel durchgeführt:

```
public void inorder() {
  if (links != null) // zuerst linken Baum durchwandern
    links.inorder();
  wert.rueckruf(); // dann Operation durchführen
  if (rechts != null) // schließlich rechten Baum durchwandern
    rechts.inorder();
}
public void preorder() {
  wert.rueckruf(); // zuerst Operation durchführen
  if (links != null) // dann linken Baum durchwandern
    links.preorder();
  if (rechts != null) // schließlich rechten Baum durchwandern
    rechts.preorder();
}
void postorder() {
  if (links != null) // zuerst linken Baum durchwandern
  links.postorder();
```

```
    if (rechts != null) // dann rechten Baum durchwandern
      rechts.postorder();
    wert.rueckruf();// schließlich Operation durchführen
  }
```

Als Beispiel für das Durchwandern eines Binärbaum betrachten wir den sortierten Binärbaum

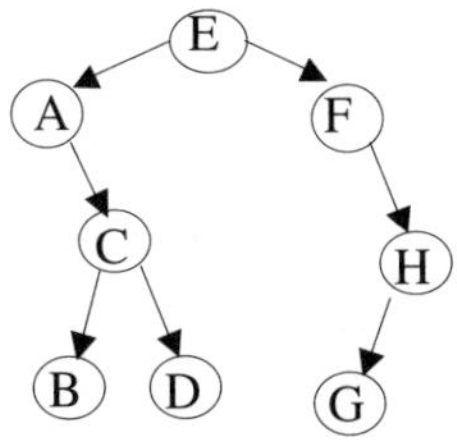

Abbildung 6.13: Sortierter Binärbaum

In der `rueckruf`-Methode der Elementklasse setzen wir einfach `System.out.println` ein, um zu erkennen, in welcher Reihenfolge die Knoten beim Traversieren besucht werden. Das inorder-Durchwandern besucht zuerst den linken Teilbaum, d.h. alle kleineren Knoten, dann den aktuellen, anschließend den rechten Teilbaum, d.h. alle größeren Knoten. Das Ergebnis ist die sortierte Folge:

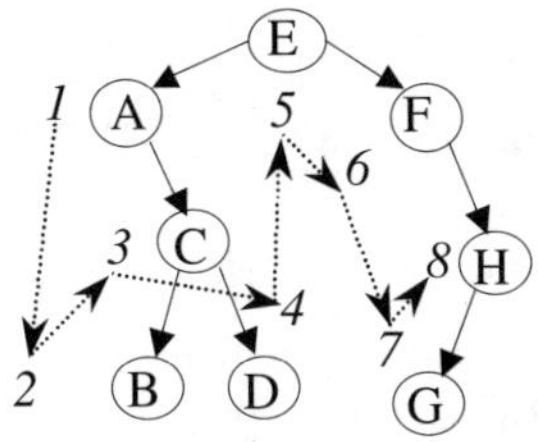

Abbildung 6.14: „inorder" Traversieren

Die Reihenfolge ist also: A B C D E F G H

Beim preorder-Durchwandern wird der Baum „von oben nach unten" etwa „außen herum" durchsucht: zuerst der aktuelle Knoten, dann der linke Teilbaum, schließlich der rechte Teilbaum. Die Reihenfolge ist hier E A C B D G H G:

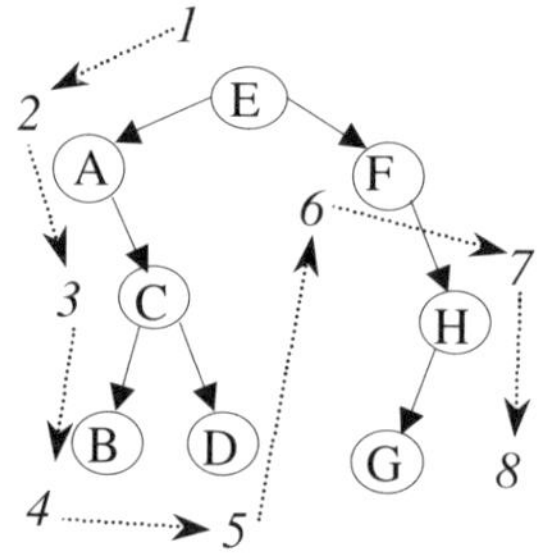

Abbildung 6.15: „preorder" Traversieren

Das postorder-Traversieren dient dazu, den Baum „von unten nach oben" durchzuwandern; die Knoten werden aber „von innen herum" besucht. Die Reihenfolge ist B D C F H G E:

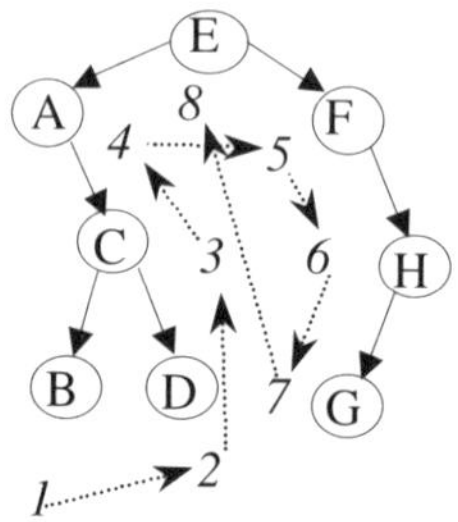

Abbildung 6.16: „postorder" Traversieren

Eine Anwendung des „postorder"-Traversierungsverfahrens ist das Suchen eines Elements in einem geordneten Binärbaum. Im folgenden Programmstück ist der `&&`-Operator die „kurzgeschlossene" Konjunktion: Der zweite Operand (der rekursive Aufruf) wird nur ausgeführt, wenn der erste Operand `true` ergibt, d.h. wenn die Referenz `links` bzw. `rechts` ungleich `null` ist:

```
public boolean vorhanden(final Element element) {
  if (element.less(wert))
    return links != null && links.vorhanden(element);
  else if (wert.less(element))
    return rechts != null && rechts.vorhanden(element);
  else
    return wert == element; // oder alternativ: wert.equal(element)
}
```

Zuerst wird der linke Teilbaum durchsucht, dann der rechte; wenn ohne Erfolg, dann wird schließlich der aktuelle Knoten untersucht, ob er das gesuchte Element enthält.

Aufgabe 6.12: Ergänzen Sie das obige Programm durch Ausgaben (`System.out.println`), damit Sie seine Arbeitsweise nachvollziehen können. Führen Sie den Algorithmus mit 20 Zahlen auf Papier durch und vergleichen Sie Ihr Ergebnis mit der Ausgabe. Was ist die Zeit- und Speicherkomplexität des Baumsorts?

6.3. Operationen für Binärbäume

Die im Kapitel 5. (ab Seite 91) vorgestellten Sortierverfahren arbeiten in Reihungen; diese werden typischerweise mit Iterationen abgearbeitet. Rekursiv definierte Datenstrukturen werden typischerweise mit *Rekursion* abgearbeitet.

6.3.1. Binärbaum aus Knoten

Im Kapitel 6.1.3. (auf Seite 122) haben wir eine Darstellung von Binärbäumen mit zwei Pseudoknoten kennen gelernt. Eine Alternative hierzu ist, wenn jedes `Baum`-Objekt nur eine Referenz auf ein `Knoten` enthält. Wenn diese `null` ist, ist der Baum leer. Ansonsten enthält der Knoten den Wert und die Referenzen auf den linken und rechten Baum, die ihrerseits leer sein können, wenn ihre Element-Komponente `null` ist. Die Referenzen `links` und `rechts` in der Knoten-Klasse sind jedoch nie `null`, bestenfalls referieren sie einen „leeren Baum":

```
class Baum {
  private class Knoten {
    Element wert;
    Baum links, rechts;
    Knoten(Element wert) { // ensures links != null && rechts != null
      this.wert = wert;
      links = new Baum();
      rechts = new Baum();
    }
  }
  private Knoten knoten;
  ... // Methoden in den nächsten Kapiteln
}
```

6.3.2. Eintragen in einen sortierten Binärbaum

Die Traversierungsalgorithmen aus dem Kapitel 6.2.4. (auf Seite 129) funktionieren an jedem Binärbaum, ob er sortiert ist oder nicht. Beim Eintragen in einen Baum muss zuerst festgelegt werden, an welcher Stelle die Eintragung erfolgen kann. Das Einfachste dabei ist das Kriterium, einen sortierten Baum zu erzeugen.

In der Klasse SortierBaum im Kapitel 6.2.3. (auf Seite 127) haben wir Algorithmen verwendet, die denen in einer allgemeinen Baum-Klasse ähnlich sind:

```
public void eintragen(final Element element) {
    // ensures vorhanden(element);
  if (knoten == null) // Baum ist leer
    knoten = new Knoten(element);
  else if (element.less(knoten.wert))
    knoten.links.eintragen(element);
  else // rechts eintragen, auch wenn gleich
    knoten.rechts.eintragen(element);
}
```

Als Beispiel tragen wir die Buchstaben (E F A C H B G D) einen nach dem anderen sortiert in den Baum ein:

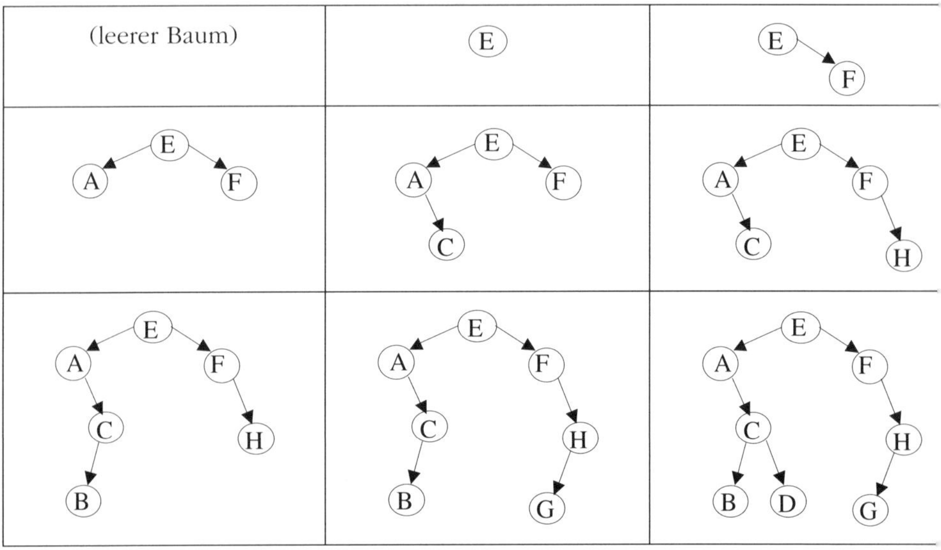

Abbildung 6.17: Eintragen in einen sortierten Binärbaum

Aufgabe 6.13: Programmieren Sie die Methoden

```
Element kleinstesElement(); // liefert das kleinste Element im Baum
Element groesstesElement(); // liefert das größte Element im Baum
```

sowohl rekursiv wie auch mit Wiederholung.

Aufgabe 6.14: Ergänzen Sie das obige Programm durch Ausgaben. Tragen Sie 20 Zahlen auf Papier in den Baum ein und vergleichen Sie Ihre Ergebnisse mit der Ausgabe.

Rufen Sie im Testtreiber – nachdem Sie den Baum aufgebaut haben – auch die drei Iteratore auf; in der Methode `rueckruf` (der Elementklasse) sollen sie das Element auf `System.out` ausgeben und erklären Sie das Ergebnis.

6.3.3. Löschen in Binärbäumen

Der Algorithmus für `loeschen` ist nicht einfach. Nach der rekursiven Suche muss unterschieden werden, wie viele Nachfolger der zu löschende Knoten hat: keinen (Fall 1), einen (Fall 2) oder zwei (Fall 3). Der Fall 1 ist problemlos: Die `Knoten`-Referenz im Baum (ohne Nachfolger) muss einfach auf `null` gesetzt werden.

Abbildung 6.18: Löschen im Binärbaum – Fall 1 (kein Nachfolger: löschen)

Im Fall 2 muss der Nachfolgeknoten an die Stelle des zu löschenden Knotens umgehängt werden.

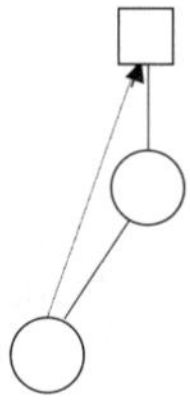

Abbildung 6.19: Löschen im Binärbaum – Fall 2 (ein Nachfolger: umhängen)

Fall 3 ist deswegen schwierig, weil man zwei Teilbäume (den linken und den rechten Nachfolger des zu löschenden Knotens) an die Stelle des zu löschenden Knotens einhängen muss. Hierzu wird der Baum lokal etwas umorganisiert: Das kleinste Element des rechten (oder alternativ das größte Element des linken) Teilbaums muss gefunden werden. Dieser Knoten hat höchstens einen Nachfolger. Der Inhalt dieses Elements wird in den zu löschenden Knoten kopiert. Wenn er der unmittelbare (rechte) Nachfolgeknoten des zu löschenden Elements ist, wird er direkt ausgehängt (indem sein rechter Nachfolger als rechter Nachfolger des gefundenen Knotens eingehängt wird). Ansonsten kann dieses kleinste Element rekursiv gelöscht werden. Da es höchstens einen (rechten) Nachfolger hat, läuft die Rekursion in den Fall 1 oder 2 hinaus.

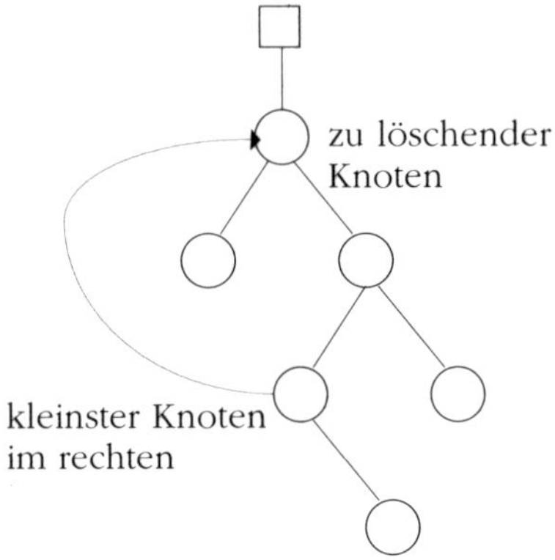

Abbildung 6.20: Löschen im Binärbaum – Fall 3
(zwei Nachfolger: austauschen)

In Java kann dies folgendermaßen programmiert werden:

```
void loeschen(final Element element) {
  if (knoten == null) // Baum ist leer
    return; // element ist nicht vorhanden; Alternativ: Ausnahme auslösen
  else if (element.less(knoten.wert))
    knoten.links.loeschen(element); // suchen im linken Teilbaum
  else if (knoten.wert.less(element))
    knoten.rechts.loeschen(element); // suchen im rechten Teilbaum
  // else element.equal(knoten.wert) // Element gefunden
  else if (knoten.links.knoten == null) { // höchstens ein Nachfolger
    if (knoten.rechts.knoten == null) // kein Nachfolger; Fall 1
      knoten = null; // gefundenen Knoten einfach vernichten
    else // ein Nachfolger rechts; Fall 2
      knoten = knoten.rechts.knoten; // rechten Teilbaum umhängen
  }
  else if (knoten.rechts.knoten == null) // ein Nachfolger links; Fall 2
    knoten = knoten.links.knoten; // linken Teilbaum umhängen
  // else zwei Nachfolger: Fall 3
    /* das kleinste Element im rechten (größeren) Teilbaum wird gesucht,
      dann mit dem gefundenen Element ausgetauscht und gelöscht: */
  else if (knoten.rechts.knoten.links.knoten == null) {
      // rechts hat keinen linken Nachfolger: kann kopiert und aushängt werden
    knoten.wert = knoten.rechts.knoten.wert; // Inhalt von rechts kopieren
    knoten.rechts = knoten.rechts.knoten.rechts; // Knoten aushängen
  } else { // das kleinste Element in rechts suchen, austauschen und löschen:
    Baum vorgaenger = knoten.rechts.vorgaengerDesKleinsten();
    Baum kleinster = vorgaenger.knoten.links;
    // kleinster hat höchstens einen (rechten) Nachfolger
    this.knoten.wert = kleinster.knoten.wert; // Inhalt kopieren
```

```
      vorgaenger.loeschen(kleinster.knoten.wert); // kleinsten Knoten löschen
    }
  }
  private Baum vorgaengerDesKleinsten() {
    // liefert den Baum, dessen linker Nachfolger den kleinsten Wert hat
    if (knoten.links.knoten.links.knoten == null)
        // links hat keinen linken Nachfolger
      return this;
    else
      return knoten.links.vorgaengerDesKleinsten(); // rekursiv
  }
```

Durch den wiederholten Austausch des kleinsten Elements des rechten Teilbaums im Fall 3 kann der Baum „einseitig" werden. Das Verfahren ist etwas besser, wenn die Methode `vorgaengerDesGroessten` (mit geeigneter Vereinbarung) alternierend zu `vorgaengerDesKleinsten` aufgerufen wird. Dadurch wird der Baum etwas ausgeglichener, es wird hierfür jedoch keine Garantie geboten. Im nächsten Kapitel lernen wir einen Algorithmus kennen, der die Ausgeglichenheit des Baumes sicherstellt.

Als Beispiel löschen wir die Buchstaben (E F A C H B G D) in derselben Reihenfolge aus dem Baum, der nach der Abbildung 6.17 auf Seite 133 aufgebaut wurde:

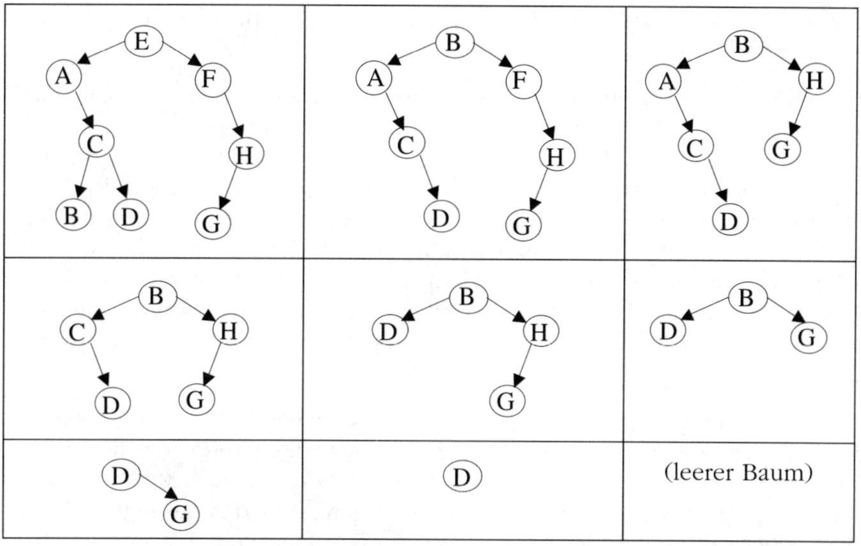

Abbildung 6.21: Löschen im sortierten Binärbaum

Aufgabe 6.15: Modifizieren Sie Ihren Testtreiber aus der vorigen Aufgabe 6.14: Nachdem Sie den Baum aufgebaut haben, löschen Sie alle Elemente nacheinander; rufen Sie nach jedem Löschen `inorder` auf. Üben Sie den Algorithmus vorher auf Papier und vergleichen Sie Ihre Ergebnisse mit der Ausgabe.

Aufgabe 6.16: Der Löschalgorithmus ist auch für eine Baumdarstellung implementierbar, die um eine Datenkomponente ergänzt wird, durch die jeder Knoten seinen Vaterknoten referiert. Dann kann ein gefundenes Element leicht ausgehängt werden. Der Wurzelknoten muss allerdings immer gesondert behandelt werden.

Erweitern Sie nun die Klasse `Binaerbaum` auf diese Weise und implementieren Sie darin `loeschen`. Der Testtreiber aus der vorherigen Übung soll hierfür – nach geeigneter Umgestaltung – auch funktionieren.

6.4. Ausgeglichene Bäume

Ein Baum wird aufgebaut, indem die Operation `eintragen` (z.B. in einer Schleife) öfter aufgerufen wird. Wenn die `element`-Parameter dieser Aufrufe eine zufällige Folge bilden, wird ein Baum mit mehr oder weniger gleichmäßig verteilten Zweigen und Blättern erzeugt. Seine *Tiefe* ist ca. $2 \log_2 n$, wo n die Anzahl der Knoten im Baum ist. Wenn aber die einzutragenden Werte eine sortierte (oder umgekehrt sortierte) Folge bilden, entsteht ein entarteter Baum: Alle Referenzen `links` (bzw. `rechts`) sind `null`, die Referenzen `rechts` (bzw. `links`) bilden eine verkettete Liste. Die Tiefe des Baumes ist n und das `eintragen` hat die Zeitkomplexität $O(n)$.

Ein verbesserter Algorithmus des Eintragens (und des Löschens) erzeugt einen *ausgeglichenen Baum*. Ein Baum heißt *vollständig ausgeglichen*, wenn sich das *Gewicht* (die Anzahl der Knoten) des linken und rechten Teilbaums jedes Knotens höchstens um 1 unterscheidet. In diesem Fall ist die Tiefe des Baumes mit n Elementen kleiner als $\log_2(n+1)$. Die Algorithmen der Methoden `eintragen` und `loeschen` sind dann aber unwirtschaftlich: Der Baum muss regelmäßig (im Durchschnitt bei jedem 2. Aufruf) umstrukturiert werden. Adelson-Velskii und Landis[1] haben eine weichere Definition der Ausgeglichenheit vorgeschlagen, die den Operationen eine Zeitkomplexität von $O(\log_2 n)$ garantiert.

Sie nennen einen Baum *ausgeglichen*, wenn sich nicht die *Gewichte*, sondern die *Tiefen* für jeden Knoten des rechten und des linken Teilbaums höchstens um 1 unterscheiden. Solche Bäume heißen *AVL-Bäume*. Alle Methoden, die den Baum verändern, sollen dafür Sorge tragen, dass die Ausgeglichenheit nicht verletzt wird; gegebenenfalls sollen sie den Baum umstrukturieren. Bemerkenswert hierbei ist, dass die Umstrukturierung entweder lokal bleibt

[1] s. [AVL]

(beim `eintragen`) oder höchstens einem Pfad entlang[1] durchgeführt wird; die Komplexität des Umstrukturierens ist also $log_2\ n$.

Um die Ausgeglichenheit zu überwachen, wird jedem Knoten eine zusätzliche Komponente `ausgleich` hinzugefügt, die drei `int`-Werte aufnehmen kann: `LINKS` (für *linkslastig*), `AUSG` (für *ausgeglichen*) und `RECHTS` (für *rechtslastig*). Jede verändernde Methode muss diese Komponente aktualisieren und dafür sorgen, dass die Ausgeglichenheit bewahrt bleibt.

6.4.1. Eintragen in ausgeglichene Bäume

Für die Methode `eintragen` an einen bestimmten Knoten müssen wir folgende Fälle unterscheiden:

- Die beiden Tiefen sind vor dem Methodenaufruf gleich (`AUSG`); durch das `eintragen` werden sie unterschiedlich (`LINKS` oder `RECHTS`), die Bedingung wird also nicht verletzt.
- Die Tiefe des Teilbaums (`links` oder `rechts`), in den das neue Element eingefügt werden soll, ist kleiner als die des anderen (`RECHTS` bzw. `LINKS`). Durch das `eintragen` werden die Tiefen gleich (`AUSG`).
- Der Teilbaum (`links` oder `rechts`), in den das neue Element eingefügt werden soll, ist tiefer als der andere (`LINKS` bzw. `RECHTS`). Durch das `eintragen` wird die Ausgeglichenheit verletzt. Der Baum muss umstrukturiert werden.

Den Prozess der Umstrukturierung nennen Adelson-Velskii und Landis *Rotieren*. Sie unterscheiden zwischen *einfachem* und *doppeltem* Rotieren. Folgende Fälle können dabei auftreten (die Zeichnungen gelten hier nur für die linke Seite; für die rechte Seite ist die Darstellung symmetrisch):

Fall 1: Nach dem `eintragen` wird der Baum `B` auf der Abbildung 6.22 *außen* schwer: Der schwere Zweig wird von der Wurzel mit links-links (bzw. rechts-rechts) erreicht. Das *einfache* Rotieren der Knoten `A` und `B` gleicht die Tiefen der Wurzel aus:

[1] d.h. von der Wurzel über innere Knoten bis zum Blatt

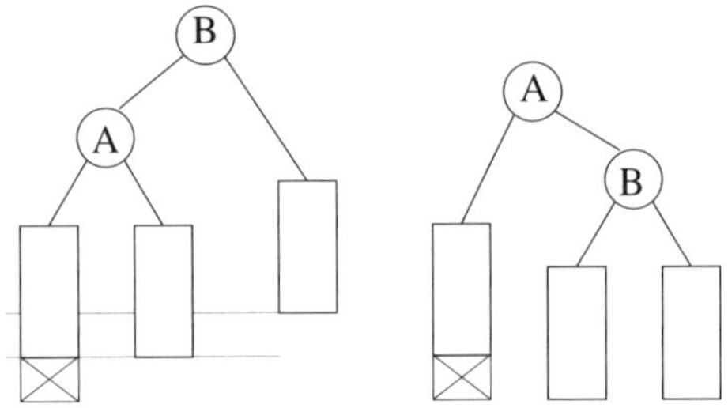

Abbildung 6.22: Fall 1 – einfaches Rotieren[1]

Fall 2: Nach dem `eintragen` wird der Baum `C` auf der Abbildung 6.23 *innen* schwer: Der schwere Zweig wird von der Wurzel mit links-rechts (bzw. rechts-links) erreicht. Das *doppelte* Rotieren der Knoten `A`, `B` und `C` gleicht die Tiefen der Wurzel aus:

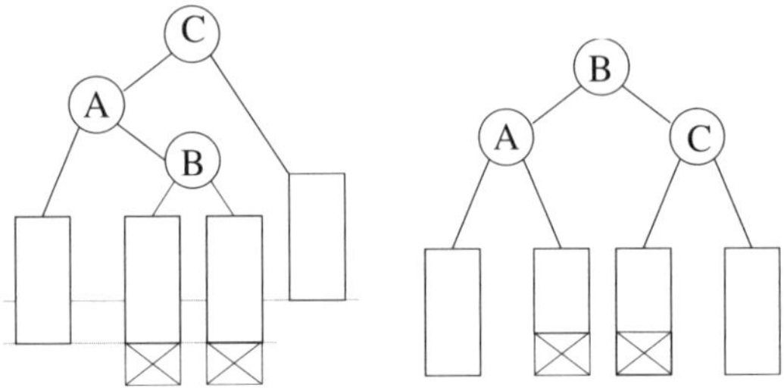

Abbildung 6.23: Fall 2 – doppeltes Rotieren[2]

Die Algorithmen für das Rotieren werden verbal für die linke (bzw. rechte) Seite folgendermaßen formuliert:

- Wenn von der Wurzel (`B` in der Abbildung 6.22) zum schweren Ast (`A.links` bzw. symmetrisch `A.rechts`) zweimal die gleiche Richtung (links-links bzw. rechts-rechts) führt, dann ist der Baum *außen schwer*, den Knoten (`A` in der Abbildung 6.22) direkt unter dem gestörten Knoten (`B`) muss man hochziehen. Wir sprechen in diesem Fall vom *einfachen Rotieren:*
  - Der schwere Knoten `A` wird zur neuen Wurzel;
  - der schwere Ast wird rechts (bzw. links) an die neue Wurzel gehängt;
  - die alte Wurzel (`B`) wird links (bzw. rechts) an die neue Wurzel gehängt.
- Wenn von der Wurzel (`C` in der Abbildung 6.23) zum schweren Ast (`B.links` oder `B.rechts`) unterschiedliche Richtungen (links-rechts bzw.

[1] Die Zeichnung stammt aus [Wir]; die symmetrischen Fälle werden nicht dargestellt.
[2] Nur einer der gekennzeichneten Äste (auf dem Baum `B`) ist zu lang.

symmetrisch rechts-links) führen, dann ist der Baum *innen schwer*, den unteren schweren Knoten (B) muss man um zwei Ebenen hochziehen. Dieser Vorgang heißt *doppeltes Rotieren:*

- Der untere schwere Knoten (B) wird zur neuen Wurzel;
- die alte Wurzel (C) wird rechts (bzw. symmetrisch links) an die neue Wurzel gehängt;
- der obere schwere Knoten (A) wird links (bzw. symmetrisch rechts) an die neue Wurzel gehängt;
- die alten Äste (B.links und B.rechts, von denen einer den neuen Knoten enthält) der neuen Wurzel (B) müssen an die gesenkten Knoten verteilt werden (A.rechts und C.links rechts unten in der Abbildung 6.22).

Der zu lange Ast wird in beiden Fällen nach oben gezogen; im Endeffekt entsteht ein ausgeglichener Baum.

Die Algorithmen fürs Rotieren formulieren wir in Methoden der Klasse AVLBaum:

```
class AVLBaum {
 // Werte für ausgleich in der Knoten-Klasse:
 protected final static int LINKS = -1; // linkslastig
 protected final static int AUSG = 0; // ausgeglichen
 protected final static int RECHTS = 1; // rechtslastig
 private class Knoten {
  Element wert;
  AVLBaum links, rechts;
  int ausgleich; // LINKS oder AUSG oder RECHTS
  int anzahl; // beim Eintragen mit demselben wert wird hochgezählt
  Knoten(final Element wert) {
   this.wert = wert;
   links = new AVLBaum();
   rechts = new AVLBaum();
   ausgleich = AUSG;
   anzahl = 1;
  }
 }
 private Knoten knoten;
 public AVLBaum() { knoten = null; }
 private AVLBaum(final AVLBaum quelle) { // privater Kopierkonstruktor
  knoten = new Knoten(quelle.knoten.wert);
  knoten.anzahl = quelle.knoten.anzahl;
  knoten.links = quelle.knoten.links;
  knoten.rechts = quelle.knoten.rechts;
 }
 protected int ausgleich = AUSG;
 public boolean eintragen(final Element element) {
```

```
  // ensures vorhanden(element);
  // Ergebnis wird nur privat benutzt: besagt, ob der Ast verlängert wurde
  boolean astVerlaengert = false;
  if (knoten == null) // Baum ist leer
    knoten = new Knoten(element);
  else if (element.less(knoten.wert)) { // Eintragen in links
    if (knoten.links.knoten == null) { // Einfügestelle gefunden
      knoten.links.knoten = new Knoten(element);
      knoten.ausgleich --; // Baum wird linkslastiger
      astVerlaengert = knoten.rechts.knoten == null;
    } else {
      astVerlaengert = knoten.links.eintragen(element); //rekursiv
      if (astVerlaengert)
        switch (knoten.ausgleich) {
          case AUSG: // Ausgeglichenheit bleibt erhalten
            knoten.ausgleich = LINKS; // Baum wird linkslastig
          break;
          case RECHTS: // Ausgeglichenheit bleibt erhalten
            knoten.ausgleich = AUSG;
            astVerlaengert = false;
          break;
          case LINKS: // Ausgeglichenheit verletzt, Rotieren nötig
            if (knoten.links.knoten.ausgleich == RECHTS) // innen schwer:
              doppeltesRotierenLinks();
            else // außen schwer:
              einfachesRotierenLinks();
            knoten.ausgleich = AUSG;
            astVerlaengert = false;
          };
    }
  } else if (knoten.wert.less(element)) { ... // rechts symmetrisch
  } else // Element im Baum vorhanden
    knoten.anzahl ++; // hochzählen
  return astVerlaengert;
}
private void einfachesRotierenLinks() {
  final AVLBaum zweigB = new AVLBaum(this);
  final AVLBaum zweigA = knoten.links;
  final AVLBaum mittlererAst = zweigA.knoten.rechts;
  knoten.wert = zweigA.knoten.wert; // schwerer Knoten wird neue Wurzel
  knoten.anzahl = zweigA.knoten.anzahl;
  knoten.rechts = zweigB; // Knoten umhängen
  knoten.links = zweigA.knoten.links;
  knoten.ausgleich ++;
  zweigB.knoten.links = mittlererAst; // mittleren Ast umhängen
    // äußere Zweige bleiben
```

```
    zweigB.knoten.ausgleich = AUSG;
  }
  private void einfachesRotierenRechts() { ... } // symmetrisch
  private void doppeltesRotierenLinks() {
    final AVLBaum zweigC = new AVLBaum(this);
    final AVLBaum zweigA = zweigC.knoten.links;
    final AVLBaum zweigB = zweigA.knoten.rechts;
    final AVLBaum linkerAst = zweigB.knoten.links; // schwerer mittlerer Ast
    final AVLBaum rechterAst = zweigB.knoten.rechts; // anderer mittlerer Ast
    knoten.wert = zweigB.knoten.wert; // schwerer Knoten wird hochgezogen
    knoten.anzahl = zweigB.knoten.anzahl;
    knoten.links = zweigA; // Knoten an die neue Wurzel umhängen:
    knoten.rechts = zweigC;
    zweigA.knoten.rechts = linkerAst; // Äste in der Mitte umhängen
    zweigC.knoten.links = rechterAst; // die äußeren Äste bleiben
    if (zweigB.knoten.ausgleich == LINKS)
      zweigC.knoten.ausgleich = RECHTS;
    else
      zweigC.knoten.ausgleich = AUSG;
    zweigA.knoten.ausgleich --;
    knoten.ausgleich = AUSG;
  }
  void doppeltesRotierenRechts() { ... } // symmetrisch
  ... // weitere Methoden im nächsten Kapitel
}
```

Aufgabe 6.17: Ergänzen Sie das obige Programm durch Ausgaben. Tragen Sie 20 Zahlen auf Papier in den AVL-Baum ein und vergleichen Sie Ihre Ergebnisse mit der Ausgabe.

6.4.2. Löschen in ausgeglichenen Bäumen

Das Löschen eines Knotens mit gegebenem Inhalt im ausgeglichenen Baum ist etwas aufwändiger als das Einfügen. Es kann aber nach demselben Prinzip durchgeführt werden: Im Baum wird zuerst der zu löschende Knoten gefunden. Nach dem Löschen des gefundenen Knotens muss jedoch *jeder* Knoten auf dem Pfad bis zur Wurzel auf Ausgeglichenheit überprüft und gegebenenfalls rotiert werden:

```
public boolean loeschen(final Element element) {
  // boolean Ergebnis wird nur privat benutzt: besagt, ob der Ast gekürzt wurde
  boolean astGekuerzt = false;
  if (knoten == null) ; // Baum ist leer: element ist nicht vorhanden
  else if (element.less(knoten.wert)) {
    astGekuerzt = knoten.links.loeschen(element); // suchen links
    if (astGekuerzt)
      astGekuerzt = linksAusgleichen();
```

```
  }
  else if (knoten.wert.less(element)) { ... } // symmetrisch rechts
  else if (knoten.anzahl > 1) // element.equal(knoten.wert) // gefunden
      knoten.anzahl --;
  else { // anzahl == 1, der Knoten soll gelöscht werden
    if (knoten.links.knoten == null) { // kein linker Nachfolger
      knoten = knoten.rechts.knoten; astGekuerzt = true;
    } else if (knoten.rechts.knoten == null) { // kein rechter Nachfolger
      knoten = knoten.links.knoten; astGekuerzt = true;
    } else { // zwei Nachfolger
      AVLBaum kleinster = // kleinster hat höchstens einen (rechten) Nachfolger
        knoten.rechts.knoten.links.knoten == null ?
            // der Knoten rechts hat keinen linken Nachfolger
          knoten.rechts.knoten.rechts :
            // der Knoten rechts hat einen linken Nachfolger
          knoten.rechts.vorgaengerDesKleinsten().knoten.links;
      knoten.wert = kleinster.knoten.wert; // Inhalt kopieren
      knoten.anzahl = kleinster.knoten.anzahl;
      kleinster.knoten.anzahl = 1;
        // kleinsten Knoten im rechten Zweig löschen:
      astGekuerzt = knoten.rechts.loeschen(kleinster.knoten.wert);
      if (astGekuerzt)
        astGekuerzt = rechtsAusgleichen();
    }
  }
  return astGekuerzt;
}
private AVLBaum vorgaengerDesKleinsten() {
  return knoten.links.knoten.links.knoten == null ?
    this : // links hat keinen linken Nachfolger
    knoten.links.vorgaengerDesKleinsten(); // rekursiv
}

private boolean linksAusgleichen () { // linker Ast wurde kürzer
  // boolean Ergebnis besagt, ob der Ast gekürzt wurde
  boolean astGekuerzt = true;
  int ausgleichRechts = AUSG;
  if (knoten.rechts.knoten != null)
    ausgleichRechts = knoten.rechts.knoten.ausgleich;
  switch (knoten.ausgleich) {
    case LINKS: knoten.ausgleich = AUSG; break;
    case AUSG: knoten.ausgleich = RECHTS; astGekuerzt = false; break;
    case RECHTS: // Ausgleich nötig
      switch(ausgleichRechts) {
        case LINKS: doppeltesRotierenRechts(); break;
        case AUSG: einfachesRotierenRechts();
          knoten.links.knoten.ausgleich = RECHTS;
```

```
            knoten.ausgleich = LINKS;
            astGekuerzt = false;
            break;
          case RECHTS: einfachesRotierenRechts();
            knoten.links.knoten.ausgleich = knoten.ausgleich = AUSG;
        }
    }
    return astGekuerzt;
}
private boolean rechtsAusgleichen() { ... } // symmetrisch
```

Aufgabe 6.18: Setzen Sie die Aufgabe 6.17 fort, indem Sie die 20 Zahlen nacheinander aus dem AVL-Baum löschen. Ergänzen Sie auch Ihren Testtreiber durch geeignete Ausgaben (z.B. Aufruf eines preorder-Iterators nach jedem `loeschen`), mit denen Sie Ihre Ergebnisse vergleichen können.

6.5. 2-3-4-Bäume

Das AVL-Kriterium ist nur *eine* Möglichkeit, das Wachstum der Bäume zu steuern und Ausgeglichenheit zu bewahren. Eine Alternative hierzu sind die *2-3-4-Bäume*.

6.5.1. Definition

In einem sortierten Binärbaum dauert das Einfügen eines Elementes nur einen Schritt (wenn man schon weiß, *wo* man das Element einfügen will bzw. muss). Das Suchen braucht im Durchschnitt nur etwa 2 $log_2\, n$ viele Schritte und wenn der Baum besonders gut ausgeglichen ist, dann braucht man sogar etwa $log_2\, n$ Schritte. Es bleibt aber ein kleiner Pferdefuß: Wenn der Suchbaum extrem unausgeglichen ist, dann braucht man zum Suchen bis zu *n* Schritte (im positiven und im negativen Fall).

Im Folgenden wird eine weitere Technik beschrieben, mit der man verhindern kann, dass ein Baum unausgeglichen wird. Diese Technik basiert nicht auf Binärbäumen (die man auch 2-Bäume nennen könnte) sondern auf so genannten *2-3-4-Bäumen*.

Ein 2-3-4-Baum kann nicht nur *2-er-Knoten* enthalten (die aus einem Schlüssel und zwei Referenzen bestehen), sondern auch *3-er-Knoten* (die aus zwei Schlüsseln und drei Referenzen bestehen) und *4-er-Knoten* (die aus drei Schlüsseln und vier Referenzen bestehen).[1]

Der folgende 2-3-4-Baum besteht aus einem 3-er-Knoten, zwei 4-er-Knoten und einem 2-er-Knoten:

---

[1] Die Beispiele stammen (nach Überarbeitung) aus [Sed].

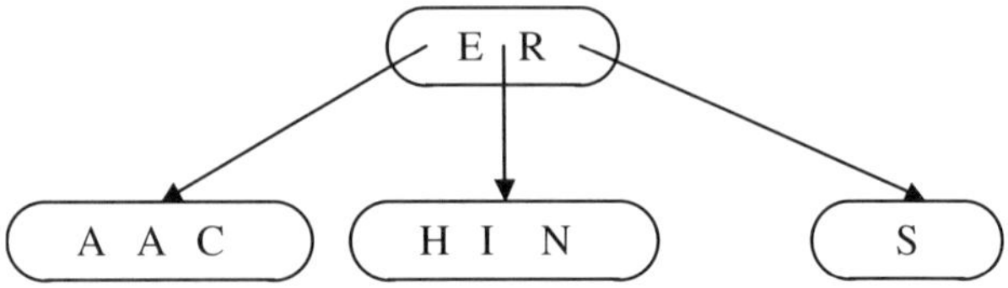

Abbildung 6.24: Ein sortierter 2-3-4-Baum

Aufgabe 6.19: Zeichnen Sie einen (sortierten) 2-3-4-Baum, der aus mindestens einem 2-er-, einem 3-er- und einem 4-er-Knoten besteht und in dem die 12 Schlüssel „A“ bis „L“ vorkommen.

6.5.2. Spalten

2-3-4-Bäume sind für uns nur dann interessant, wenn sie *sortiert* sind. Wir setzen ab jetzt voraus, dass alle hier erwähnten 2-3-4-Bäume sortiert sind, auch wenn das nicht jedes Mal ausdrücklich erwähnt wird.

Im folgenden Algorithmus ist es notwendig, 4-er-Knoten in einem 2-3-4-Baum zu „spalten“. Dabei sind drei Fälle zu unterscheiden:

Fall 1: Der zu spaltende 4-er-Knoten ist der Wurzelknoten des Baumes[1]:

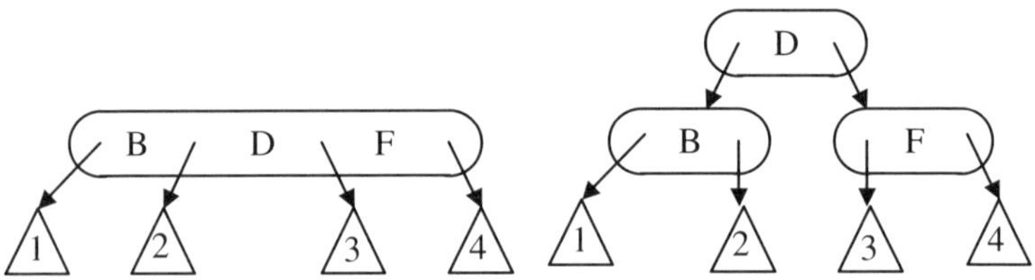

vor dem Spalten nach dem Spalten

Abbildung 6.25: Spalten eines Wurzelknotens

Fall 2: Der zu spaltende 4-er-Knoten hängt an einem 2-er-Knoten:

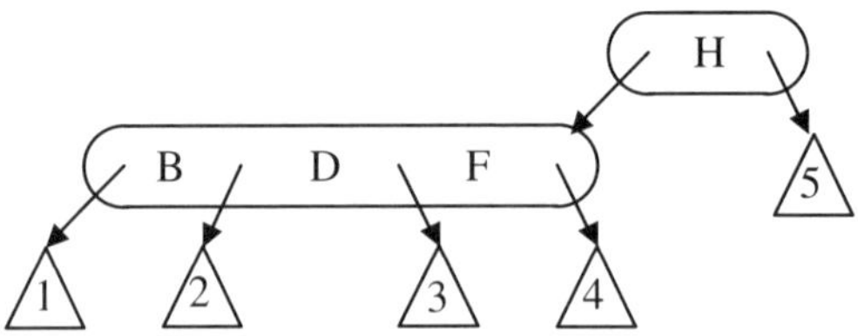

vor dem Spalten

[1] Die Dreiecke mit den Ziffern darin bezeichnen beliebige Unterbäume.

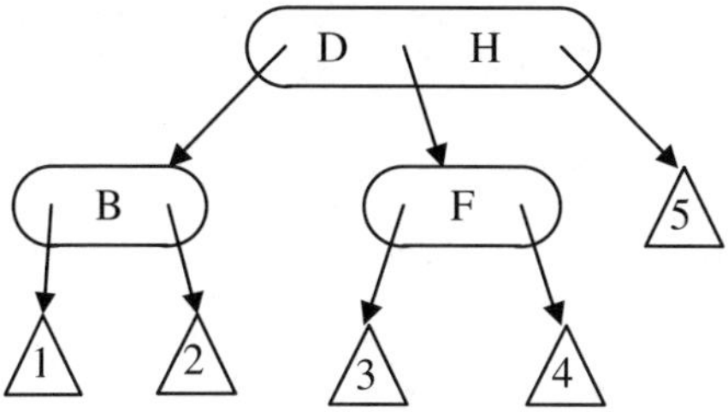

nach dem Spalten

Abbildung 6.26: Spalten des Unterknotens eines 2-er-Knotens

Es soll beachtet werden, dass alle oben beschriebenen Spaltungen rein *lokal* ablaufen können. Dies heißt, dass unabhängig von der Größe des Baums, in dem man einen 4-er-Knoten spalten will, immer nur zwei bzw. drei Knoten mit ihren Schlüsseln und Referenzen von der Spaltung betroffen sind. Alle anderen Knoten des Baumes bleiben völlig unverändert. Somit kann man jede Spaltung als *einen* (komplexen) Schritt auffassen.

Fall 3: Der zu spaltende 4-er-Knoten hängt an einem 3-er-Knoten:

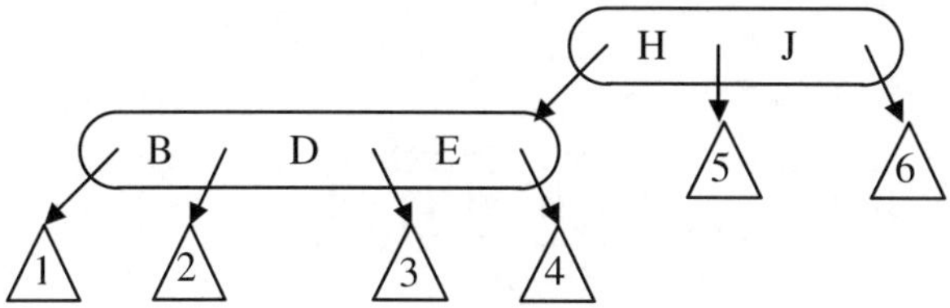

vor dem Spalten

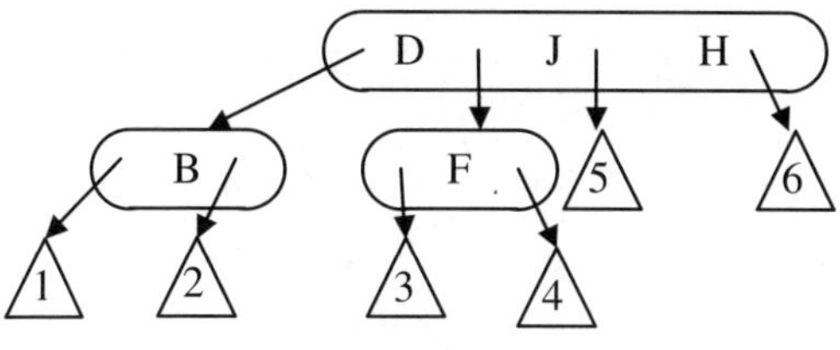

nach dem Spalten

Abbildung 6.27: Spalten des Unterknotens eines 3-er-Knotens

Im Fall 3 haben wir einen 4-er-Knoten gespalten und damit beseitigt, aber gleichzeitig haben wir aus einem 3-er-Knoten einen neuen 4-er-Knoten gemacht. In einem gewissen Sinn haben wir also einen 4-er-Knoten um eine Ebene nach oben *verschoben*. Ein wiederholtes Spalten dieses Knotens kann um eine weitere Ebene nach oben verschoben werden. Somit ist die Operation *Spalten* für einen 4-er-Knoten nicht lokal, wohl aber *einem Pfad* entlang durchführbar. Ihre Komplexität ist also $O(log\ n)$.

6.5.3. Einfügen

Wenn wir ein Element in einen 2-3-4-Baum einfügen wollen, dann gehen wir folgendermaßen vor.

Wir suchen von oben nach unten im Baum nach dem Knoten, in den das neue Element hineingehört. Wenn wir bei dieser Suche an einem 4-er-Knoten vorbeikommen, dann spalten wir ihn, wie oben beschrieben. Mit diesem „suchen und spalten" hören wir erst auf, wenn wir auf der untersten Ebene des Baumes angelangt sind. Der Knoten auf der untersten Ebene, bei dem unsere Suche endet, ist sicher kein 4-er-Knoten (sonst hätten wir ihn vorher gespalten), sondern ein 2-er- oder ein 3-er-Knoten. Diesen Knoten erweitern wir mit dem einzufügenden Element zu einem 3-er- bzw. zu einem 4-er-Knoten.

Beispiel: In den folgenden 2-3-4-Baum werden Elemente mit den Schlüsseln E, X, A, M, P, L und E (in dieser Reihenfolge) eingefügt:

1.

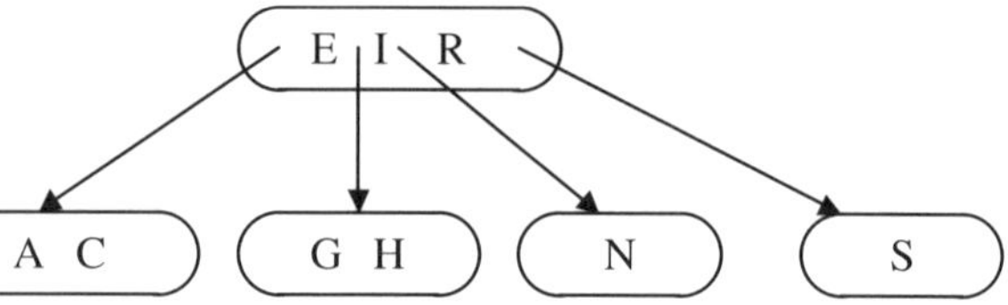

2.

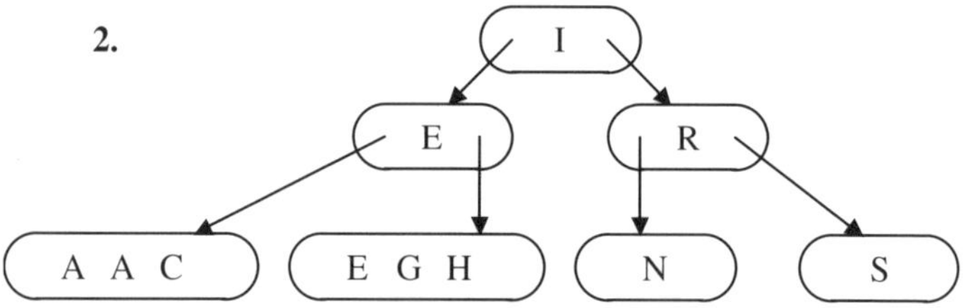

3.

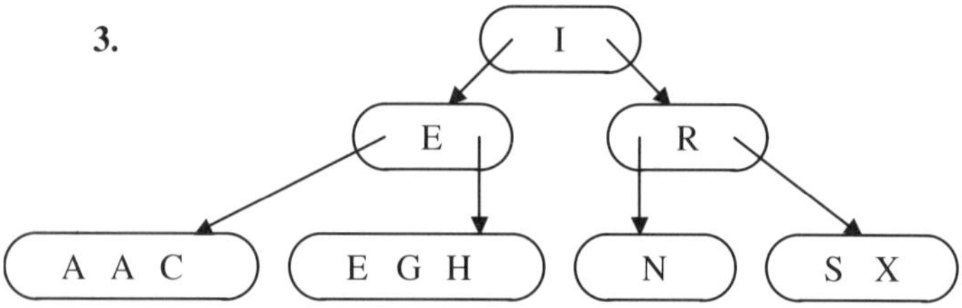

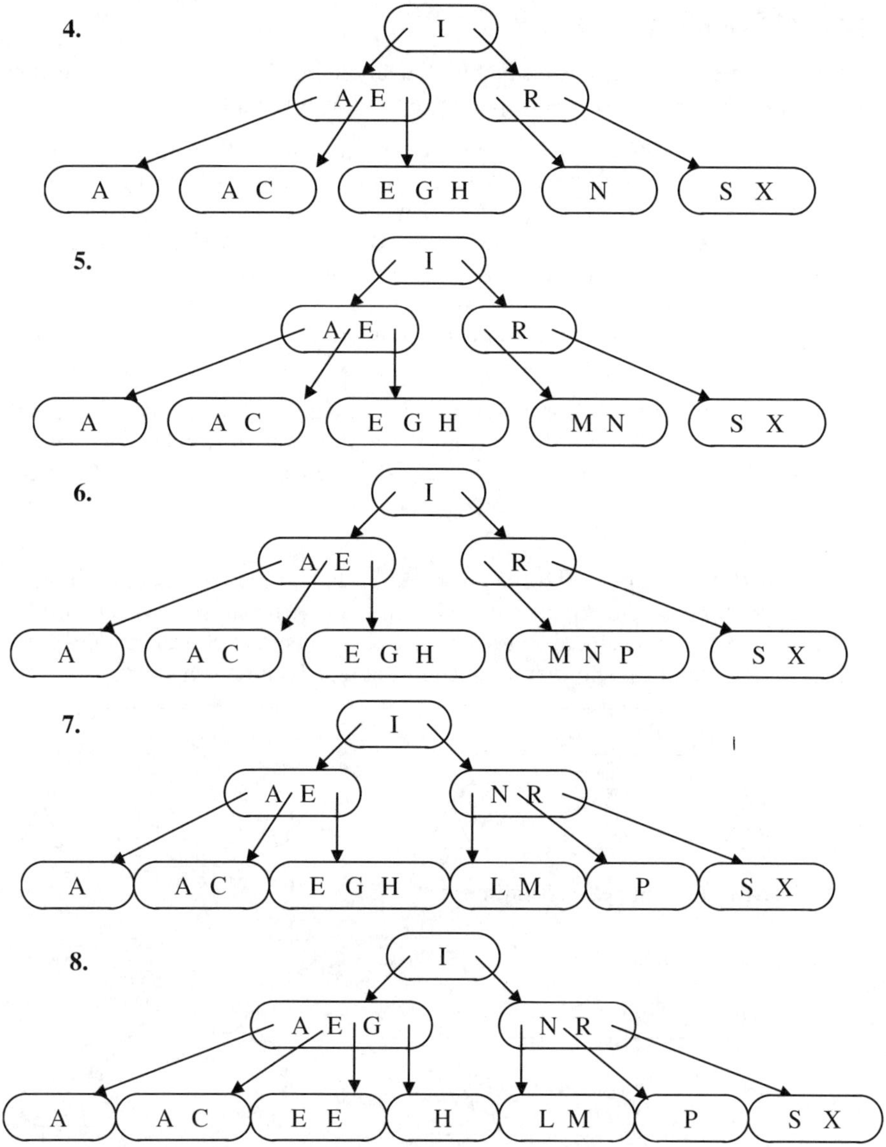

Abbildung 6.28: Einfügen im 2-3-4-Baum

Aufgabe 6.20: Fügen Sie Elemente mit den Schlüsseln H, A, L, L, O, S, U, S und I (in dieser Reihenfolge) in einen anfänglich leeren 2-3-4-Baum ein.

6.6. Rot-Schwarz-Bäume

2-3-4-Bäume sind nicht ganz einfach zu implementieren. Insbesondere die Operation „einen 4-er-Knoten spalten“ ist ziemlich kompliziert.

Statt 2-3-4-Bäume *direkt* zu implementieren (indem man z.B. drei Klassen `ZweierKnoten`, `DreierKnoten` und `ViererKnoten` und die Fallunterscheidungen in den Operationen `einfuegen`, `spalten`, `suchen` usw. vereinbart), kann man sie auch durch *Binärbäume* darstellen und diese Binärbäume implementieren. Die entsprechenden Binärbäume nennt man dann *Rot-Schwarz-Bäume*. Die Grundidee dabei ist: Die 3-er- und 4-er-Knoten der 2-3-4-Bäume stellt man als „kleine Binärbäume" dar und nennt die Kanten in diesen kleinen Binärbäumen *rote* Kanten.

Die Übersetzung von 3-er-Knoten ist also nicht eindeutig, man kann sie wahlweise in einen kleinen Binärbaum mit einer nach *links* oder nach *rechts geneigten* roten Kante übersetzen. Die 2-er-Knoten brauchen bei der Übersetzung von 2-3-4-Bäumen in Rot-Schwarz-Bäume nicht verändert zu werden. Sie können „so wie sie sind“ übernommen werden.

Die *roten Kanten* in einem Rot-Schwarz-Baum halten also die „kleinen Binärbäume“ zusammen, die einem 3-er- oder einem 4-er-Knoten entsprechen. Die *schwarzen Kanten* in einem Rot-Schwarz-Baum entsprechen genau den Kanten des 2-3-4-Baumes. Die ursprünglichen Kanten „bleiben schwarz“.

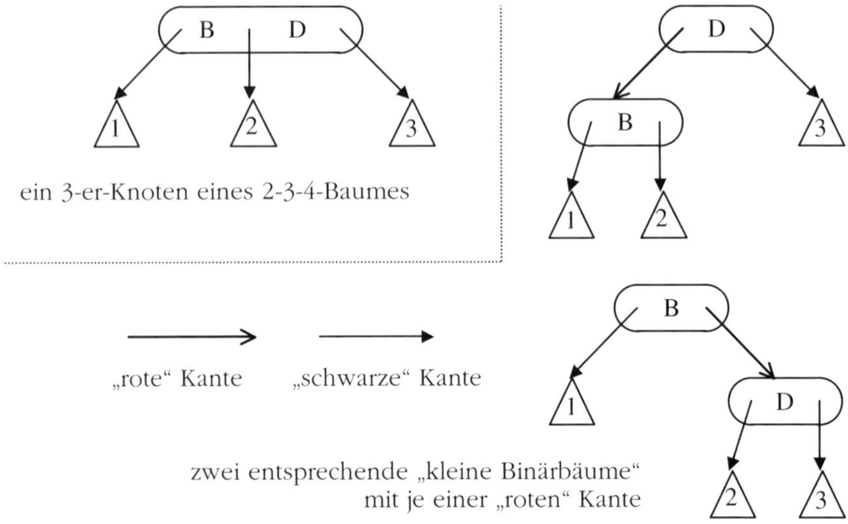

Abbildung 6.29: „Rote“ und „schwarze“ Kanten

Aufgabe 6.21: Zeichnen Sie den 2-3-4-Baum, der folgendem Rot-Schwarz-Baum entspricht:

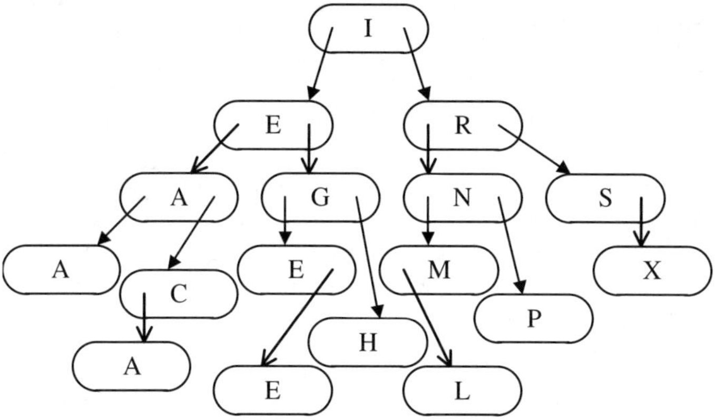

Abbildung 6.30: Ein Rot-Schwarz-Baum

Einige wichtige Eigenschaften von Rot-Schwarz-Bäumen sind folgende:

1. Auf keinem Ast (von der Wurzel zu einem Blatt) liegen zwei rote Kanten hintereinander.
2. Möglicherweise gibt es einen (längsten) Ast, der zur Hälfte aus roten und zur Hälfte aus schwarzen Kanten besteht (alternierend: rot, schwarz, rot, schwarz usw.; oder: schwarz, rot, schwarz, rot usw.).
3. Möglicherweise gibt es einen (kürzesten) Ast, der nur aus schwarzen Kanten besteht.

Der längste Ast ist also höchstens doppelt so lang wie der kürzeste Ast.

Rote und schwarze Kanten kann man besonders „billig" unterscheiden: Man ergänzt jeden Knoten um eine `boolean`-Variable namens `rot`.

```
class RotSchwarzKnoten extends Knoten {
  boolean rot;
}
```

Wenn die Kante, die zu diesem Knoten führt, rot ist, wird diese Variable auf `true` gesetzt und sonst auf `false`. Man braucht also pro Knoten nur ein zusätzliches Bit.

Um in einem Rot-Schwarz-Baum zu *suchen*, kann man den Suchalgorithmus für „normale" Binärbäume wörtlich übernehmen. Der Suchalgorithmus ignoriert nur die `rot`-Komponente in den Knoten.

Um in einen Rot-Schwarz-Baum neue Elemente *einzufügen*, braucht man eine Hilfsoperation, die wir `rotieren` nennen wollen. Man kann sie auf einen Knoten `x` und seinen Vater `vx` anwenden (`gvx` ist der Großvater von `x`, er wird der Vollständigkeit halber mit angegeben). Die Operation `rotieren` hat die folgende Wirkung:

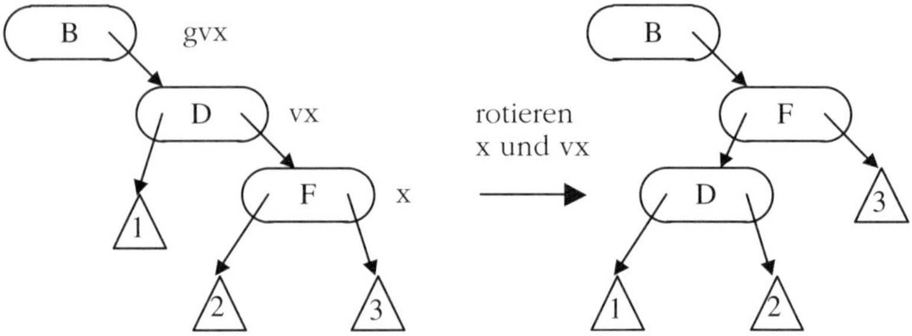

Abbildung 6.31: Rotieren im Rot-Schwarz-Baum

Die Dreiecke bedeuten hier beliebige (evtl. leere) Unterbäume. Der symmetrische Fall wird ähnlich dargestellt:

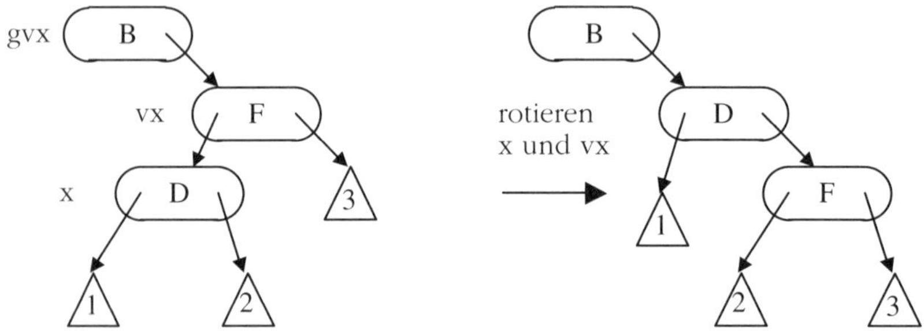

Abbildung 6.32: Symmetrisches Rotieren im Rot-Schwarz-Baum

Zwei Rotationen heben sich also gegenseitig auf.

Wichtig ist: Die Operation `rotieren` *lässt* einen *sortierten* Binärbaum *sortiert*. Sie ändert zwar die Struktur des Baumes, bringt aber seine Sortierung nicht durcheinander.

Jedem 4-er-Knoten in einem 2-3-4-Baum entspricht ein Baum mit drei Knoten und zwei roten Kanten im entsprechenden Rot-Schwarz-Baum. Jedem 3-er-Knoten in einem 2-3-4-Baum entspricht ein Baum mit zwei Knoten und einer roten Kante im entsprechenden Rot-Schwarz-Baum. Jedem 2-er-Knoten in einem 2-3-4-Baum entspricht ein Baum mit einem Knoten und ohne rote Kante im entsprechenden Rot-Schwarz-Baum. Beim Einfügen von Elementen in einen Rot-Schwarz-Baum müssen wir also 4-er-Bäume *spalten*. Dabei müssen wir insgesamt vier Fälle unterscheiden: Fall 1, Fall 2.1, Fall 2.2 und Fall 2.3.

Im Folgenden bezeichnet `x` immer den obersten Knoten des zu spaltenden 4-er-Baumes, `vx` den Vater von `x`, `gvx` den Großvater von `x` und `ugvx` den Urgroßvater von x. Statt „die Kante, die zum Knoten a führt, rot machen" sagen wir einfacher: „den Knoten a rot machen".

Fall 1: Der zu spaltende 4-er-Baum hängt an einem 2-er-Baum. Wir spalten ihn, indem wir x rot und die Kinder von x schwarz machen:

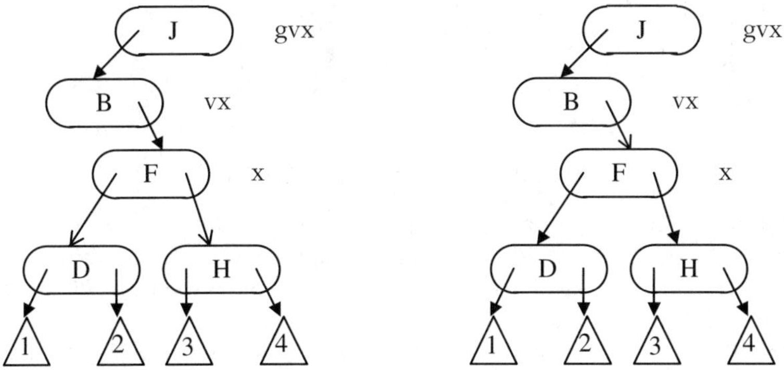

vor dem Spalten nach dem Spalten

Abbildung 6.33: Spalten, Fall 1

Fall 2: Der zu spaltende 4-er-Baum hängt an einem 3-er-Baum. Je nachdem, *wo* er an dem 3-er-Baum hängt, müssen wir drei Unterfälle unterscheiden, die unterschiedlich schwer zu behandeln sind. Die folgende Abbildung zeigt die möglichen „Aufhängungspunkte" und wie schwer die entsprechenden Unterfälle zu behandeln sind:

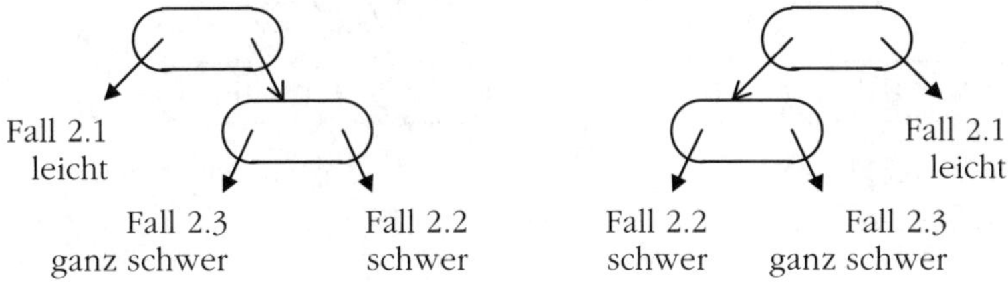

ein 3-er-Baum der symmetrische Fall

Abbildung 6.34: Spalten, Fall 2

Fall 2.1: Auch in diesem Fall genügt es, x rot und die Kinder von x schwarz zu machen:

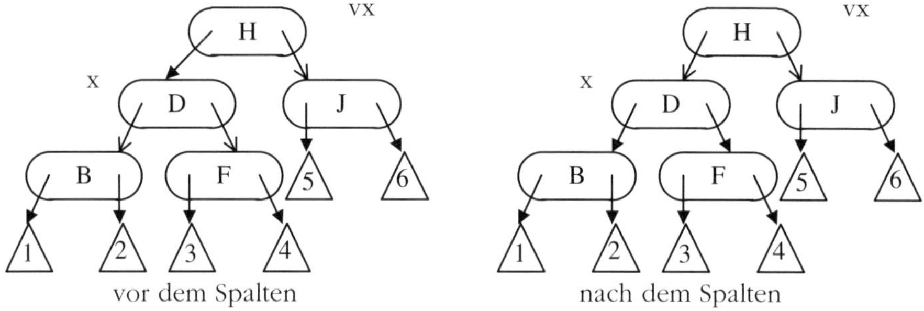

Abbildung 6.35: Spalten, Fall 2.1

Fall 2.2: In diesem Fall erfordert das Spalten zwei Schritte.

1. Der Knoten x wird rot, seine Kinder werden schwarz („wie immer"). Danach stehen aber zwei rote Kanten hintereinander (was in einem Rot-Schwarz-Baum verboten ist).
2. Der Vater und Großvater von x (vx und gvx) werden rotiert. Danach ist wieder „alles in Ordnung".

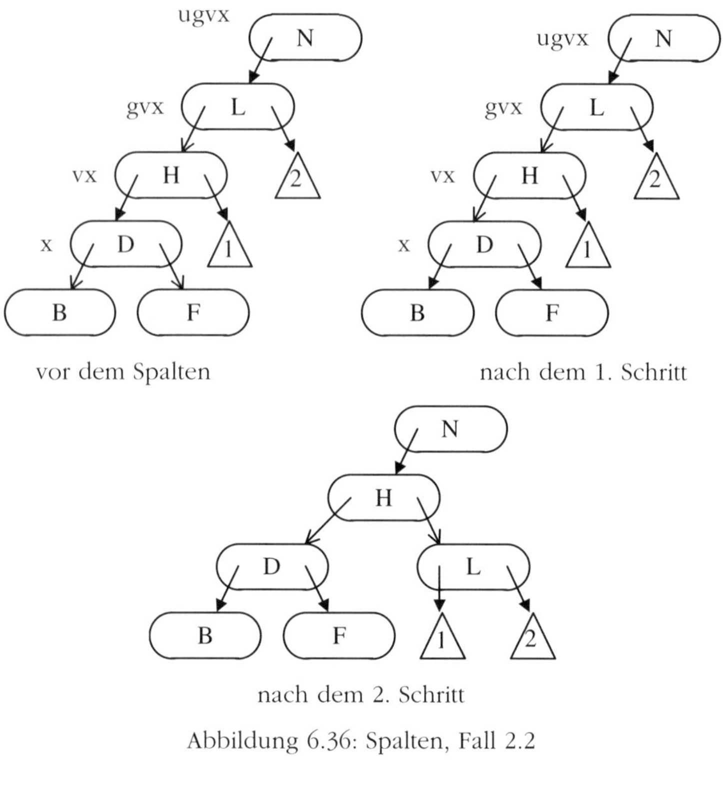

Abbildung 6.36: Spalten, Fall 2.2

Fall 2.3: In diesem Fall erfordert das Spalten sogar drei Schritte:

1. Der Knoten x wird rot, seine Kinder werden schwarz („wie immer"). Danach stehen aber zwei rote Kanten hintereinander (was in einem Rot-Schwarz-Baum verboten ist!)
2. x und sein Vater vx werden rotiert. Danach stehen immer noch zwei rote Kanten hintereinander.
3. x und sein Großvater gvx werden rotiert. Danach ist wieder „alles in Ordnung".

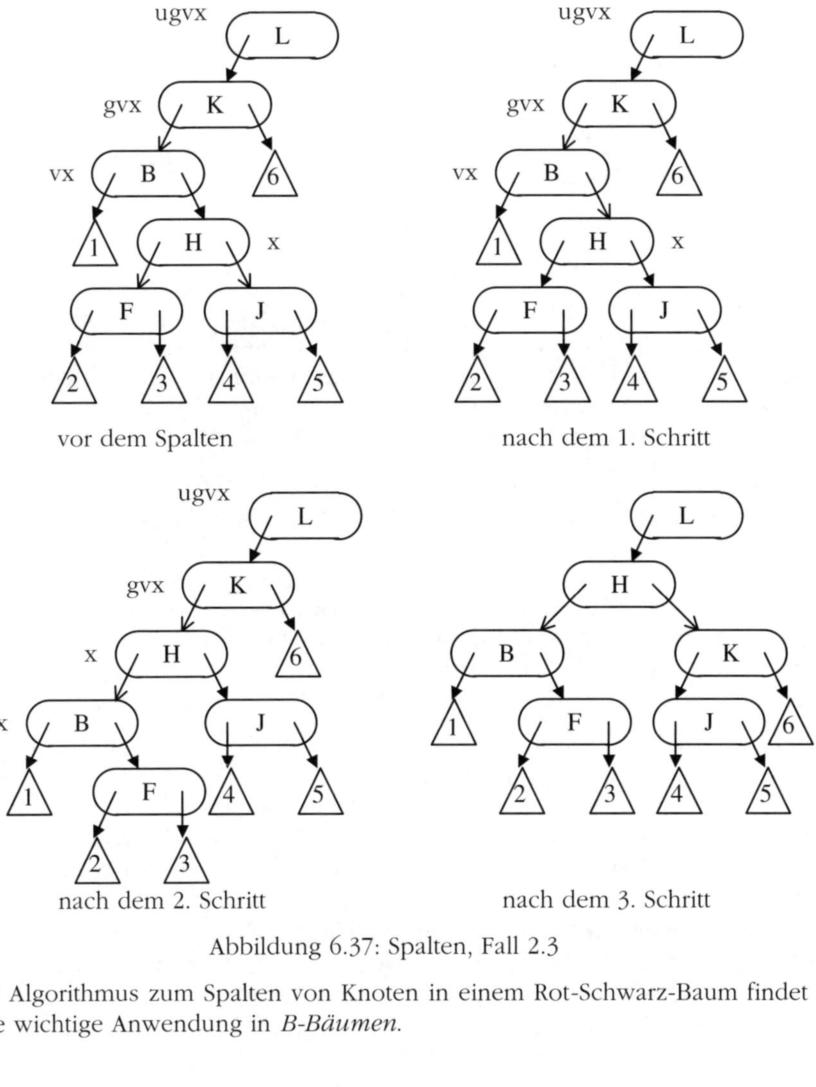

Abbildung 6.37: Spalten, Fall 2.3

Der Algorithmus zum Spalten von Knoten in einem Rot-Schwarz-Baum findet eine wichtige Anwendung in *B-Bäumen*.

6.7. B-Bäume

Der Begriff *B-Baum* ist eine Verallgemeinerung des Begriffs 2-3-4-Baum. 2-3-4-Bäume sind B-Bäume zweiter Ordnung.

Während die Knoten eines 2-3-4-Baums zwei oder drei oder vier Schlüssel enthalten, können B-Bäume der n-ten Ordnung m Schlüssel in ihren Knoten speichern, wobei $n <= m <= 2n$. Neben den m Schlüsseln enthält ein solcher Knoten auch m+1 *Verweise* (Referenzen) auf weitere Knoten.

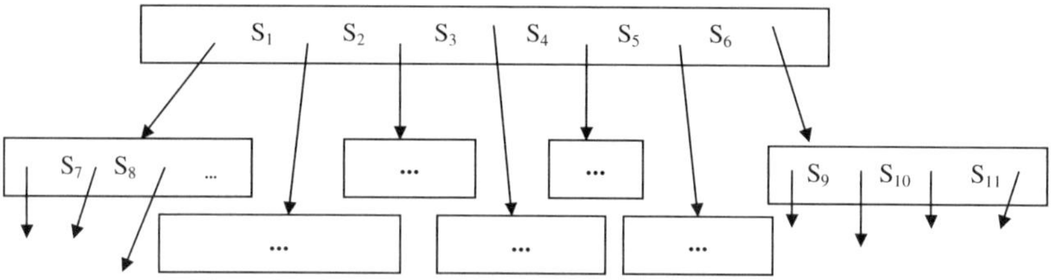

Abbildung 6.38: Knoten eines B-Baums mit Schlüsseln und Verweisen

AVL-Bäume und 2-3-4-Bäume (und somit Rot-Schwarz-Bäume) werden primär bei *internen Verfahren* verwendet; B-Bäume dagegen bei *externen Verfahren*. Insbesondere bei der Organisation von *Datenbanken* haben sich B-Bäume bewährt. Diese Organisationsform heißt auch *index-sequenzielle* oder *indiziert sequenzielle Datei*.

Externe Datenspeicher arbeiten typischerweise mit Blöcken; ein Block kann mit einem (recht langsamen) Zugriff gelesen oder geschrieben werden. Seine Größe ist charakteristisch für das verwendete Medium (z.B. Festplatte). Wenn die Daten unsortiert auf den Datenträger gespeichert werden, muss man – wie wir im Kapitel 4.3.1. (auf Seite 77) gesehen haben – im Durchschnitt die halbe Datei durchlesen, um ein gesuchtes Element zu finden. Wenn auf einem Block n Objekte Platz haben, dann kostet dies $N/(2n)$ Lesezugriffe bei N gespeicherten Objekten: Das Suchen hat eine lineare Zeitkomplexität.

Wenn die Daten Schlüssel haben, die geordnet werden können, kann man die Daten auch so organisieren, dass sie mit logarithmischer Zeitkomplexität gefunden werden können. Insbesondere soll man die Schlüssel so auf den Blöcken (auf den „Knoten des B-Baums") verteilen, dass die Anzahl der Zugriffe minimiert wird. Hierzu wird der Speicher in *Indexblöcke* und *Datenblöcke* aufgeteilt. Die Indexblöcke bilden die Knoten des B-Baums. Neben jedem Schlüssel enthalten sie auch die Adresse eines Datenblocks, wo sich die dazugehörigen (typischerweise längeren) Daten befinden. Somit findet das Suchen in den Indexblöcken statt, und nur ein letzter Zugriff holt den gefundenen Datenblock.

Das folgende Verfahren von *R. Bayer* und *E. McCreight*[1] hat sich für die Organisation des B-Baums bewährt. Demnach enthält jeder Knoten mindestens n, höchstens $2n$ Schlüssel (mit dazugehörigen Datenblock-Adressen). Ein spezieller *Wurzelblock* kann weniger als n Schlüssel enthalten. Jeder Knoten mit m Schlüsseln ($n <= m <= 2n$) ist entweder ein *Blatt* (dann enthält er keine Verweise) oder enthält er m+1 Verweise auf weitere Knoten.

Innerhalb eines Knotens sind die Schlüssel sortiert, d.h. für jedes $i <= m$-1 gilt: Der i-te Schlüssel ist nicht größer als der i+1-ter Schlüssel. Darüber hinaus gilt für den i-ten und den i-1-ten Verweis, dass alle Schlüssel auf dem i-1-ten Knoten (d.h. Knoten, der über den Verweis Nr. i-1 erreicht wird) nicht größer sind als der i-te Schlüssel, und dass alle Schlüssel auf dem i-ten Knoten nicht kleiner sind als der i-te Schlüssel:

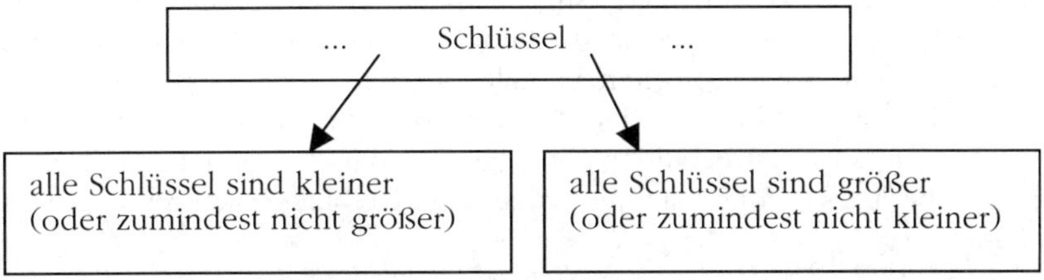

Abbildung 6.39: Sortierkriterium im B-Baum

Auf dem Knoten Nr. 1 (falls es ihn gibt) sind also alle Schlüssel kleiner, auf dem Knoten Nr. m sind alle Schlüssel größer als die Schlüssel auf dem aktuellen Knoten.

Des Weiteren befinden sich alle Blätter (Knoten ohne Verweise) auf der gleichen Ebene, d.h. ihre Entfernung vom Wurzelknoten ist gleich.

Folgender Suchalgorithmus kann auf einem B-Baum verwendet werden:

1. den Wurzelblock einlesen
2. gegebenen Schlüssel S auf dem eingelesenen Block (z.B. binär) suchen
3. wenn gefunden, Datenblock lesen, fertig
4. ansonsten i finden, sodass $S_i < S < S_{i+1}$ (wenn $S < S_1$ oder $S_m < S$, dann i = 0 bzw. $i = m$+1)
5. Block Nr. i einlesen, Schritte 2-5 wiederholen

Die gleichmäßige Verteilung der Schlüssel auf den Blöcken garantiert, dass die Anzahl der Zugriffe unter $log_n N$ bleibt, wo n die Ordnung des B-Baums ist (die Anzahl der Schlüssel pro Knoten) und N die Anzahl der Knoten (nN ist also die Anzahl der Schlüssel und der Datensätze).

---

[1] s. [Bay]

Die gleichmäßige Verteilung wird beim Eintragen und beim Löschen durch *Spaltung* sichergestellt, ähnlich wie es für 2-3-4-Bäume im Kapitel 6.5. (auf Seite 144) vorgestellt wurde.

Dadurch, dass die meisten Knoten weniger als die maximale Anzahl von n Schlüsseln haben, bestehen die meisten Eintragungen aus einem Zugriff (nachdem der Eintragungsort gesucht wurde): In den gefundenen Block wird der Schlüssel eingefügt. Wenn innerhalb eines Blocks die Schlüssel linear organisiert sind, ist dies zwar aufwändig, aber im Vergleich zu einem Blockzugriff typischerweise vernachlässigbar. Wenn nötig, kann man die Schlüssel innerhalb eines Blocks auch besser als linear (z.B. als Binärbaum) organisieren.

Die Struktur des B-Baums wird nur dann beeinträchtigt, wenn der neue Schlüssel in einen vollen Block eingefügt werden soll. Dann muss er gespalten werden: Ein neuer Block wird erzeugt, die m+1 Schlüssel werden gleichmäßig auf den beiden Blöcken verteilt, der mittlere Schlüssel wird in den darüber liegenden Block (in den *Vorgängerknoten*) nach demselben Verfahren eingefügt. Im Extremfall (wenn alle Indexblöcke dem Pfad entlag voll sind) verbreitet sich die Spaltung bis zum Wurzelblock; dann erhöht sich der B-Baum.

Das Kriterium $n < m < 2n$ grenzt jedoch das Wachstum ein, sodass in der Praxis (selbst bei großen Datenbanken) die Höhe selten 4 oder 5 übersteigt. Dies bedeutet, dass jedes Objekt mit gegebenem Schlüssel in höchstens 5 oder 6 Zugriffen gefunden werden kann – eine beträchtliche Optimalität.

Dies ist darauf zurückzuführen, dass jede Erhöhung des B-Baums seine Kapazität um mehr als auf das n-fache steigert; er wächst also mit der Anzahl der Erhöhungen *exponenziell*.

7. Klassen von Algorithmen

In diesem Abschnitt soll gezeigt werden, wie man algorithmische Probleme entsprechend ihrer „Schwierigkeit" in *drei Klassen* einteilen kann. Zuvor müssen wir etwas genauer erläutern, was man unter einem *algorithmischen Problem* und unter seiner *Schwierigkeit* versteht.

7.1. Was ist ein algorithmisches Problem?

Unter einem algorithmischen Problem wollen wir ein Problem verstehen, welches sich auf eine bestimmte Weise *beschreiben* lässt. Hier ein paar Beispiele solcher *Beschreibungen:*

AP1: Gesucht wird ein Algorithmus mit folgendem Ein-/Ausgabeverhalten (s. Kapitel 2.1. auf Seite 8):
Eingabe: eine Folge von ganzen Zahlen
Ausgabe: die maximale Teilsumme der Folge

AP2: Gesucht wird ein Algorithmus mit folgendem Ein-/Ausgabeverhalten (s. Kapitel 4.1. auf Seite 72):
Eingabe: ein (längerer) Text und ein (kürzeres) Wort
Ausgabe: eine natürliche Zahl *n*, die angibt, ab welcher Stelle im Text das Wort (zum ersten Mal) vorkommt bzw. -1, falls das Wort nirgends im Text vorkommt

AP3: Gesucht wird ein Algorithmus mit folgendem Ein-/Ausgabeverhalten (s. Kapitel 4.1. auf Seite 72):
Eingabe: ein Text und ein Wort
Ausgabe: „Ja", wenn das Wort im Text vorkommt, „Nein" sonst

AP4: Gesucht wird ein Algorithmus mit folgendem Ein-/Ausgabeverhalten (s. Kapitel 5. auf Seite 91):
Eingabe: eine Reihung von Objekten mit Schlüsselkomponente
Ausgabe: eine Reihung, welche die gleichen Objekte enthält, aber sortiert ist nach Schlüsseln

AP5: Gesucht wird ein Algorithmus mit folgendem Ein-/Ausgabeverhalten:
Eingabe: eine positive ganze Zahl n, d.h. $n \in \{ 1, 2, 3, \ldots \}$
Ausgabe: die n-te Primzahl

Solche Beschreibungen nennen wir Ein-/Ausgabe-Beschreibungen oder kurz *E/A-Beschreibungen*, weil sie eine Menge von *erlaubten Eingaben* und eine Menge von *erwarteten Ausgaben* beschreiben.

Damit wir eine E/A-Beschreibung als Beschreibung eines algorithmischen Problems anerkennen, muss sie die drei folgenden Bedingungen erfüllen:

Bedingung 1: (*Endlichkeitsbedingung*): Jede einzelne erlaubte Eingabe und jede einzelne erwartete Ausgabe muss (durch) eine *endliche* Zeichenkette (darstellbar) sein.

Bedingung 2: (*Unendlichkeitsbedingung*): Es müssen (abzählbar) *unendlich* viele verschiedene Eingaben erlaubt sein.

Bedingung 3: (*Lösbarkeitsbedingung*): Für jede einzelne erlaubte Eingabe muss es „im Prinzip" möglich sein, die entsprechende erwartete Ausgabe zu ermitteln.

Die Bedingung 3 schließt z.B. die folgenden Probleme aus der Klasse der *algorithmischen* Probleme aus:

P6: Gesucht wird ein Algorithmus, mit folgendem Ein-/Ausgabeverhalten:
Eingabe: eine ganze Zahl z

Ausgabe: eine ganze Zahl w, für die gilt: $w \cdot w = z$

Viele ganze Zahlen haben keine ganzzahlige Wurzel, z.B. 2, 3, 5, ..., und alle negativen Zahlen. Also ist ***P6*** *kein algorithmisches* Problem. Man könnte ***P6*** als „unlösbares mathematisches Problem" bezeichnen.

P7: Gesucht wird ein Algorithmus mit folgendem Ein-/Ausgabeverhalten:
Eingabe: eine natürliche Zahl n
Ausgabe: ein Zauberwort, mit dem man n kg Blei in Gold verwandeln kann

Da es – nach unseren heutigen Erkenntnissen – noch nicht einmal „im Prinzip möglich" ist, mit Hilfe eines Zauberwortes Blei in Gold umzuwandeln, ist auch ***P7*** kein *algorithmisches* Problem. Man könnte ***P7*** ein „(wahrscheinlich) unlösbares alchemistisches Problem" nennen.

Gegen die *Endlichkeitsbedingung* verstoßen z.B. die folgenden Problembeschreibungen:

P8: Gesucht wird ein Algorithmus mit folgendem Ein-/Ausgabeverhalten:

Eingabe: eine positive, ganze Zahl n, d.h. $n \in \{ 1, 2, 3, ... \}$
Ausgabe: der Kehrwert von n (d.h. $1/n$), dargestellt als Dezimalbruch, vollständig und ohne „Abkürzungen" wie „usw. usw." oder „..." oder Ähnliches

Der Kehrwert von vielen natürlichen Zahlen ist ein Dezimalbruch mit unendlich vielen Stellen, z.B. $1/3 = 0{,}333333...$ Man kann ***P8*** in ein *algorithmisches* Problem verwandeln, indem man eine Schreibweise für Perioden und die übliche Überstreichung der sich wiederholenden Ziffernfolge erlaubt.

P9: Gesucht wird ein Algorithmus, mit folgendem Ein-/Ausgabeverhalten:
Eingabe: keine

Ausgabe: die Zahl π in Dezimalbruch-Schreibweise

Die Zahl π hat (in Dezimalbruch-Schreibweise, π = 3,141.592.653.589.793.238. 462.643 usw.) bekanntlich unendlich viele Ziffern und ist nicht periodisch (wie z.B. 1/3). Es ist kein *algorithmisches* Problem, unendlich viele Ziffern auszugeben (sondern einfach unmöglich).

Das folgende Problem ***AP10*** ist dem Problem ***P9*** sehr ähnlich, erfüllt aber unsere drei Bedingungen und ist somit ein algorithmisches Problem:

AP10: Gesucht wird ein Algorithmus mit folgendem Ein-/Ausgabeverhalten:
Eingabe: eine natürliche Zahl *n*
Ausgabe: die ersten *n* Ziffern der Zahl π

Man beachte genau: Wir dürfen zwar beliebig große natürliche Zahlen eingeben, aber jede einzelne Zahl, die wir eingeben dürfen, ist nur endlich groß, und die zugehörige Ausgabe ist ebenfalls nur eine endliche Folge von Ziffern.

Jetzt müssen wir noch die *Unendlichkeitsbedingung begründen.* Warum schließen wir Probleme, die nur *endlich viele Eingaben* erlauben, aus der Klasse der algorithmischen Probleme aus? Warum schließen wir z.B. die folgenden Probleme ***P11*** und ***P12*** aus?

P11: Gesucht wird ein Algorithmus mit folgendem Ein-/Ausgabeverhalten:
Eingabe: eine natürliche Zahl *n* zwischen 1 und 10
Ausgabe: die ersten *n* Ziffern der Zahl π

P12: Gesucht wird ein Algorithmus mit folgendem Ein-/Ausgabeverhalten:
Eingabe: keine
Ausgabe: die zwölfte Ziffer der Zahl π

Probleme, deren Lösungsalgorithmen *keine* Eingabe erfordern und deshalb immer die gleiche Ausgabe liefern, sollen hier *Einzelprobleme* genannt werden. ***P12*** ist ein typisches Einzelproblem. Warum betrachten wir Einzelprobleme *nicht* als *algorithmische* Probleme?

Antwort: Weil man bei ihrer Lösung „schummeln" kann.

Unser Ziel ist es, alle algorithmischen Probleme entsprechend ihrer „Schwierigkeit" in Klassen einzuteilen. Nun kann ein algorithmisches Problem aus zwei verschiedenen Gründen „schwierig" sein:

Grund 1: Die *Entwicklung* eines Lösungsalgorithmus ist „schwierig" (hoher Entwicklungsaufwand).

Grund 2: Wir haben einen Lösungsalgorithmus (entwickelt oder gefunden), aber seine *Ausführung* ist „schwierig" (hoher Ausführungsaufwand).

Da wir einen Algorithmus nur *einmal* zu entwickeln brauchen und ihn dann *sehr häufig* ausführen (lassen) können, ist der Ausführungsaufwand (d.h. die *Komplexität*) eines Algorithmus im Allgemeinen viel wichtiger als der Entwicklungsaufwand. Eine Ausnahme von dieser Regel: wenn der Entwicklungsaufwand unendlich groß ist, d.h. wenn das Problem garantiert nicht lösbar ist. Dann ist der Ausführungsaufwand der Lösungsalgorithmen *nicht* wichtig.

Demnach unterscheiden wir zwischen dem

- Entwicklungsaufwand und dem
- Ausführungsaufwand (Komplexität)

eines Algorithmus.

Wenn man für ein (lösbares) Einzelproblem (z.B. für ***P12***) einen Lösungsalgorithmus entwickelt, dann kann man immer auf folgende Weise „schummeln": Man berechnet die erwartete Ausgabe, schreibt sie (z.B. als Konstante) in den Lösungsalgorithmus und lässt sie ausgeben. Für ***P12*** könnte ein solcher „geschummelter Lösungsalgorithmus" z.B. so aussehen:

```
void geschummelt() {
  System.out.println("8");
}
```

Dieser Algorithmus ist *sehr leicht* auszuführen, aber diese „Leichtigkeit" sagt nichts darüber aus, wie schwer es war, herauszufinden, dass die zwölfte Ziffer von π eine 8 ist.

Mit diesem Beispiel sollte gezeigt werden: Bei der Lösung von Einzelproblemen kann man immer einen Teil des Ausführungsaufwandes durch Entwicklungsaufwand ersetzen. Wenn ein Problem zwar Eingaben zulässt, aber nur endlich viele, dann kann man (zumindest theoretisch) den gleichen „Trick" anwenden: Man berechnet (während der Entwicklung eines Lösungsalgorithmus) für jede erlaubte Eingabe die entsprechende Ausgabe (eventuell mit sehr großer Mühe), und macht daraus eine Tabelle. Ein Lösungsalgorithmus, der nur in einer solchen Tabelle nachschaut, ist für viele Probleme viel schneller, als ein „richtiger Lösungsalgorithmus", aber auch diese Schnelligkeit sagt nichts über die „Schwierigkeit" des gelösten Problems.

Bei einem Problem mit unendlich vielen verschiedenen Eingaben ist dieser „Tabellen-Trick" grundsätzlich nicht anwendbar: Man könnte höchstens für endlich viele Eingaben die entsprechende Ausgabe im Voraus berechnen und in einer Tabelle speichern. Wenn dann ein Algorithmen-Tester eine Eingabe wählt, deren Ausgabe nicht in der Tabelle steht, dann müsste der Algorithmus seine „wahre Zeitkomplexität" zeigen.

Weil die Zeitkomplexität von Algorithmen, die nur endlich viele Eingaben erlauben, nicht unbedingt etwas über die „Schwierigkeit" des damit gelösten Problems aussagt, schließen wir die entsprechenden Probleme hier aus.

Bei einem algorithmischen Problem sucht man also immer nach einem Algorithmus, der unendlich viele verschiedene Eingaben zulässt. *Ein* solcher Algorithmus muss also *unendlich viele* Einzelprobleme lösen können. Jedes dieser Einzelprobleme muss lösbar sein (sonst handelt es sich nicht um ein *algorithmisches* Problem).

Mit anderen Worten: Ein algorithmisches Problem hat immer die Form: „Kann man eine bestimmte Menge von *unendlich vielen* lösbaren Einzelproblemen mit *einem* Algorithmus lösen?" Oder: „Kann man *unendlich viele* (Einzelproblem-) Fliegen mit *einer* (algorithmischen) Klappe treffen?".

In der Praxis gilt die Verwendung von „Lösungstabellen" zur Beschleunigung von Programmen nicht als „fieser Trick", sondern als eine empfehlenswerte Programmiertechnik. Natürlich muss man in jedem Einzelfall kritisch prüfen, ob sich diese Technik vorteilhaft einsetzen lässt.

Bei jedem algorithmischen Problem muss die Menge der erwarteten Ausgaben *mindestens zwei Elemente* enthalten (warum wohl?). Algorithmische Probleme, bei denen die Menge der erwarteten Ausgaben *genau zwei* Elemente enthält (z.B. die Elemente `"Ja"` und `"Nein"`, oder `'Y'` und `'N'`, oder `0` und `1`, oder `true` und `false` oder so ähnlich), nennt man *Entscheidungsprobleme*. ***AP3*** ist zum Beispiel ein Entscheidungsproblem. ***AP2*** ist mit ***AP3*** nah verwandt, aber kein Entscheidungsproblem.

Aufgabe 7.1: Entwerfen Sie eine schnelle Java-Funktion, die das Problem ***P11*** löst (Eingabe: Eine natürliche Zahl n zwischen 1 und 10, Ausgabe: Die ersten n Ziffern der Zahl π).

Aufgabe 7.2: Ist das folgende Problem ein algorithmisches Problem? Begründen Sie Ihre Antwort.

P13: Gesucht wird ein Algorithmus mit folgendem Ein-/Ausgabeverhalten:

Eingabe: eine positive Zweierpotenz n, d.h. $n \in \{ 1, 2, 4, 8, 16, 32, 64, ... \}$
Ausgabe: der Logarithmus (zur Basis 2) von n in Binärbruch-Schreibweise, ohne Abkürzungen

Aufgabe 7.3: Ist das folgende Problem ein algorithmisches Problem? Begründen Sie Ihre Antwort.

P14: Gesucht wird ein Algorithmus mit folgendem Ein-/Ausgabeverhalten:

Eingabe: eine natürliche Zahl n, d.h. $n \in \{ 1, 2, 3, 4, 5, 6, 7, ... \}$
Ausgabe: der Logarithmus (zur Basis 2) von n in Binärbruch-Schreibweise, ohne Abkürzungen

Aufgabe 7.4: Ist das folgende Problem ein algorithmisches Problem? Begründen Sie Ihre Antwort.

P15: Gesucht wird ein Algorithmus mit folgendem Ein-/Ausgabeverhalten:

Eingabe: eine ganze Dezimalzahl *d* ohne Vorzeichen, d.h. $d \in \{0, 1, 2, 3, 4, 5, 6, 7, ...\}$
Ausgabe: die entsprechende Binärzahl *b*, ohne Abkürzungen

Aufgabe 7.5: Ist das folgende Problem ein algorithmisches Problem? Begründen Sie Ihre Antwort.

P16: Gesucht wird ein Algorithmus mit folgendem Ein-/Ausgabeverhalten:
Eingabe: ein Dezimalbruch *d* mit genau einer Stelle hinter dem Komma (z.B. *d* = 7,0 oder 36,5 oder 789,4 oder 0,1 usw.)
Ausgabe: ein entsprechender Binärbruch *b*, ohne Abkürzungen.

Aufgabe 7.6: Ist das folgende Problem ein algorithmisches Problem? Begründen Sie Ihre Antwort.

P17: Gesucht wird ein Algorithmus mit folgendem Ein-/Ausgabeverhalten:
Eingabe: eine dreistellige Dezimalzahl *d*, z.B. *d* = 123 oder 002 usw.
Ausgabe: die entsprechende Binärzahl *b*, ohne Abkürzungen

7.2. Theoretische Lösbarkeit von Problemen

Die Klasse aller algorithmischen Probleme kann man (entsprechend der „Schwierigkeit", für sie eine Lösung zu entwickeln) in zwei Klassen einteilen:

- **Klasse 1**: algorithmische Probleme, die aus theoretischen Gründen nicht lösbar sind
- **Klasse 2**: algorithmische Probleme, die (zumindest theoretisch) lösbar sind.

7.2.1. Definitionen

„Theoretisch lösbar" soll heißen: Für ein solches Problem existiert ein Lösungsalgorithmus. Ob dieser Algorithmus praktisch wirklich ausführbar ist (oder ob seine „Komplexität zu groß ist"), ist eine andere Frage, die im nächsten Kapitel behandelt wird.

Alle Probleme, die wir bisher behandelt oder erwähnt haben, sind (zumindest theoretisch) lösbar. Eigentlich ist es sehr erstaunlich, dass es theoretisch unlösbare algorithmische Probleme gibt. Denn wir haben ein algorithmisches Problem ausdrücklich als eine (unendliche) Menge von *lösbaren* Einzelproblemen definiert.

Um zu zeigen, dass ein algorithmisches Problem zur Klasse 1 gehört („unlösbar"), genügt es natürlich *nicht*, eine bestimmte Zeit nach einem Lösungsalgorithmus zu suchen und keinen zu finden. Auch wenn die besten Informatiker der Welt sich jahrelang vergeblich bemüht haben, einen Lösungsalgorithmus zu entwickeln, so folgt daraus noch *nicht*, dass das Problem unlösbar ist. Man muss vielmehr *beweisen*, dass *kein Lösungsalgorithmus existiert.*

7.2.2. Beispiele

Wie beweist man, dass ein bestimmter mathematischer Gegenstand (z.B. eine Zahl, die eine bestimmte Bedingung erfüllt oder ein Algorithmus, der ein bestimmtes Problem löst) *nicht* existiert? Hier folgt ein ganz einfaches Beispiel für solch einen Nicht-Existenz-Beweis:

Behauptung: Es gibt keine *ganze* Zahl, deren Quadrat gleich 5 ist.

Beweis: Wenn es eine ganze Zahl n mit $n^2 = 5$ gäbe, dann müsste wegen

- $4 < 5 < 9$ und somit
- $2^2 < n^2 < 3^2$ auch
- $2 < n < 3$ gelten, d.h. die ganze Zahl n müsste zwischen 2 und 3 liegen. Dies ist ein Widerspruch, da 2 und 3 aufeinander folgende ganze Zahlen sind.

Wir können offensichtlich ganz sicher sein, dass auch in Zukunft niemand eine ganze Zahl n finden wird, für die $n^2 = 5$ gilt. Denn wir haben gezeigt, dass eine solche Zahl nicht existiert.

Bevor wir von einem bestimmten algorithmischen Problem beweisen, dass dazu kein Algorithmus existiert, sei hier ein anderer (aber ähnlicher und nah verwandter) Widerspruchsbeweis skizziert. Dieser klassische Beweis betrifft Dörfer, in denen einige Männer leben, von denen genau einer ein Barbier ist. Jeden Samstag steht die Rasur an, einige rasieren sich selbst und einige werden vom Barbier rasiert.

Behauptung: Es kann kein Dorf geben, in dem der Barbier genau die Männer rasiert, die sich nicht selbst rasieren.

Beweis: Angenommen, ein solches Dorf würde existieren. Dann müsste der Barbier dieses Dorfes entweder sich selbst rasieren (Fall 1) oder sich nicht selbst rasieren (Fall 2). Aber beide Fälle sind unmöglich. Denn da der Barbier genau die Männer rasiert, die sich nicht selbst rasieren, müsste gelten: Wenn der Barbier sich selbst rasiert (Fall 1), dann darf er sich nicht rasieren. Wenn er sich aber nicht selbst rasiert (Fall 2), dann müsste er sich rasieren. Einen Barbier, der sich gleichzeitig rasiert und nicht rasiert, kann es nicht geben.

Offensichtlich hat dieser Beweis nichts mit den handwerklichen Fähigkeiten oder Unfähigkeiten von Barbieren zu tun. Auch ganz neue und revolutionäre Arten von Rasierapparaten oder Rasiermethoden werden den Beweis nicht ungültig machen. Die Annahme, es gäbe ein Dorf, in dem der (männliche, selbst im Dorf lebende) Barbier genau die Männer rasiert, die sich nicht selbst rasieren, führt zu einem logischen Widerspruch. Also kann es ein solches Dorf nicht geben.

Im Folgenden wird ein bestimmtes algorithmisches Problem (das so genannte *Halteproblem*) beschrieben und anschließend bewiesen, dass zu diesem Problem kein Lösungsalgorithmus existiert. Beim Halteproblem betrachtet man Programme einer (beliebigen, aber dann festen) Programmiersprache. Wir wollen hier Prozeduren (d.h. `void`-Methoden) betrachten, die in Java geschrieben sind. Der Einfachheit halber beschränken wir uns auf Prozeduren, die genau *einen* Parameter haben. Wir interessieren uns dafür, welche Prozeduren für welche aktuellen Parameterwerte nach endlich vielen Ausführungsschritten *halten* und welche Prozeduren für welche aktuellen Parameterwerte *nicht halten*[1].

Beispiel 1:

```
void haeltNie(int n) {
  while (true)
    System.out.println(n);
}
```

Die Prozedur `haeltNie` hält nicht, egal mit welchem Wert für ihren Parameter `n` wir sie aufrufen.

Beispiel 2:

```
void haeltImmer(final String s) {
  System.out.println(s);
}
```

Diese Prozedur `haeltImmer` hält, egal mit welchem Wert für ihren Parameter `s` wir sie aufrufen.

Beispiel 3:

```
void haeltWennGroesser1(int n) {
  while (n != 1)
    n = n/2;
}
```

Diese Prozedur `haeltWennGroesser1` hält für alle `n`, die größer oder gleich `1` sind. Für alle `n`, die kleiner sind als `1`, hält `haeltWennGroesser1` nicht.

Beispiel 4:

```
void haeltWennNichtLeer(final String s) {
  if (s.length() > 10)
```

[1] d.h. in eine Endlosschleife oder eine Endlosrekursion oder ähnliches geraten

```
    System.out.println(s);
  else
    haeltWennNichtLeer(s + s);
}
```

Diese Prozedur hält nicht, wenn wir sie mit der leeren Zeichenkette als Parameter aufrufen (z.B. so: `haeltWennNichtLeer("");`. Für alle anderen Zeichenketten als Parameter hält sie.

Die meisten Interpreter werden die Ausführung der Prozedur `haeltWennNichtLeer` auch dann nach endlich vielen Schritten abbrechen, wenn wir sie mit der leeren Zeichenkette als Parameter aufrufen, etwa mit der Fehlermeldung:

```
java.lang.StackOverflowError after 5729 recursive calls of method haeltWennNichtLeer
```

Aber dieser „Abbruch" einer Ausführung von `haeltWennNichtLeer` liegt ausschließlich an der Beschränktheit der verwendeten Umgebung (Compiler, Interpreter, Betriebssystem, Rechner), nicht am Algorithmus, der von der Prozedur `haeltWennNichtLeer` dargestellt wird. Solche Abbrüche wegen Speichermangels oder wegen eines Überlaufs einer numerischen Variablen oder wegen ähnlicher Gründe gilt *nicht* als „Halten der Prozedur". Wir interessieren uns hier für das Halten (oder Nicht-Halten) von Algorithmen, nicht für die Beschränktheiten konkreter Rechnerumgebungen.

Beispiel: Im Kapitel 3.1.3. (auf Seite 34) haben wir die *Ackermann-Funktion* kennen gelernt. Sie kann auch in dieser Reihe betrachtet werden, obwohl sie – ausnahmsweise und der Einfachheit halber – eine *Funktion* mit *zwei* Parametern (statt einer *Prozedur* mit *einem* Parameter) ist. Es ist überhaupt nicht selbstverständlich, dass die Funktion für *alle* Parameterwerte (d.h. für alle Zahlenpaare `m` und `n`) hält. F.W. Ackermann hat dies jedoch bewiesen.

Aufgabe 7.7: Für welche Parameterwerte hält die folgende Prozedur `haelt7`, und für welche hält sie nicht?

```
void haelt7(int n) { // requires n > 0
  while(n != 7)
    n = n-3;
}
```

Aufgabe 7.8: Für welche Parameterwerte hält die folgende Prozedur `haeltVielleicht` und für welche hält sie nicht?

```
void haeltVielleicht(int n) { // requires n > 0
  while (n != 1)
    if ((n % 2) == 0) // n ist gerade
      n = n / 2;
    else // n ist ungerade
      n = 3 * n + 1;
}
```

Diese Aufgabe sieht auf den ersten Blick vielleicht „harmlos“ aus, aber bisher konnte noch niemand beweisen, dass `haeltVielleicht` für alle erlaubten Eingaben (d.h. für alle natürlichen Zahlen) hält.

7.2.3. Das Halteproblem

Im Folgenden betrachten wir (der Einfachheit halber) nur noch Prozeduren, die einen Parameter vom Typ `String` haben.

Halteproblem: Gesucht wird ein Algorithmus mit folgendem Ein-/Ausgabeverhalten:

Eingabe: zwei Zeichenketten (der Klasse `String`) `programm` und `eingabe`.

Ausgabe: `true`, wenn `programm` eine Java-Prozedur mit einem Parameter vom Typ `String` ist und der Aufruf

```
programm(eingabe);
```

hält; `false` in allen anderen Fällen (d.h. wenn `programm` keine Java-Prozedur mit einem `String`-Parameter ist oder wenn `programm(eingabe);` nicht hält.

Nach genauer Prüfung dürfte es klar sein, dass dieses Problem alle drei im Kapitel 7.1. auf Seite 158 erwähnten Bedingungen erfüllt (jede einzelne Eingabe und jede einzelne Ausgabe ist endlich groß, es gibt unendlich viele Eingaben, für jede Eingabe ist es im Prinzip möglich, die richtige Ausgabe (`true` bzw. `false`) zu ermitteln. Offenbar handelt es sich hier um ein Entscheidungsproblem.

Behauptung: Es gibt keine Implementierung der Java-Funktion

```
boolean goedel(String programm, String eingabe);
```

die das Halteproblem löst. (Der Name der Funktion erinnert an den deutschen Mathematiker *Kurt Gödel*, der im Jahre 1931 bewiesen hat, dass alle logischen Systeme[1] unlösbare Probleme enthalten.)

Beweis:

1. Angenommen, es gäbe eine solche Funktion `goedel`. Dann könnten wir folgende Java-Prozedur `programm` schreiben:

```
void programm(String s) {
  if (goedel(s, s))
    while (true); // hier gerät programm in eine Endlosschleife
  else
```

[1] mit bestimmten Eigenschaften

```
    ; // hier hält programm sofort
}
```

2. Dann rufen wir die Prozedur programm folgendermaßen auf:

```
programm(
  "void programm(String s) {if (goedel(s, s)) while (true); else ;}"
);
```

Wir übergeben also der Prozedur programm den Text ihrer eigenen Vereinbarung als Parameter (vom Typ String) und beobachten, ob programm für diesen Parameterwert hält oder nicht hält.

3. Die Prozedur programm (angewendet auf ihren eigenen Text) ruft die Funktion goedel auf und „fragt sie", ob die Prozedur programm, angewendet auf ihren eigenen Text, hält oder nicht. Die Funktion goedel muss, da sie laut Annahme das Halteproblem löst, nach endlich vielen Schritten mit **true** oder mit **false** antworten.

- Wenn die Funktion goedel mit **true** antwortet, dann geht die Prozedur programm (angewendet auf ihren eigenen Text) in eine Endlosschleife und hält nicht. Die Antwort **true** von goedel wäre in diesem Falle falsch.
- Wenn die Funktion goedel mit **false** antwortet, dann hält die Prozedur programm (angewandt auf ihren eigenen Text) sofort an. Auch in diesem Fall ist die Antwort von goedel falsch.

4. Daraus folgt: Die Funktion goedel kann gar nicht richtig antworten. Egal, was sie über die Prozedur programm (angewendet auf ihren eigenen Text) behauptet, programm macht genau das Gegenteil. Also kann es keine Funktion goedel geben, die das Halteproblem löst.

Diese Unlösbarkeit des Halteproblems ist eine der wichtigsten und tiefsten Erkenntnisse über Algorithmen, die Mathematiker, Logiker und Informatiker bisher gewonnen haben. Mit den philosophischen Konsequenzen beschäftigen sich auch zahlreiche Schriften, so auch das Buch [KesSol].

Bemerkung: Das im Kapitel 2.1.9. (auf Seite 20) erwähnte Problem der *Gleichwertigkeit* (*Äquivalenz*) von Algorithmen ist eng mit dem Halteproblem verknüpft: Wenn man eins der beiden Probleme lösen könnte, könnte man auch das andere Problem lösen. Ein ähnlicher Zusammenhang besteht auch zu den in den nächsten Kapiteln vorgestellten bekannten unlösbaren Problemen.

7.2.4. Das Kachelproblem

Verschiedene algorithmische Probleme (einige davon theoretisch unlösbar, andere lösbar) basieren auf der anschaulichen Vorstellung von Kacheln und gekachelten Flächen. Dabei ist eine Kachel ein Quadrat, welches durch seine beiden Diagonalen in vier Dreiecke eingeteilt ist. Jedes dieser Dreiecke ist mit einer bestimmten „Farbe“[1] angemalt (oder mit einer entsprechenden Zahl gekennzeichnet). Es folgen einige Beispiele für einzelne Kacheln:

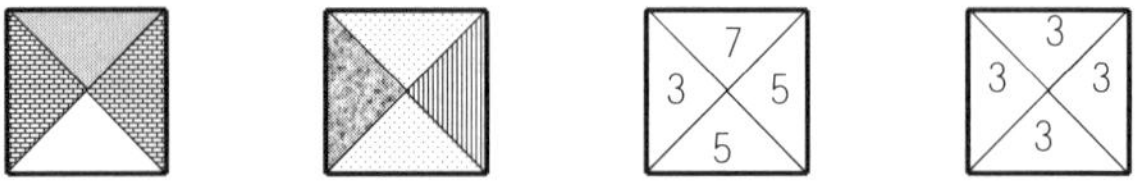

Abbildung 7.1: Kachel

Die Kacheln sollten nicht gedreht werden, sondern ihre anfängliche Orientierung stets beibehalten. Außerdem dürfen sie nur „genau nebeneinander“ gelegt werden, wie auf ein Schachbrett-Muster.

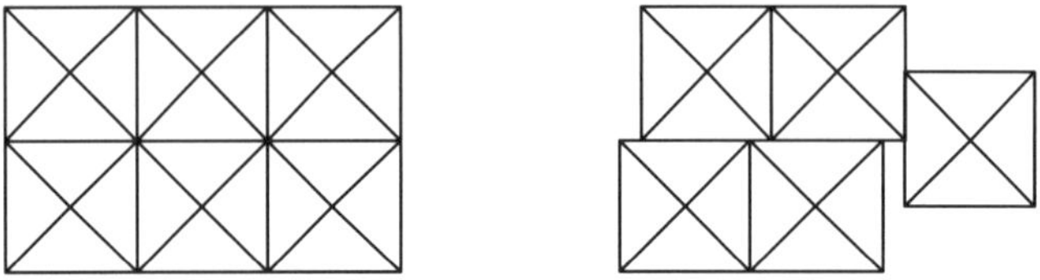

richtig falsch

Abbildung 7.2: Auslegen von Kacheln

Eine Fläche ist ordnungsgemäß gekachelt, wenn sie mit Kacheln bedeckt ist und folgende Bedingung erfüllt ist:

Anschlussbedingung: Da, wo zwei Kacheln sich berühren, müssen sie die gleiche Farbe haben (bzw. mit der gleichen Zahl markiert sein).

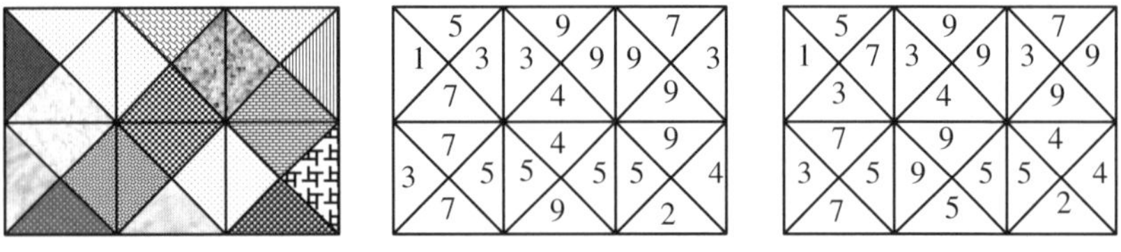

richtig richtig falsch

Abbildung 7.3: Anschlussbedingung

Ein *Kachelkatalog* ist eine endliche Menge von *Kachelmustern* zusammen mit der Berechtigung, von jedem Muster beliebig viele Kacheln zu bestellen.

[1] im schwarz-weiß-Druck: „Muster“

Mit Kacheln aus dem folgenden Katalog kann man jede endliche Fläche kacheln:

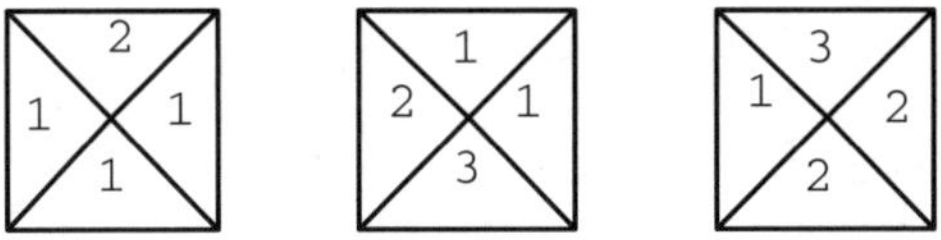

Muster 1 Muster 2 Muster 3

Abbildung 7.4: Erfüllbarer Kachelkatalog

Mit Kacheln aus dem folgenden Katalog kann man *nicht* jede endliche Fläche kacheln:

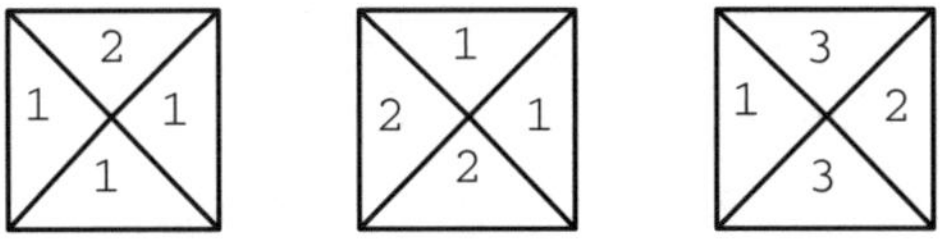

Muster 1 Muster 2 Muster 3

Abbildung 7.5. Unerfüllbarer Kachelkatalog

Aufgabe 7.9: Zeigen Sie, dass man mit dem Katalog in der Abbildung 7.5 noch nicht einmal eine 3×3 Fläche kacheln kann.

Vom folgenden algorithmischen Problem kann man beweisen, dass es dazu keinen Lösungsalgorithmus gibt:

Kachelproblem: Gesucht wird ein Algorithmus mit folgendem Ein-/Ausgabeverhalten:
Eingabe: ein Kachelkatalog
Ausgabe: „Ja", wenn man mit (Kacheln aus) diesem Katalog jede endliche Fläche kacheln kann; „Nein" sonst

7.2.5. Das Paligrammproblem

Beim *Paligrammproblem*[1] wird die Frage gestellt, ob es möglich ist, aus zwei Folgen von Wörtern (Zeichenketten, in Java Objekte der Klasse `String`) dasselbe Wort mit derselben Indexfolge „auszulegen". Es wird also ein Wort gesucht, das durch *Konkatenation* (in Java durch den `String`-Operator `+`) so-

[1] auch *Wortproblem* genannt; *Paligramm* ist ein Wortspiel, in dem aus den Buchstaben eines Worts ein anderes Wort ausgelegt werden muss

wohl aus der ersten Wortfolge, wie auch aus der zweiten Wortfolge entstehen kann.

Beispielsweise sollen zwei Wortfolgen *u* und *v* aus den Wörtern, { *abb, a, bab, baba, aba* } bzw. { *bbab, aa, ab, aa, a* } bestehen. In Java bilden wir sie in zwei Reihungen `u` und `v` vom Typ `String[ ]` ab; sie haben die gleiche Länge (nämlich 5) und enthalten als Komponenten Zeichenketten unterschiedlicher Längen, d.h. Wörter:

```
String[] u = { "abb", "a", "bab", "baba", "aba" };
String[] v = { "bbab", "aa", "ab", "aa", "a" };
```

Index	*1*	*2*	*3*	*4*	*5*
u	abb	a	bab	baba	aba
v	bbab	aa	ab	aa	a

Tabelle 7.6: Lösbares Paligrammproblem

Für diese beiden Reihungen gilt:

```
u[2] + u[1] + u[1] + u[4] + u[1] + u[5] == "aabbabbbabaabbaba"
v[2] + v[1] + v[1] + v[4] + v[1] + v[5] == "aabbabbbabaabbaba"
```

Oder mathematisch ausgedrückt, es gilt:

$$u_2\ u_1\ u_1\ u_4\ u_1\ u_5 = v_2\ v_1\ v_1\ v_4\ v_1\ v_5 = aabbabbbabaabbaba$$

Die Indexfolge { 2 1 1 4 1 5 } ist also eine Lösung für das Paligrammproblem mit den beiden Wortfolgen *u* und *v:* Das Wort *aabbabbbabaabbaba* kann aus den Wörtern sowohl aus *u* wie auch aus *v* mit der Indexfolge { 2 1 1 4 1 5 } ausgelegt werden:

Index	2	1	1	4	1	5
u	*a*	*abb*	*abb*	*baba*	*abb*	*aba*
v	*aa*	*bbab*	*bbab*	*aa*	*bbab*	*a*

Tabelle 7.7: Lösung des Paligrammproblems aus der Tabelle 7.6

Für die folgenden beiden Reihungen `u1` und `v1` kann man *keine* Folge `i1`, `i2`, ..., `in` von Indices finden, sodass

```
u1[i3] + u1[i4] + ... + u1[in] == v1[i3] + v1[i4] + ... + v1[in]
```

gilt:

Index	1	2	3	4	5
u1	bb	a	bab	baba	aba
v1	bab	aa	ab	aa	a

Tabelle 7.8: Unlösbares Paligrammproblem

Allerdings ist es nicht ganz einfach zu beweisen, dass das so ist. Denn es gibt unendlich viele Folgen von Indices, sodass man unmöglich all diese Folgen „durchprobieren" kann. Aber mit ein bisschen Übung ist es gar nicht so schwer, einen Beweis zu finden.

Hier folgt ein weiteres algorithmisches Problem, von dem man zeigen kann, dass es dafür keinen Lösungsalgorithmus gibt:

Paligrammproblem: Gesucht wird ein Algorithmus mit folgendem Ein-/Ausgabeverhalten:
Eingabe: zwei gleich lange Reihungen `u` und `v` von Wörtern.
Ausgabe: „Ja", wenn es eine Folge `i1`, `i2`, ... , `in` von Indices gibt, sodass

```
u[i1] + u[i2] + ... + u[in] == v[i1] + v[i2] + ... + v[in]
```

gilt, und „Nein" sonst

7.2.6. Gleichwertigkeit von Grammatiken

Im Kapitel 3.5. (ab Seite 60) haben wir gesehen, auf welche Weise Programmiersprachen durch (typischerweise *kontextfreie*) *Grammatiken*[1] beschrieben werden können. Eine solche Grammatik besteht aus (endlich vielen endlich langen) Regeln. Trotzdem kann man aus *einer* solchen Grammatik *unendlich viele* Zeichenketten ableiten. Beispielsweise kann man aus der Grammatik von Java genau die Zeichenketten ableiten, die als Java-Programme zulässig sind und jede Zeichenkette, die man nicht aus der Java-Grammatik ableiten kann, ist auch garantiert kein richtiges Java-Programm. Man kann also mit der *endlich großen* Java-Grammatik die *unendlich große* Menge aller zulässiger Java-Programme präzise beschreiben.[2]

Nun kann man eine und dieselbe Programmiersprache (z.B. Java) durch *verschiedene* Grammatiken beschreiben. Einige dieser Grammatiken bestehen aus relativ vielen, aber einfachen und leicht verständlichen Regeln. Andere Grammatiken bestehen aus weniger, aber komplizierteren Regeln. Für Programmierer ist die erste Art besser geeignet. Als Grundlage für den Bau eines Compilers ist die zweite Art besser geeignet. Man hätte also gern (mindestens) zwei verschiedene Grammatiken für Java. Diese beiden Grammatiken „taugen" aber nur dann etwas, wenn sie garantiert *genau die gleiche Sprache* (nämlich Java) beschreiben. Wenn es auch nur eine Zeichenkette gibt, die man aus der einen Grammatik ableiten kann, aber aus der anderen Grammatik nicht, dann wäre das ein schwer wiegender Fehler.

[1] oder durch entsprechende *Syntaxdiagramme*

[2] „Compilerbauer" mögen bemerken, dass und warum diese Behauptung nicht ganz richtig ist, aber vorläufig ist sie „richtig genug".

Man nennt zwei Grammatiken *äquivalent* („gleichwertig"), wenn man aus ihnen genau die gleichen Sprachen ableiten kann. Leider ist auch das folgende algorithmische Problem nicht lösbar:

Äquivalenz *von kontextfreien Grammatiken:* Gesucht wird ein Algorithmus mit folgendem Ein-/Ausgabeverhalten:
Eingabe: zwei kontextfreie Grammatiken
Ausgabe: „Ja", wenn die beiden Grammatiken äquivalent sind, „Nein" sonst

Für die Praxis bedeutet dies: Man kann das Problem, die Äquivalenz zweier Grammatiken zu zeigen, nicht „ein und für alle mal" durch einen Algorithmus erledigen. Stattdessen muss man jedes Mal, wenn man von zwei Grammatiken wissen will, ob sie äquivalent sind, „die Ärmel hochkrempeln" und den Beweis der Äquivalenz (oder der Nicht-Äquivalenz) „von Hand" führen.

Aus einem ähnlichen Grund kann – wie schon im Kapitel 2.1.9. (auf Seite 20) angedeutet – auch die Äquivalenz (Gleichwertigkeit) von Algorithmen nicht bewiesen werden.

7.3. Praktische Lösbarkeit von Problemen

Die Klasse 2 der *theoretisch* lösbaren algorithmischen Probleme aus dem Kapitel 7.2. (auf Seite 163) kann man nochmals in zwei Teilklassen aufteilen:

- **Klasse 2.1.** die *praktisch* nicht lösbaren algorithmischen Probleme
- **Klasse 2.2.** die *praktisch* lösbaren algorithmischen Probleme

Ob ein algorithmisches Problem zur Klasse 1 (theoretisch nicht lösbar) oder zur Klasse 2 (theoretisch lösbar) gehört, hat mit dem *Aufwand für die Entwicklung* eines Lösungsalgorithmus zu tun: Wenn der Aufwand unendlich groß ist (d.h. wenn man beweisen kann, dass kein Lösungsalgorithmus existiert), dann gehört das Problem zur Klasse 1. Wenn der Entwicklungsaufwand „nur" endlich groß ist, gehört das Problem zur Klasse 2.

Es gibt zwar Probleme, von denen man (heute noch) nicht weiß, ob sie lösbar sind oder nicht. Die Grenzen zwischen der Klasse 1 und der Klasse 2 sind aber völlig *scharf* und lassen keinen Spielraum für „persönliche Ansichten".

Ob ein bestimmtes algorithmisches Problem zur Klasse 2.1. (praktisch nicht lösbar) oder zur Klasse 2.2. (praktisch lösbar) gehört, hat mit dem *Aufwand für die Ausführung* der besten bekannten Lösungsalgorithmen zu tun, d.h. mit der Zeitkomplexität der Lösungsalgorithmen. Die Grenze zwischen den Klassen 2.1. und 2.2. ist *nicht scharf*. Man kann der Ansicht sein, dass eine Rechenzeit von zehn (oder von 100 usw.) Jahren noch durchaus „machbar" ist, oder man kann alle Rechenzeiten oberhalb von einem Jahr (oder von einem Monat usw.) als „unrealistisch" ausschließen.

Allgemein hat sich folgende Definition der Klassen 2.1. und 2.2. eingebürgert und als erstaunlich sinnvoll und robust erwiesen:

Klasse 2.1. Ein schnellster Lösungsalgorithmus hat eine *exponenzielle* (oder „schlimmere“) Zeitkomplexität.

Klasse 2.2. Es gibt einen Lösungsalgorithmus mit *polynomialer* Zeitkomplexität.

Beispiele

- für exponenzielle Zeitkomplexitäten: 2^n oder $1{,}0001^n$ oder 500^n
- für „noch schlimmere“ Zeitkomplexitäten: n^n oder $n!$ oder $n^{(n^n)}$
- für polynomiale Zeitkomplexitäten: 1 oder n oder n^2 oder n^3 oder n^{1000}

Mit einigen algorithmischen Problemen aus der Klasse 2.2. (praktisch lösbar) haben wir uns schon befasst (Problem der maximalen Teilsumme, Sortierproblem, Suchproblem usw.). Hier folgen einige Beispiele für algorithmische Probleme, die (nach allem was man heute weiß) zur Klasse 2.1. (praktisch unlösbar) gehören.

7.3.1. Das zweite Kachelproblem

Im Kapitel 7.2.4. (auf Seite 168) haben wir schon das Kachelproblem formuliert. Es konnte bewiesen werden, dass es unlösbar ist. Das zweite Kachelproblem ist aber lösbar:

2. Kachelproblem: Gesucht wird ein Algorithmus mit folgendem Ein-/Ausgabeverhalten:
Eingabe: n^2 viele Kacheln, wobei n = 2, 3, 4, 5, ... ist.
Ausgabe: „Ja“, wenn man mit diesen Kacheln ein $n \cdot n$-Quadrat kacheln kann, „Nein“ sonst

Aufgabe 7.10: Entwerfen Sie einen einfachen Lösungsalgorithmus und ermitteln Sie seine Zeitkomplexität. Die besten bekannten Lösungsalgorithmen sind nicht „wesentlich“ schneller als der von Ihnen entwickelte Algorithmus.

Offensichtlich ist das Einzelproblem für n = 2 leicht lösbar. Aber schon für n = 5 gibt es 25! verschiedene Anordnungen der 25 Kacheln, das sind ungefähr $1{,}55 \cdot 10^{25}$ Anordnungen. Ein Jahr hat ungefähr $3{,}15 \cdot 10^7$ Sekunden. Wenn man pro Sekunde 1 Milliarde von Anordnungen prüfen kann, dann braucht man ungefähr $1{,}55 \cdot 10^{18}$ Sekunden, d.h. ungefähr $4{,}92 \cdot 10^8$ Jahre, d.h. ungefähr eine halbe Milliarde von Jahren, um alle möglichen Anordnungen zu prüfen.

Heutige (Mitte 2001) Supercomputer wären durchaus in der Lage, jede Sekunde ungefähr 1 Milliarde Anordnungen von 25 Kacheln zu überprüfen (d.h. zu prüfen, ob die Anschlussbedingung überall erfüllt ist).

Das heißt: Für „sehr kleine *n*" ist das zweite Kachelproblem durchaus lösbar. Aber spätestens ab $n = 5$ ist es, gemessen an den heutigen Möglichkeiten von Computern, praktisch unmöglich, alle möglichen Anordnungen der Kacheln durchzuprobieren.

7.3.2. Das Rucksackproblem

Dem zweiten Kachelproblem ähnlich einfach ist die triviale Lösung des *Rucksackproblems*; sie ist aber für das allgemeine Problem ähnlich unrealistisch ausführbar:

Rucksackproblem: Gesucht wird ein Algorithmus mit folgendem Ein-/Ausgabeverhalten:
Eingabe: eine Liste von „Gegenständen" (z.B. Schlafsack, Feldflasche, Zelt usw.). Jeder Gegenstand hat ein Gewicht (eine natürliche Zahl, z.B. die Anzahl der Gramm) und einen „Wert" (ebenfalls durch eine natürliche Zahl ausgedrückt). Außerdem ist bekannt, wie viel Gramm in den Rucksack passen, z.B. 15 000 Gramm.
Ausgabe: eine Liste der Gegenstände, die eine möglichst wertvolle Füllung des Rucksacks ausmachen. Dies bedeutet, dass keine andere Menge von Gegenständen, die in den Rucksack passt, einen höheren Wert hat.

Aufgabe 7.11: Entwerfen Sie einen Lösungsalgorithmus und ermitteln Sie seine Zeitkomplexität.

7.3.3. Das Aufteilungsproblem

Eine Mutter hinterlässt ihren beiden Töchtern eine Menge von Diamanten. Jeder Diamant hat einen festgelegten Wert (ausgedrückt durch eine natürliche Zahl). Der Erbverwalter muss die Diamanten in zwei möglichst *gleich wertvolle* Teilmengen teilen. Nur im günstigsten Fall werden die beiden Teile gleich wertvoll sein. Aber in jedem Fall soll der Wertunterschied möglichst gering sein.

Beispiel: Wenn die Mutter fünf Diamanten mit den Werten 1, 2, 5, 5 und 12 hinterlässt, dann ist { 2, 5, 5 } und { 1, 12 } eine günstigste Aufteilung.

Aufteilungsproblem: Gesucht wird ein Algorithmus mit folgendem Ein-/Ausgabeverhalten:
Eingabe: eine Liste der (Diamanten-) Werte
Ausgabe: die (oder eine) günstigste Aufteilung.

Aufgabe 7.12: Entwerfen Sie einen Lösungsalgorithmus und ermitteln Sie seine Zeitkomplexität.

7.3.4. Das Problem des Handelsreisenden

Das bekannte Problem des Handelsreisenden („*traveling salesman problem*") gehört auch zu den praktisch unlösbaren Problemen:

Das Problem des Handelsreisenden: Gesucht wird ein Algorithmus mit folgendem Ein-/Ausgabeverhalten:
Eingabe: ein Graph mit „Städten" als Knoten und „Straßen" als Kanten. Jede Straße zwischen zwei Städten ist mit einer (natürlichen) Zahl markiert, die die Entfernung der Städte voneinander angibt.
Ausgabe: ein Plan für die kürzeste „Rundreise", die bei einer beliebigen Stadt anfängt und bei derselben Stadt endet und genau einmal bei jeder anderen Stadt vorbeiführt.

Beispiel: **Eingabe** sei der Graph

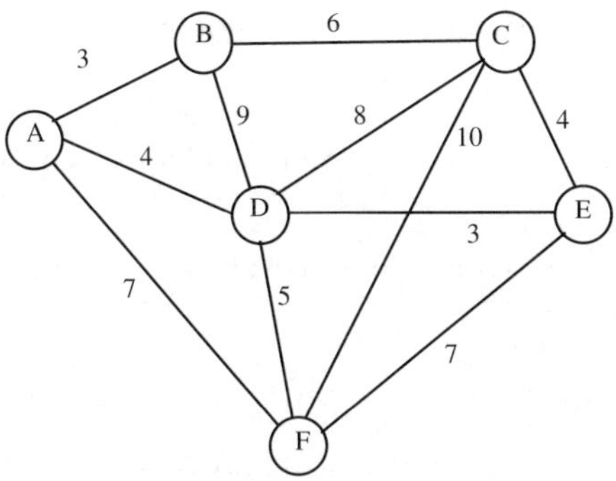

Abbildung 7.9: Das Problem des Handelsreisenden

Ausgabe: A, B, C, E, D, F, A, Gesamtlänge: 28

7.3.5. Hamiltonsche Wege durch einen Graphen

Ein *Hamilton-Weg* durch einen ungerichteten Graphen ist ein Weg, der an jedem Knoten genau einmal vorbeiführt. Hier folgen zwei Beispiele:

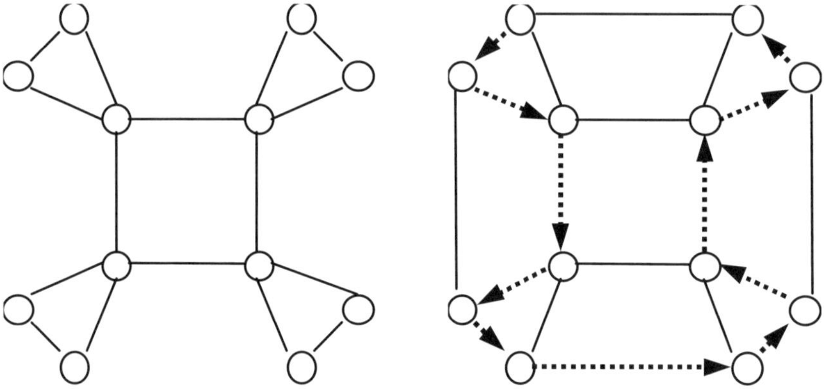

Abbildung 7.10: Graph ohne und mit hamiltonschem Weg

Hamiltonsche Wege: Gesucht wird ein Algorithmus mit folgendem Ein-/Ausgabeverhalten:
Eingabe: ein (ungerichteter) Graph
Ausgabe: „Ja", wenn der Graph einen hamiltonschen Weg besitzt, „Nein" sonst

Aufgabe 7.13: Entwerfen Sie einen Lösungsalgorithmus und ermitteln Sie seine Zeitkomplexität.

7.3.6. Das Erfüllbarkeitsproblem

Bei diesem Problem geht es um *aussagenlogische Formeln*. Eine solche Formel darf aus Variablen (`a`, `b`, `c`, ...), den logischen Operationen `&`, `|` und `!` und aus Klammern bestehen. Einige Beispiele:

```
Formel1:     a | (! a & b)
Formel2:     a & (b | ! a) & ! b
Formel3:     a | (b & ! a) | ! b
Formel4:     (a | ! b) & (b | c | ! d) & (c | ! e | f) & (! f | g | ! h)
```

Eine Variablenbelegung für eine Formel besteht darin, dass man jede Variable (die in der Formel vorkommt) mit einem Wahrheitswert (`true` bzw. `false`) belegt. Hier folgen zwei Variablenbelegungen für die `Formel1`:

```
Variablenbelegung11:     a = true; b = false
Variablenbelegung12:     a = false; b = false
```

Wenn man die Variablenbelegung `Variablenbelegung11` zu Grunde legt, dann ergibt die `Formel1` den Wert `true`. Wenn man dagegen die Variablenbelegung `Variablenbelegung12` nimmt, dann ergibt die `Formel1` den Wert `false`.

Die `Formel2` ergibt bei jeder möglichen Variablenbelegung den Wert `true`. Da in der `Formel2` zwei Variablen vorkommen und jede dieser Variablen zwei verschiedene Werte annehmen kann, gibt es vier verschiedene Variablenbelegungen für `Formel2`. Die kann man alle durchprobieren.

Die `Formel3` ergibt bei jeder möglichen Variablenbelegung `false`. Dazu sagt man auch: `Formel3` ist *unerfüllbar*, d.h. es gibt keine Variablenbelegung, die der `Formel3` zum Wert `true` verhelfen würde.

Ist die `Formel4` erfüllbar? Eine „einfache" Methode, um das herauszufinden, besteht darin, alle möglichen Variablenbelegungen durchzuprobieren. Wie viele Variablenbelegungen gibt es für `Formel4`?

Erfüllbarkeitsproblem: Gesucht wird ein Algorithmus mit folgendem Ein-/Ausgabeverhalten:
Eingabe: eine aussagenlogische Formel, in der n Variablen vorkommen
Ausgabe: „Ja", wenn die Formel erfüllbar ist und „Nein" sonst

Statt dieses Problem als Entscheidungsproblem zu formulieren (d.h. als Ja-/Nein-Problem), hätten wir als Ausgabe auch eine Variablenbelegung verlangen können, die die Formel erfüllt (falls eine solche Variablenbelegung existiert). Dadurch wäre das Problem auch nicht schwerer geworden.

7.4. Die Klassen $\mathfrak{P}$ und $\mathfrak{NP}$

Die Klasse 2.2. (der nicht nur theoretisch, sondern auch praktisch lösbaren algorithmischen Probleme) heißt offiziell einfach $\mathfrak{P}$ (weil die Lösungsalgorithmen eine **p**olynomiale Zeitkomplexität haben). Die Klasse 2.1. (der nur theoretisch, aber nicht praktisch lösbaren algorithmischen Probleme) heißt offiziell $\mathfrak{NP}$ (wie „**n**icht-deterministisch **p**olynomial"). Ein Problem gehört zur Klasse $\mathfrak{NP}$, wenn es einen Lösungsalgorithmus gibt, der sich auf einer *nicht-deterministischen Maschine* in polynomialer Zeit ausführen lässt.

Eine nicht-deterministische Maschine zu bauen ist etwa genauso schwierig, wie alle Stellen der Zahl π auszurechnen. Vollständig kann man also eine solche Maschine nicht bauen. Aber so, wie sich eine „schlechte Approximation" von π, die nur aus fünf Ziffern besteht, relativ leicht und eine „gute Approximation" mit 5000 Ziffern schon wesentlich weniger leicht berechnen lässt, so kann man eine nicht-deterministische Maschine mit mehr oder weniger Aufwand mehr oder weniger gut approximieren.

Eine nicht-deterministische Maschine kann man sich auf zwei verschiedene Weisen vorstellen:

1. als Maschine mit einem magischen Orakel
2. als Maschine mit unbegrenzt vielen parallelen Prozessoren

Hier sollen diese beiden Vorstellungen anhand des Erfüllbarkeitsproblems aus dem Kapitel 7.3.6. (auf Seite 177) erläutert werden. Wie würde eine nicht-deterministische Maschine das Erfüllbarkeitsproblem lösen?

Eine *Maschine mit magischem Orakel* fragt, nachdem wir ihr eine aussagenlogische Formel eingegeben haben, ihr Orakel: „Welche Variablenbelegung soll ich ausprobieren?". Das Orakel nennt (so sind Orakel nun mal) sofort eine Variablenbelegung `V` und garantiert, dass wenn es überhaupt Variablenbelegungen gibt, unter denen die Formel den Wert `true` ergibt, dann ist `V` eine solche Belegung. Wenn dagegen die Variablenbelegung `V` die Formel `false` ergibt, dann gibt es garantiert keine Belegung, die die Formel zu `true` auswertet: Dann ist die Formel unerfüllbar. Die Maschine braucht also nur zu prüfen, ob die Formel durch die Variablenbelegung `V` `true` wird (dann ist die Formel offenbar erfüllbar) oder `false` (dann ist die Formel nicht erfüllbar, das garantiert das Orakel). Diese Prüfung nimmt nur polynomial viel Zeit in Anspruch.

Maschinen mit magischem Orakel sind zwar „unrealistisch", aber weit weniger, als es auf den ersten Blick erscheinen mag. Gute Mathematiker besitzen eine bestimmte Intuition, und nicht wenige schwierige Probleme sind schon auf diesem Wege gelöst worden. Einem Orakel entspricht in einem bestimmten Sinn auch eine unbegrenzte Anzahl von parallelen Prozessoren.

Eine *Maschine mit unbegrenzt vielen parallelen Prozessoren* würde das Erfüllbarkeitsproblem folgendermaßen lösen: Nachdem wir dem Hauptprozessor die aussagenlogische Formel eingegeben haben, zählt er die darin vorkommenden Variablen (es sind n Variablen). Für n Variablen gibt es 2^n viele Variablenbelegungen. Er reicht also die Formel an 2^n viele Prozessoren weiter und beauftragt jeden dieser Prozessoren, eine bestimmte Variablenbelegung auszuprobieren. Innerhalb eines bestimmten Zeitraums (der von der Länge der Formel, d.h. von n polynomial abhängt) sind alle Prozessoren mit dem Ausprobieren fertig. Wenn einer der 2^n Prozessoren feststellt, dass die Formel unter seiner Variablenbelegung `true` ergibt, dann meldet er das an den Hauptprozessor zurück. Wenn er innerhalb der bestimmten (von n polynomial abhängigen) Zeit keine solche Erfolgsmeldung erhalten hat, dann ist die Formel unerfüllbar.

Offensichtlich gilt

$$\mathfrak{P} \subseteq \mathfrak{NP}$$

d.h. alle Probleme aus der Klasse $\mathfrak{P}$ (die auf einer deterministischen Maschine polynomial gelöst werden können), auf der Klasse $\mathfrak{NP}$ angehören, d.h. sie können auch auf einer nicht-deterministischen Maschine polynomial gelöst werden.

7.5. Ist $\mathfrak{P} = \mathfrak{NP}$?

Für viele algorithmische Probleme kennt man Lösungsalgorithmen mit polynomialer Zeitkomplexität. Diese Probleme gehören zur Klasse $\mathfrak{P}$. Für andere algorithmische Probleme würden auch die besten bekannten Lösungsalgorithmen eine nicht-deterministische Maschine brauchen, um in polynomialer Zeit ausführbar zu sein[1]. Diese Probleme gehören zur Klasse $\mathfrak{NP}$.

Aber bis heute konnte nicht bewiesen werden, dass man Probleme aus der Klasse $\mathfrak{NP}$ nicht doch eines Tages mit einem besonders genialen Algorithmus in polynomialer Zeit lösen kann. Anders ausgedrückt weiß man nicht, ob die beiden Klassen $\mathfrak{P}$ und $\mathfrak{NP}$ in Wirklichkeit nur eine Klasse sind ($\mathfrak{P} = \mathfrak{NP}$) oder ob sie tatsächlich verschiedene Klassen sind ($\mathfrak{P} \subset \mathfrak{NP}$). Dieses Problem ist seit 1971 bekannt und – trotz ziemlich großer Anstrengungen auf diesem Gebiet – ungelöst. So gut wie alle Wissenschaftler, die sich mit diesem Problem befasst haben, sind fest davon überzeugt, dass $\mathfrak{P} \neq \mathfrak{NP}$ gilt. Aber noch niemand hat es bewiesen.

Zum genaueren Verständnis: Man kann z.B. beweisen, dass es keinen Sortieralgorithmus mit einer besseren Zeitkomplexität als *n log n* gibt. Aber bisher konnte niemand beweisen, dass es keinen Algorithmus gibt, der z.B. das Erfüllbarkeitsproblem in polynomialer Zeit löst. Wenn morgen jemand einen solchen „schnellen Lösungsalgorithmus für das Erfüllbarkeitsproblem" veröffentlicht, dann würde das zwar sehr großes Aufsehen erregen, aber es würde keinem Beweis widersprechen.

Man kann allerdings beweisen, dass viele Probleme in der Klasse $\mathfrak{NP}$ „eng miteinander zusammenhängen": Wenn man für *eines* dieser Probleme einen Algorithmus mit polynomialer Zeitkomplexität entwickeln könnte, dann könnte man das auch für *alle* Probleme dieser Klasse. Probleme mit dieser Eigenschaft heißen $\mathfrak{NP}$-*vollständig.*

Alle im Kapitel 7.3. (auf Seite 173) angeführten Beispiele für Probleme aus der Klasse $\mathfrak{NP}$ sind $\mathfrak{NP}$-vollständig. Es gibt auch Gegenbeispiele: Das Problem, von einer natürlichen Zahl festzustellen, ob sie eine Primzahl ist oder nicht, gehört nach heutigen Erkenntnissen zur Klasse $\mathfrak{NP}$. Man konnte bisher aber nicht beweisen, dass dieses Problem $\mathfrak{NP}$-vollständig ist.

---

[1] Auf einer deterministischen Maschine brauchen die besten Algorithmen eine schlechtere Komplexität als polynomial.

7.6. Übersicht über Problemklassen

Die untersuchten Probleme können nach folgendem Schema kategorisiert werden:

Probleme aller Art

- nicht-algorithmische Probleme
  - *Blei in Gold verwandeln*
- algorithmische Probleme
  - theoretisch nicht lösbare algorithmische Probleme
    - *das Halteproblem, das Kachelproblem, das Paligrammproblem*
    - *die Äquivalenz kontextfreier Grammatiken*
    - *Gleichwertigkeit von Algorithmen*
  - theoretisch lösbare Probleme
    - praktisch nicht lösbare Probleme
      - Probleme mit außerordentlich großer Zeitkomplexität
        - *die Ackermann-Funktion*
      - Probleme mit exponenzieller Zeitkomplexität
        - *die Türme von Hanoi*
        - *der Weg des Springers*
        - *die acht Damen*
      - nicht $\mathfrak{NP}$-vollständige Probleme
        - *Primzahl oder nicht* (? – doch $\mathfrak{NP}$-vollständig?)
      - $\mathfrak{NP}$-vollständige Probleme:
        - *das zweite Kachelproblem, das Rucksackproblem*
        - *das Aufteilungsproblem, das Erfüllbarkeitsproblem*
        - *das Problem des Handlungsreisenden*
        - *der Hamiltonsche Weg durch einen Graphen*
    - praktisch lösbare Probleme ($\mathfrak{P}$)
      - *suchen (ein Wort in einem Text)*
      - mit quadratischer Zeitkomplexität der besten Lösung
      - mit Zeitkomplexität $O(n \log n)$ der besten Lösung
        - *sortieren*
      - mit linearer Komplexität der besten Lösung
        - *maximale Teilsumme einer Folge*
        - *Fakultät*
        - *Fibonacci-Zahlen*
        - *suchen in einer Liste*
        - *Erkennen von regulären Sprachen*
      - mit logarithmischer Komplexität der besten Lösung
        - *suchen in einer sortierten Reihung*
        - *eintragen und suchen im ausgeglichenen Baum*

Literaturverzeichnis

[ArnGos] *Arnold, Gosling:* Die Programmiersprache Java (*Addison-Wesley*)

[AU] Aho, Ullmann: Principles of Compiler Design (*Addison-Wesley*, 1977)

[AVL] *Adelson-Velskii, Landis:* Ein Algorithmus zur Informationsorganisation (auf Russisch; *Doklady Akademii Nauk SSSR* 146 – 1962, Seiten 263-266)

[Bay] *Bayer, McCreight:* Organization and Maintenance of Large Ordered Indexes (*Acta Informatica 1*, No. 3 – 1972, Seiten 173-189)

[Eu] *Euklid:* Elemente (Verlag der Buchhandlung des Waysenhauses, Halle 1781)

[JLS] *Gosling, Joy, Steele:* Java – Die Sprachspezifikation (*Addison-Wesley*)

[Nut] *Flanagan:* Java in a Nutshell (*O' Reilly*)

[Dud] Informatik Sachlexikon (*Duden*)

[Gil] *Gilstad:* Polyphase Merge Sorting (Proc. AFIPS Eastern Jt, 1960)

[Gr] *Grude:* Einführung in Ada (*Technische Fachhochschule Berlin*, 1996)

[KesSol] *Kessler, Solymosi:* Ohne Glauben kein Wissen (*Schwengeler*, 1995)

[Mey] *Meyer:* Objektorientierte Softwareentwicklung (*Hanser* Verlag, 1988)

[Niev] *Nievergelt, Solymosi:* Schulbeispiele zur Rekursion (*Informatik Spektrum*, April 1990, Band 13 Seiten 106-108)

[Sh] *Shell:* A Highspeed Sorting Procedure (*CACM*, 1959)

[SolA] *Solymosi:* Objekte von Anfang an – Ein Lehrbuch für Programmieren in Ada (*Technische Fachhochschule Berlin*, 1998)

[SolC] *Solymosi:* Objektorientiertes Plug and Play – Ein Lehrbuch für Programmieren in C++ (*Vieweg*, 1997)

[SolP] *Solymosi:* Objektorientierte Programmierung von oben – Lehrbuch für Programmieren in Object Pascal (*Technische Fachhochschule Berlin*, 1996)

[SolS] *Solymosi:* Synthese von analysierenden Automaten auf Grund von formalen Grammatiken (*Arbeitsberichte des IMMD*, Erlangen, 1978)

[SolT] *Solymosi:* Automatische Generierung von Testumgebungen (Tagungsband *Arbeitsverfahren in der Software-Entwicklung*, Gesellschaft für Mathematik und Datenverarbeitung, 16-18. Mai 1990, Königswinter)

[Wil] *Williams:* Heapsort (*Communications of ACM*, 1964)

Empfehlungen

[Ott] *T. Ottmann, P. Widmayer:* Algorithmen und Datenstrukturen
BI Wissenschaftsverlag, Reihe Informatik Band 70, 1990, ca. 690 Seiten

Das Buch ist auf Deutsch und gut lesbar geschrieben. Viele wichtige Algorithmen werden besprochen. Es enthält eine gute Einleitung und ein umfangreiches Literaturverzeichnis (179 Einträge), aber ohne Kommentare. Die Algorithmen werden in Pascal dargestellt.

[Sed] *R. Sedgewick:* Algorithms
Addison-Wesley, Second Edition, 1989, ca. 650 Seiten

Ein sehr sorgfältig und gut gestaltetes Buch in Englisch. Die Abläufe und die Ergebnisse vieler Algorithmen werden durch spezielle und sehr anschauliche Grafiken dargestellt. Es enthält sehr gute und verständliche Erklärungen zu schwierigen Algorithmen sowie viele Beispiele. Das Literaturverzeichnis ist nach Problemgebieten organisiert und enthält Kommentare. Die Algorithmen werden in Pascal dargestellt. Es gibt auch eine deutsche Übersetzung dieses Buches.

[Gon] *G. H. Gonnet, R. Baeza-Yates:* Handbook of Algorithms and Data Structures, *Addison-Wesley*, Second Edition 1991, ca. 420 Seiten

Ein Werk zum Nachschlagen, keines zum „Durcharbeiten". Es werden sehr viele Algorithmen („alle wichtigen und einige weniger wichtige Varianten") in Pascal und in C dargestellt. Die Erläuterungen zu den einzelnen Algorithmen sind eher sparsam und beschränken sich auf das Allernötigste. Es gilt als eine Anschaffung fürs Leben, ähnlich wie ein gutes Lexikon. Ein sehr umfangreiches Literaturverzeichnis (mehr als 1300 Einträge) ohne Kommentare ist vorhanden.

[Harel] *David Harel:* The Science of Computing, *Addison-Wesley* 1989, ca. 350 Seiten

Eine hervorragend einfach und verständlich geschriebene Einführung in das Gebiet der Algorithmen in Englisch. Es geht nicht um „brauchbare Algorithmen für die Praxis", sondern um ein tieferes Verständnis des Gebietes.

[Kn] *Donald E. Knuth:* The Art of Computer Programming, Addison-Wesley

- Vol. 1: „Fundamental Algorithms", 1973
- Vol. 2: „Seminumerical Algorithms", 1969
- Vol. 3: „Sorting and Searching", 1973

Der Klassiker in Englisch. Die Algorithmen werden in einer Assemblersprache dargestellt.

[SolSch] *Solymosi, Schmiedecke:* Programmieren mit Java – Das Lehrbuch zum sicheren Umgang mit Objekten, *Vieweg Verlag*, 1999, ca. 350 Seiten

In Deutsch. Eine Einführung in die objektorientierte Programmierung im Allgemeinen und in die Programmiersprache Java speziell. Viele auch im vorliegenden Buch benutzte Begriffe (z.B. „Zusicherungen") werden erläutert.

[Wir] *Nikolaus Wirth:* Algorithmen und Datenstrukturen (*Teubner Verlag*)

Dieses Buch zählt ebenfalls zu den Klassikern im deutschsprachigen Raum. Viele bekannte Algorithmen werden in Pascal (und in einer späteren Ausgabe in Modula) formuliert, beschrieben und auch mathematisch analysiert.

Programmverzeichnis

Kapitel	*Seite*	*Klasse/Methode*	*Datei*
1.1.	2	ggtIterativ	Euklid.java
		ggtRekursiv	
	3	ggt1	
		ggt2	
		ggt3	
1.3.	5	proz0	Komplexitaet.java
2.1.3.	9	maxTeilsumme3	Teilsumme.java
2.1.5.	13	maxTeilsumme2	
2.1.6.	15	rechtesRandMax	
	16	linkesRandMax	
2.1.7.	16	maxTeilsummeRekursiv	
	17	maxTeilsumme1	
2.3.1.	23	Stapel	Stapel.java
2.3.2.	24	Knoten	
3.1.1.	30	fakultaetIterativ	Rekursion.java
	31	fakultaetRekursiv	
3.1.2.	32	fibonacciRekursiv	
	32	FibonacciMitGedaechtnis	
	33	fibonacciIterativ	
3.1.3.	34	ackermann	
3.1.4.	36	hanoi	
3.2.1.	38	istGleich	Liste.java
		kopieren	
3.2.2.	39	istGleich	
		kopieren	
3.2.3.	40	istGleich	Reihung.java
		kopieren	
3.3.	43	Schildkroete	Schildkroete.java
3.3.1.	44	schneeflocke	Schneeflocke.java
3.3.2.	46	pfeilspitze	Pfeilspitze.java
		drache	Drache.java
3.3.3.	48	hilbert	Hilbert.java
3.3.4.	51	ISchneeflocke	ISchneeflocke.java
3.4.2.	55	versuchen	Springer.java
3.4.3.	58	versuchen	Damen.java
4.1.	72	suchen	Suchen.java
	75	nextTabelle	
		kmpSuchen	
4.3.	78	Reihung	Reihung.java
4.3.2.	80	SortierteReihung	
4.3.3.	80	SortierteReihungBinaer	
	81	SortierteReihungLoeschbar	

4.4.	84	HashTabelle	HashTabelle.java
4.5.	87	eintragen	Liste.java
		suchen	
5.2.1.	95	bubbleSort	Sort.java
	96	shakerSort	
5.2.2.	98	straightInsertion	
5.2.3.	99	straightSelection	
5.3.	101	shellSort	
5.4.	103	QuickSort	
5.5.	109	HeapSort	
5.6.1.	111	merge	Mischen.java
5.6.2.	114	Sortierkanal	Sortierkanal.java
6.1.3.	122	Binaerbaum	Binaerbaum.java
6.2.2.	127	senken	SortierterBaum.java
6.2.3.	128	SortierBaum	SortierBaum.java
6.2.4.	129	inorder	SortierBaum.java
		preorder	
		postorder	
		vorhanden	
6.3.1.	132	Baum	Baum.java
6.3.2.	133	eintragen	
6.3.3.	135	loeschen	
6.4.	140	AVLBaum	AVLBaum.java
6.4.2.	142	loeschen	
7.1.	161	geschummelt	Algorithmen.java
	165	haeltNie	
		haeltImmer	
		haeltWennGroesser1	
		haeltWennNichtLeer	
	166	haelt7	
		haeltVielleicht	
	167	goedel	
		programm	

Die übersetzbaren, lauffähigen Quelltextdateien (4. Spalte) sind im Internet unter der folgenden Adresse zu finden:

`http://www.tfh-berlin.de/~oo-plug/ad`

Abbildungs- und Tabellenverzeichnis

Tabelle 1.1 Zeitverbrauch für einen Schritt
Tabelle 1.2: Anzahl der Schritte
Tabelle 2.1: Veränderung des Aktienwerts
Tabelle 2.2: Zeitverbrauch in hundertstel Sekunden
Abbildung 2.3: LIFO als Reihung mit drei Elementen
Abbildung 2.4: Eintragen in eine rückwärts verkettete Liste
Abbildung 2.5: Eintragen in eine vorwärts verkettete Liste
Abbildung 2.6: Löschen eines Elements aus der verketteten Liste
Tabelle 3.1: Wertetabelle der Fakultät
Tabelle 3.2: Wertetabelle der Fibonacci-Zahlen
Abbildung 3.3: Berechnung von f_5
Abbildung 3.4: Türme von Hanoi
Abbildung 3.5: Permutationen
Abbildung 3.6: Rekursive Abarbeitung einer Liste
Abbildung 3.7: Rekursive Abarbeitung einer Reihung
Abbildung 3.8: Monsterkurve
Abbildung 3.9: Initiator und Generator der Schneeflockenkurve
Abbildung 3.10: Annäherungen der Schneeflockenkurve
Abbildung 3.11: Initiator und Generator der Pfeilspitzenkurve
Abbildung 3.12: Annäherungen der Pfeilspitzenkurve
Abbildung 3.13: Initiator und Generator der Hilbert-Kurve
Abbildung 3.14: Annäherungen der Hilbert-Kurve
Abbildung 3.15: Initiator und Generator Sierpinski-Kurve
Abbildung 3.16: Labyrinth
Abbildung 3.17: Wege im Labyrinth
Abbildung 3.18: Erlaubte Züge des Springers
Abbildung 3.19: Ein Weg des Springers auf einem 5×5-Feld
Abbildung 3.20: Durch eine Dame bedrohte Felder
Abbildung 3.21: Die acht Damen
Abbildung 3.22: Instabile Liebesbeziehung
Abbildung 3.23: Übergangsdiagramm
Tabelle 3.24: Steuerungstabelle
Abbildung 3.25: Arbeitsweise mit dem Wort aaaaabb
Tabelle 3.26: Vereinfachte Darstellung der Arbeitsweise
Tabelle 3.27: Falsche Wörter: aaaa, abaa, bbb
Tabelle 3.28: Endlicher Automat für Bezeichner in Ada-Stil
Tabelle 3.29: Arbeitsweise des Automaten mit dem Wort PROZ_23A
Tabelle 3.30: Falsches Wort: PROZ__23A
Tabelle 3.31: Kellerautomat für $\{ a^n b^n \mid n \geq 0 \}$
Tabelle 4.1: Suchen im Text

Tabelle 4.2: Informationsverlust bei der Textsuche
Tabelle 4.3: „next-Tabelle" für das Muster babaabbb
Abbildung 4.4: Endlicher Automat für das Muster babaabbb
Abbildung 4.5: Hash-Tabelle
Abbildung 4.6: Kollisionsbehandlung mit verketteter Liste
Tabelle 4.7: Zeitbedarf der Operationen (Anzahl der Schritte) in einer Sammlung der Größe *n*
Tabelle 4.8: Komplexität von Operationen
Abbildung 5.1: Bubble sort
Abbildung 5.2: Straight insertion
Abbildung 5.3: Straight selection
Abbildung 5.4: Shell sort
Abbildung 5.5: Quick sort
Tabelle 5.6: Halde
Tabelle 5.7: Keine Halde
Tabelle 5.8: Eine „an der Spitze gestörte" Halde
Tabelle 5.9: „Reparierte" Halde
Abbildung 5.10: Heap sort
Tabelle 5.11: Mischen mehrerer Sequenzen
Tabelle 5.12: Anzahl und Länge (in 1000) der Sequenzen mit vier Dateien
Tabelle 5.13: Anzahl und Länge (in 1000) der Sequenzen mit sechs Dateien
Tabelle 5.14: Fibonacci-Mischen mit sechs Dateien
Tabelle 5.15: Fibonacci-Mischen mit drei Dateien
Tabelle 5.16: Fibonacci-Zahlen der 4. Ordnung
Abbildung 6.1: Zwei verschiedene (bzw. gleiche) Bäume
Abbildung 6.2: Knotenarten im Baum
Abbildung 6.3: Die Ebenen eines Baumes
Abbildung 6.4: Ein voller Binärbaum
Abbildung 6.5: Ein kompletter Binärbaum
Abbildung 6.6: Binärbäume verschiedener Tiefen und Gewichte
Abbildung 6.7: Ein Binärbaum mit sieben Knoten und zwei Pseudo-Knoten
Abbildung 6.8: Ein Baum mit eingezeichneten Schlüsseln
Abbildung 6.9: Ein kompletter Binärbaum
Abbildung 6.10: Ein an der Wurzel „gestörter sortierter" Binärbaum
Abbildung 6.11: Senken
Abbildung 6.12: Reparierter Binärbaum
Abbildung 6.13: Sortierter Binärbaum
Abbildung 6.14: „inorder" Traversieren
Abbildung 6.15: „preorder" Traversieren
Abbildung 6.16: „postorder" Traversieren
Abbildung 6.17: Eintragen in einen sortierten Binärbaum
Abbildung 6.18: Löschen im Binärbaum – Fall 1 (kein Nachfolger: löschen)
Abbildung 6.19: Löschen im Binärbaum – Fall 2 (ein Nachfolger: umhängen)

Abbildung 6.20: Löschen im Binärbaum – Fall 3 (zwei Nachfolger: austauschen)
Abbildung 6.21: Löschen im sortierten Binärbaum
Abbildung 6.22: Fall 1 – einfaches Rotieren
Abbildung 6.23: Fall 2 – doppeltes Rotieren
Abbildung 6.24: Ein sortierter 2-3-4-Baum
Abbildung 6.25: Spalten eines Wurzelknotens
Abbildung 6.26: Spalten des Unterknotens eines 2-er-Knoten
Abbildung 6.27: Spalten des Unterknotens eines 3-er-Knoten
Abbildung 6.28: Einfügen im 2-3-4-Baum
Abbildung 6.29: Rote und schwarze Kanten
Abbildung 6.30: Ein Rot-Schwarz-Baum
Abbildung 6.31: Rotieren im Rot-Schwarz-Baum
Abbildung 6.32: Symmetrisches Rotieren im Rot-Schwarz-Baum
Abbildung 6.33: Spalten, Fall 1
Abbildung 6.34: Spalten, Fall 2
Abbildung 6.35: Spalten, Fall 2.1
Abbildung 6.36: Spalten, Fall 2.2
Abbildung 6.37: Spalten, Fall 2.3
Abbildung 6.38: Knoten eines B-Baums mit Schlüsseln und Verweisen
Abbildung 6.39: Sortierkriterium im B-Baum
Abbildung 7.1: Kachel
Abbildung 7.2: Auslegen von Kacheln
Abbildung 7.3: Anschlussbedingung
Abbildung 7.4: Erfüllbarer Kachelkatalog
Abbildung 7.5. Unerfüllbarer Kachelkatalog
Tabelle 7.6: Lösbares Paligrammproblem
Tabelle 7.7: Lösung des Paligrammproblems aus der Tabelle 7.6
Tabelle 7.8: Unlösbares Paligrammproblem
Abbildung 7.9: Das Problem des Handelsreisenden
Abbildung 7.10: Graph ohne und mit hamiltonschem Weg

Sachwortverzeichnis

2-3-4-Baum 144
Abarbeitung 38
abstrakter Algorithmus 1, 6
Ackermann-Funktion 34, 166
Alphabet 60
algorithmisches Problem 158
Algorithmus 1
Anker 25
Annäherung 47
Anschlussbedingung 169
äquivalente Grammatiken 173
Äquivalenz 21, 168
ASCII 82
Aufteilungsproblem 175
Ausgabedatei 111
ausgeglichener Baum 90, 137
aussagenlogische Formel 177
AVL-Baum 137
backtracking 54
Baum 118
Baumsort 127
B-Baum 155
Begriff 62
63
Behälter 22
Betriebsmittel 4
Bezeichner 62
Binärbaum 118
Binärbruch 63
binäres Suchen 80, 98, 121
Blatt 90, 118, 156
bubble sort 95
Buchstabe 60
Compilerbau 60
Dame 56
Darstellung eines Algorithmus 2
Datei 111
deterministische Maschine 178
Dialogtesttreiber 29
direktes Auswählen 99
direktes Einfügen 97
Drachenkurve 46, 47
durchschnittlicher Zeitbedarf 94
durchwandern 129
Ebene 119
Ein-/Ausgabe-Beschreibung 158
einfügen 79, 147
Eingabedatei 111
Einsetzen 63
eintragen 132
Einzelproblem 160
Endlichkeitsbedingung 159
Entscheidungsproblem 162
Erfüllbarkeitsproblem 178
erkennen 67
Euklid 1
exponenzielle Komplexität 22, 32, 174
externes Sortierverfahren 92, 111
externes Suchen 76
Fakultät 30
Fibonacci-Mischen 115
Fibonacci-Zahlen 31, 117
FIFO 26
Folge 8
formale Grammatik 60
Fraktal 42
Gedächtnis 32
geschachtelte Schleife 13
Gewicht 120, 137
Gleichwertigkeit 20, 168
Gödel 167
Grammatik 60, 172
grammatische Regel 63
grammatischer Begriff 63
größter gemeinsamer Teiler 1
Halde 29, 105, 125
Haldenbedingung 106
Halteproblem 167

Hamilton-Weg 176
Handelsreisende 176
Hash-Tabelle 81
Hauptbegriff 63
heap 29, 105, 125
heap sort 105
Hilbert-Kurve 47
index-sequenzielle Datei 155
Induktion 36
Informator 28
innerer Knoten 118
inorder 129
instabiles Sortierverfahren 93
internes Sortierverfahren 92
internes Suchen 76
Iteration 30
Iterator 41
Kachelproblem 168, 174
Keller 23
Kellerautomat 69
Kettenelement 24
Klumpen 83
Knoten 24
Knuth-Morris-Pratt-Algorithmus 74
Kollision 82
Kollisionsstrategie 83
kompletter Binärbaum 119
Komplexität 4, 160
konkreter Algorithmus 1
konstante Komplexität 21
kontextfreie Grammatik 172
kontextfreie Sprache 65
kontextsensitive Grammatik 71
kurzgeschlossen 40
leeres Wort 60
lineare Kollisionsstrategie 83
lineare Komplexität 21
lineares Suchen 79, 87
logarithmische Komplexität 21
logarithmisches Sortierverfahren 102
Lösbarkeitsbedingung 159
löschen 134, 142
Machiavelli 14
Markierung 80, 86, 87
mathematische Induktion 36, 37
Matrix 12
maximale Teilsumme 9, 158
Mehrfacheintragung 77
Messergebnisse 18
Metazeichen 65
mischen 111
Mischkanal 114
Monsterkurve 47, 48
Mutator 28
Nachfolger 106, 118
next-Tabelle 74
nicht-deterministisch polynomial 178
nichtterminales Symbol 63
NP-vollständig 180
Ordnung einer Kurve 47
Paligrammproblem 170
parallele Prozessoren 179
Permutation 37
Pfeilspitzenkurve 45
Polynom 7
polynomiale Komplexität 22, 174, 178
postorder 129
preorder 129
primitiv-rekursive Funktion 34
Pseudo-Kettenglied 86
Pseudoknoten 123
quadratische Komplexität 21
quadratisches Sortierverfahren 95
quick sort 102
Radix-Sortierverfahren 93
Randfolge 14
Reflexivität 91
Regel 63
reguläre Grammatik 63
reguläre Sprache 62
Reihung 22, 77, 91
Rekursion 30
rekursiv 2, 14, 132
rekursive Kurve 42

R-Grammatik 64
rotieren 138
Rot-Schwarz-Baum 149
Rucksackproblem 175
rückwärts verkettete Liste 25
Rückwärtsverkettung 25
Sammlung 76
Schlüssel 76, 82, 91
Schneeflockenkurve 43
Schrittweite 100
senken 107, 126
Sequenz 92, 112
shaker sort 96
Shell sort 100
Sierpinski-Dreieck 45
Sondieren 83
Sondierungsfunktion 83
Sortieren 91
Sortierkanal 113
sortierte Liste 87
sortierter Baum 90, 120
spalten 145, 157
Speicherkomplexität 4, 31, 93
Sprache 60
Sprache des Automaten 67
Sprachen 60
Spracherkennung 60
Springer 54
stabiles Sortierverfahren 93
stack 23, 105
Stapel 23, 105
Stapeltesttreiber 29
Steuerungstabelle 66
straight insertion 97, 100
straight selection 99
streng sortierter Binärbaum 121
Suchen 72, 79, 88
Suchschlüssel 78
Symbol 63
Syntaxdiagramm 172
Teile-und-herrsche-Strategie 14, 80, 98
Teilfolge 8
Teilsumme 9
terminales Symbol 63
Test 20
Testfall 20, 28
Testtreiber 29
Textsuche 72
Tiefe 120, 137
Transitivität 91
traversieren 129
Türme von Hanoi 34
Typ-1-Grammatik 71
Typ-2-Sprache 65
Typ-3-Sprache 62
Übergangdiagramm 66
Umgebung 10
umhängen 134
Unendlichkeitsbedingung 21, 159, 160
Unicode 82
Universaltesttreiber 29
unlösbares Problem 21
unterquadratisch 100
Verbrauch 5
vergleichen 92
vergleichsbasiertes Sortierverfahren 93
Vergleichsoperator 91
verkettete Liste 22, 86
vertauschen 92
voller Binärbaum 119
vollständig ausgeglichener Baum 137
Vorgänger 106, 118
vorwärts verkettete Liste 26
Wertetabelle 30
Wort 60
Wortproblem 170
Wurzel 90, 105, 107, 156
Zeitbedarf 89, 94, 95, 188
Zeitkomplexität 4, 88, 95
Zeitverbrauch 5
Zurückverfolgung 54
Zusicherung 2
zweiseitige Rekursion 64